U0885311

权威 · 前沿 · 原创

皮书系列为

“十二五”“十三五”国家重点图书出版规划项目

BLUE BOOK

智库成果出版与传播平台

甘肃蓝皮书

BLUE BOOK OF GANSU

甘肃舆情分析与预测（2022）

ANALYSIS AND FORECAST ON PUBLIC OPINION OF GANSU（2022）

主　编 / 王俊莲　许振明

社会科学文献出版社
SOCIAL SCIENCES ACADEMIC PRESS (CHINA)

图书在版编目(CIP)数据

甘肃舆情分析与预测．2022／王俊莲，许振明主编
．-- 北京：社会科学文献出版社，2022.1
（甘肃蓝皮书）
ISBN 978－7－5201－9407－5

Ⅰ．①甘…　Ⅱ．①王…　②许…　Ⅲ．①社会分析－甘肃－2022②社会预测－甘肃－2022　Ⅳ．①D668

中国版本图书馆 CIP 数据核字（2021）第 238814 号

甘肃蓝皮书
甘肃舆情分析与预测（2022）

主　　编／王俊莲　许振明

出 版 人／王利民
组稿编辑／邓泳红
责任编辑／张　超
责任印制／王京美

出　　版／社会科学文献出版社·皮书出版分社（010）59367127
　　　　　地址：北京市北三环中路甲 29 号院华龙大厦　邮编：100029
　　　　　网址：www.ssap.com.cn
发　　行／市场营销中心（010）59367081　59367083
印　　装／天津千鹤文化传播有限公司

规　　格／开 本：787mm×1092mm　1/16
　　　　　印 张：18　字 数：265 千字
版　　次／2022 年 1 月第 1 版　2022 年 1 月第 1 次印刷
书　　号／ISBN 978－7－5201－9407－5
定　　价／158.00 元

本书如有印装质量问题，请与读者服务中心（010－59367028）联系

甘肃蓝皮书编辑委员会

甘肃蓝皮书编辑委员会办公室

《甘肃舆情分析与预测（2022）》编辑委员会

主要编撰者简介

王俊莲 甘肃省社会科学院党委委员、副院长，研究员，甘肃省领军人才，甘肃省公共文化服务体系建设专家委员会主任委员。主要研究方向为政府文化治理、中国传统文化的现代价值等。主要研究成果有《甘肃乡镇综合文化站资源利用调研报告》《以创新理念探索基层公共文化服务治理新模式》《现代政府管理视域下的公共文化服务体系构建》《文化资源有效转化产业发展优势的对策研究——以甘肃为例》《甘肃省构建公共文化服务体系的困难与对策》《浅论公共文化服务体系构建与政府职能定位》等。

许振明 甘肃省社会科学院副研究员、马克思主义研究所副所长，中国人口学会理事。主要研究方向为社会学理论与方法、社会保障、社会评估。主持完成《甘肃省养老服务业发展“十二五”规划》，完成《甘肃省华夏文明传承创新区“十三五”规划》；发表《甘肃社会保障体系建设发展概述》《甘肃省城市农民工群体状况调查与分析》《西北民族地区的生态移民与环境》《夏河县拉卜楞镇族际通婚状况调查》《甘肃底层社会结构分析》《甘肃省城乡社会救助体系建设述评》等论文；主持编写《甘肃社会发展分析与预测（2019）》，撰写的《2018～2019 年甘肃省社会形势分析与预测》获第二十一次全国皮书年会“优秀皮书报告奖”一等奖；主持编写的《甘肃舆情分析与预测（2020）》获第二十二次全国皮书年会“优秀皮书奖”二等奖；参与多项国家、省市社会评估项目。

总 序

时代是思想之母，实践是理论之源。站在“十四五”开局之年的新起点，甘肃省社会科学院在习近平新时代中国特色社会主义思想的指引下，在省委省政府的正确领导和有关部门、单位的大力支持下，传承伟大建党精神，赓续红色血脉，砥砺奋进，守正创新，继续倾力打造“甘肃蓝皮书”这一陇原智库著名品牌。

“甘肃蓝皮书”作为甘肃经济社会各领域发展的年度性智库成果，从研究的角度记录了甘肃经济社会的巨大变迁和发展历程。2006 年《甘肃经济社会发展分析与预测》《甘肃舆情分析与预测》面世，标志着“甘肃蓝皮书”正式诞生。至“十一五”末，《甘肃社会发展分析与预测》《甘肃县域和农村发展报告》《甘肃文化发展分析与预测》相继面世，“甘肃蓝皮书”由原来的 2 种增加到 5 种。2011 年，我院首倡甘肃、陕西、宁夏、青海、新疆西北五省区社科院联合编研出版《中国西北发展报告》。从 2014 年起，加强与省直部门和市州合作，先后与省住房和城乡建设厅、省民族事务委员会、省商务厅、省统计局、酒泉市合作编研出版《甘肃住房和城乡建设发展分析与预测》《甘肃民族地区发展报告》《甘肃商贸流通发展报告》《甘肃酒泉经济社会发展报告》。2018 年与省精神文明办、平凉市合作编研出版《甘肃精神文明发展报告》《甘肃平凉经济社会发展报告》。2019 年与省文化和旅游厅、临夏州合作编研出版《甘肃旅游业发展报告》《临夏回族自治州经济社会发展形势分析与预测》。2020 年与兰州市社会科学院合作编研出版《兰州市经济社会发展形势分析与预测》，沿黄九省区——青海、四川、甘肃、宁夏、内蒙古、陕西、山西、河南、山东等地社科院合作编研《黄河流域蓝皮书：黄河流域生态保护和高质量发展报告》。2021 年与省人力资源和社会保障厅合作编研出版《甘肃人力资源和社会保障发展报告》。至此"甘肃蓝皮书"的编研出版规模发展到 17 种，形成"5 +2 + N"的格局，涵盖了经济、社会、文化、生态、舆情、住建、商贸、旅游、民族、人力资源和社会保障等领域，地域范围从酒泉、临夏、平凉、兰州等省内市州拓展到"丝绸之路经济带"、黄河流域以及西北五省区等主要相关区域。

十六年筚路蓝缕，十六年开拓耕耘。如今"甘肃蓝皮书"编研种类不断拓展，社会影响力逐渐扩大，品牌效应日益凸显，已由院内科研平台，发展成为众多省内智库专家学者集聚的学术共享交流平台和省内外智库研究成果传播转化平台，发展成为社会各界全面系统了解甘肃推进"一带一路"建设、西部大开发形成新格局、黄河流域生态保护和高质量发展等国家战略实施，以及甘肃经济发展、生态保护、乡村振兴、文化强省等领域生动实践和发展成就的重要窗口，成为凝结甘肃哲学社会科学最新成果的学术品牌，体现甘肃思想文化创新发展的标志品牌，展示甘肃有关部门、行业和市州崭新成就的工作品牌，在服务省委省政府重大决策和全省经济社会高质量发展中发挥了越来越突出的重要作用。

2021 年"甘肃蓝皮书"秉持稳定规模、完善机制，提升质量、扩大影响的编研理念，始终站位大局、融入大局、服务大局，始终服务党委政府决策，始终坚持目标导向和问题导向，坚定不移走高质量编研之路。在编研过程中遵循原创性、实证性和专业性要求，聚焦省委省政府中心工作和全省经济社会发展中的热点难点问题，充分运用科学方法，深入分析研判全省经济建设、社会建设、生态建设、文化建设总体趋势、进展成效和存在的问题，提出具有前瞻性、针对性的研究结论和政策建议，以便更好地为党委政府决策提供事实依据充分、分析深入准确、结论科学可靠、对策具体可行的参考依据。

2022 年，甘肃省社会科学院将高举中国特色社会主义伟大旗帜，深入学习贯彻习近平新时代中国特色社会主义思想，全面落实习近平总书记对甘肃重要讲话和指示精神，坚持为人民做学问，以社科之长和智库之为，积极围绕国家发展大局和省委省政府中心工作，进一步厚植“甘肃蓝皮书”沃土，展现陇原特色新型智库新风貌，书写好甘肃高质量发展新篇章，为加快建设幸福美好新甘肃、不断开创富民兴陇新局面贡献社科智慧和力量。

此为序。

王福生

2021 年 12 月 6 日

摘 要

《甘肃舆情分析与预测（2022）》，是“甘肃蓝皮书”系列成果之一，是为国家和社会各类智库、科研院所的理论工作者，以及关注和支持甘肃经济社会发展的各界人士提供的具有区域性特点的年度舆情调研报告。本书坚持以“五位一体”总体布局和习近平总书记视察甘肃时重要讲话精神及“八个着力”重要指示为根本统领，由甘肃省社会科学院马克思主义研究所、社会学研究所、公共政策研究所等部门的10多位专家学者组成的“甘肃省舆情调研组”承担完成。

全书分为“总报告”“社会热点篇”“群众认知篇”“专题篇”四个部分。“总报告”从11个方面概述了2021年甘肃舆情的基本状况及热点和特点，并分析预测了2022年甘肃舆情的基本态势。“社会热点篇”重点分析研判了民众关注的社会热点与网络涉甘舆情调查，以及民众对全面推进乡村振兴、对甘肃生态环境保护与高质量发展和对延迟退休政策等的看法与评价。“群众认知篇”主要以农民群众、大学生、基层干部等为调查对象，就相关问题做了针对性的调查，以期获得他们的真实感受和看法。“专题篇”则主要围绕推进移风易俗培育文明乡风、短视频平台舆情影响力、政务新媒体舆论引导力、加强网络文明建设、基层社区医疗服务满意度等专题进行调研和深度分析，并提出了针对性较强的对策建议。

《甘肃舆情分析与预测（2022）》调查结果显示，2021年以来，甘肃舆情热点话题丰富，主旋律突出，正能量充沛，总体平稳向好，体现出以下几个特点：一是社会主流舆情更加成熟，更加理性；二是舆情热点主要围绕民生问题展开；三是主流媒体舆情主力军作用得到很好发挥，舆情空间日益清朗；四是网络舆情基本平稳，政府应对能力提升；五是舆情敏感期表现出一定的规律性。

当前，甘肃政治、经济、文化、社会各项事业稳定发展，党风政风和社会风气明显好转，社会和谐进步，民众关注的各种民生问题不断得到有效解决和改善，民众的生活环境、收入水平、生活质量和幸福感进一步提升。在这样一个大的社会背景下，预测 2022 年甘肃舆情态势整体稳定，发展形势健康向上向好。

关键词： 甘肃　舆情　乡村振兴

Abstract

Analysis and Forecast on Public Opinion of Gansu (*2022*), one of the achievements of the "Blue Book of Gansu" series, is an annual public opinion research report with regional characteristics for theoretical workers of various national and social think tanks, scientific research institutes, and people from all walks of life who pay attention to and support Gansu's economic and social development. The book adheres to the overall layout of the "five in one" and the spirit of the important speech of Gansu, and the "eight efforts" important instructions of general secretary Xi Jinping. The Gansu public opinion research group, composed of more than 10 experts and scholars from the Gansu Institute of Social Sciences, the Institute of sociology and the Public Policy Research Institute, is responsible for the completion of the book.

The whole book is divided into four parts: General Report, Hot Social Topics, Mass Cognition and Special Subjects. The General Report summarizes the basic situation, hot spots and characteristics of public opinion in Gansu in 2021 from 11 aspects, and analyzes and forecasts the basic situation of public opinion in Gansu in 2022. Hot Social Topics focuses on analyzing and judging the social hot spots concerned by the people and public opinion related to Gansu, their views and evaluations on comprehensively promoting rural revitalization, ecological environment protection and high-quality development in Gansu and the delayed retirement policy. Mass Cognition mainly takes party members and cadres, farmers, college students, grass-roots cadres and other strata as the survey objects, and makes a targeted survey on Relevant Issues in order to obtain their true feelings and views. The Special Subjects mainly focuses on the promotion of changing customs, cultivating civilized rural style, the public opinion influence of short video platform, the public opinion guidance of government new media, strengthening the construction of network civilization, grass-roots community medical service satisfaction and other topics, and puts forward targeted countermeasures and suggestions.

According to the survey results of *Analysis and Forecast on Public Opinion of Gansu (2022)*, since 2021, Gansu has rich hot topics of public opinion, prominent theme, abundant positive energy and stable and good overall, reflecting the following characteristics: first, the mainstream public opinion is more mature and rational. Second, public opinion hot spots mainly focus on people's livelihood issues. Third, the role of the main force of public opinion of the mainstream media has been brought into full play, and the public opinion space is becoming more and more clear. Fourth, the network public opinion is basically stable, and the government's response ability is improved. Fifth, the sensitive period of public opinion shows a certain regularity.

At present, Gansu's political, economic, cultural and social undertakings are developing steadily, the Party style, government style and social atmosphere have improved significantly, social harmony and progress, various livelihood problems concerned by the people have been effectively solved and improved, and the people's living environment, income level, quality of life and sense of happiness have been further improved. Under such a big social background, it is predicted that the overall public opinion situation will be stable and the development situation will be healthy and good in 2022.

Keywords: Gansu; Public Opinion; Rural Revitalization

目录

I 总报告

Ⅱ　社会热点篇

Ⅲ　群众认知篇

Ⅳ　专题篇

CONTENTS

I General Report

Ⅱ Hot Social Topics

Ⅲ Mass Cognition

Ⅳ Special Subjects

总 报 告

General Report

B.1
2021～2022年甘肃舆情分析与预测

许振明*

摘　要： 2021年7～9月，《甘肃舆情分析与预测（2022）》调研组，深入甘肃省的14个市（州）及部分重点县（区），通过问卷调查、实地调研、网络调查、个案访谈、召开座谈会等方式，形成了12个方面的专题调研报告。作为这些专题的总报告，我们认为，民众对相关舆情的关注仍然集中在民生领域的热点、难点问题，并且这些“老话题”在“新热点”助推下屡屡凸显，几经舆论洗礼仍能激起热烈反响，充分体现了民生舆情燃点低、爆点多的特点，也表明社会各阶层对获得感、幸福感、安全感的诉求日益强烈，但相应领域的社会建设水平和治理能力还有所欠缺。此外，调查还发现，主流舆情更加成熟、更加理性。这种成熟和理性，一方面表现在广大民众对党和政府倡导的科学发展、高质量发展的广泛支持，另一方面表现在民众对甘肃经济社会发展中存在的许多深层次

* 许振明，甘肃省社会科学院副研究员，主要研究方向为社会学理论与方法。

矛盾和问题能够有理性的思考。对此，我们建议，甘肃应锐意创新，不断提升政府舆情应对能力；正向引导网络群体情绪；促进媒体履行社会责任；加快补齐民生短板等，通过多个举措增强对社会热点问题和网络舆情的引导治理能力。报告最后对2021年甘肃民众关注的舆情热点及网络涉甘舆情做了总结分析，得出了2021年甘肃舆情的发展特点和变化，并预测了2022年甘肃舆情的基本态势。

关键词： 甘肃 舆情 乡村振兴

2021年是“十四五”开局之年，甘肃省坚持以习近平总书记新时代中国特色社会主义思想为指导，认真学习贯彻落实习近平总书记对甘肃重要讲话和指示精神，立足新发展阶段，贯彻新发展理念，构建新发展格局，着力推动高质量发展，各项工作取得积极成效。经济社会发展继续呈现稳中有进、稳步提质的发展态势。

2021年7~9月，《甘肃舆情分析与预测（2022）》调研组分赴甘肃省的14个市（州）及重点县（区），进行问卷调查、网络调查和个案访谈。调查样本涵盖了国家与社会管理者、经理人员、专业技术人员、私营企业主、办事人员、商业服务业员工、个体工商户、农业劳动者、工人、自由职业者等十大社会阶层，按各阶层的人口比例安排问卷数量及访谈人数。同时，兼顾地域环境、经济和社会发展状况以及年龄、性别、民族、文化程度、城乡环境等社会学统计要素。本次调查共设计12个专题150多个问题，共发放问卷1800份，收回有效问卷1655份，使用SPSS软件录入分析问卷，并开展个案访谈数百人次，下面就总体情况做概括论述。

一 顺应群众美好期待，夯实乡村振兴基础

“十三五”时期，甘肃省农业农村发展取得历史性成就、发生历史性变

革，贫困地区面貌发生翻天覆地的变化，农村改革向纵深推进，农村社会保持和谐稳定，农村即将同步实现全面建成小康社会目标。“十四五”时期，甘肃省更应该加紧赶超，奋力推进现代化，逐步缩小同发达地区差距，实现高质量发展。《民众对全面推进乡村振兴的期待和建议》就是以全面推进乡村振兴为契机，以民众对全面推进乡村振兴的期待为切入点，通过调查走访、问卷分析等方法，较为客观地评判甘肃省民众对全面推进乡村振兴战略的满意程度与美好期盼，在此基础上就甘肃省全面推进乡村振兴提出相应的对策建议，助推陇原乡村振兴取得新进展、农业农村现代化迈上新台阶，不断开创富民兴陇新局面的时代篇章。

（一）民众对乡村振兴战略推进情况较为满意

数据统计表明，有39.04%的受访者对乡村振兴战略的推进情况“非常满意”，有53.22%的受访者对乡村振兴战略的推进情况“基本满意”，有7.73%的受访者对乡村振兴战略的推进情况“不满意”或“非常不满意”。由此可见，超过90%的民众对国家推进乡村振兴战略实施的情况是满意的。这表明乡村振兴战略自实施以来，甘肃省加大力度支持发展富民产业，高效开发农村市场，多渠道开掘增收渠道，不断提高农业产业发展，千方百计增强农民的幸福感和获得感，并在促进农民增收、实现农民安居乐业等方面取得了显著成效。

（二）绝大部分民众明显感受到了乡村振兴战略推进带来的巨大变化

数据表明，有44.94%的受访者感受到了乡村振兴战略推进带来的巨大变化，有45.3%的受访者认为乡村振兴战略的推进带来了一定变化，有7.73%的受访者认为乡村振兴战略推进带来的变化不大，有2.03%的受访者认为乡村振兴战略推进没有带来变化。由此可见，超过90%的民众感受到了甘肃省在推进实施乡村振兴战略过程中，在社会生活等各个方面发生的变化。这表明乡村振兴战略的推进实施，极大地改善了甘肃民众的生产生活环境，社会各项事业显著进步。

（三）民众对全面推进乡村振兴的主要期待

问卷调查显示，民众对全面推进乡村振兴战略的期待主要集中在农民增收、社会保障、义务教育均等化、优化人居环境和增加就业等几个方面，相关比例依次为82.87%、74.59%、66.11%、60.96%、60.22%。所以，甘肃省在做好脱贫攻坚与乡村振兴有效衔接的同时，要加强城镇和乡村互动协作，从产业、人才、生态、文化、组织等方面推进乡村振兴。

关于对策建议，报告认为在脱贫攻坚与乡村振兴有机衔接的关键时期，甘肃省要立足于本地农民群众的感受和评价，结合本省实际，以产业兴旺为突破、生态宜居为目标、乡风文明为保障、治理有效为基础、生活富裕为根本，推动农业全面升级、农村全面发展、农民幸福安逸，这样才能充分实现乡村全面振兴的根本目标。具体来讲，第一，以产业发展为着眼点推动农村经济发展。第二，以生态建设为切入点优化农村人居环境。第三，以精神文明建设为聚焦点提高农村文明程度。第四，以基层党组织建设为支撑点完善农村治理体系。第五，以精准扶贫为发力点全面推动乡村振兴的实施。

二　以理念引领行动，推动甘肃生态环境保护与高质量发展

生态环境保护与高质量发展是“十四五”时期经济社会发展的重要内容。生态环境保护与经济社会高质量发展在本质与目标上具有相互一致性，生态环境保护是经济社会高质量发展的基础与保障，高质量发展是生态环境得以更好保护的前提，二者相辅相成。生态环境保护与高质量发展离不开民众的参与和支持，而满足人民日益增长的物质文化需要又是高质量发展的终极目标。因此，民众对生态环境保护与高质量发展的认知程度和参与程度直接影响着生态环境保护和高质量发展的建设成效。甘肃省作为我国重要的生态屏障保护区，如何引导民众积极主动参与到生态环境保护与高质量发展的

行动中来，显得尤为重要。《民众对甘肃生态环境保护与高质量发展的认知和建议》通过问卷调查的方式，对民众对生态环境保护与高质量发展的认知程度和实践方式进行了深入的调查了解，以便为下一步相关政策方案的制定提供有益的参考。

（一）生态环境问题依旧是民众关心的热点问题之一

生态环境保护与高质量发展息息相关、密不可分。尤其是在欠发达地区，生态环境保护问题成为区域经济社会高质量发展的根本潜力和资本。调查显示，有59.67%的被访民众比较关心甘肃省生态环境问题，仅次于教育问题和住房问题，排在第3位，成为甘肃民众最关心的社会热点问题之一。说明近年来，随着生态文明示范区建设、国家生态安全屏障区保护工程、祁连山重点生态环境整治、黄河流域治理保护、大气污染检测和治理等一系列生态文明建设工程的实施和宣传推广，民众对生态环境的保护越来越关注，越来越将它变成自身工作和生活中不可或缺的一部分。

（二）民众对生态环境保护和高质量发展之间关系认知结构失衡

在本次调查中，无论是对“碳中和”概念和相关政策的了解，还是对环保志愿行动的参与度，以及民众自身在日常生活中践行绿色生活的自觉度等方面，虽然显示民众在整体上对生态环境保护与高质量发展之间相关的政策措施有一定程度的了解，但是对这些绿色发展相关政策和自身行动真正深入了解和联系的民众并不多，只占到10%～20%，而且在这些对绿色发展相关政策比较了解的民众当中，年龄在26～35岁的被访民众占到四成以上，年龄在36～45岁的被访民众占到五成以上；从文化程度上看，大专及以上学历的被访民众占到八成以上；从职业阶层分布来看，国家和社会管理者占到被访民众的四成以上，经理人员、专业技术人员占到被访民众的三成以上。调查结果表明，真正对生态环境保护与高质量发展之间相互关系有深入了解并能够践行到自身日常生活实践中的民众多集中在知识结构层次相对较高的国家与社会管理者、专业技术人员等职业当中，而在占有国家人口大部分比例的农民、工人、商业服务业员工对绿色发展的了解程度和践行自觉度都不够深入。

（三）民众对生态环境保护与高质量发展相关方面专业知识的了解程度还有一定的差距

民众对生态环境保护和高质量发展的认知程度不能仅仅停留在不能乱砍滥伐、禁止工业污水排放、退耕还林等这些广泛的国家层面政策方针的认知情况上，只有提升民众自我参与度的认知，在日常生活中时刻践行“保护环境，人人有责”的理念，才能真正实现生态环境保护的高质量发展。在本次调查中，有七成以上的被访民众表示在垃圾分类的具体标准和方法上存在困难，不能更精确地将垃圾进行分类存放，只有不到两成的被访民众对“碳中和”这样的新型环保行动有一定深度的了解，五成以上的民众在平时的生活中最常遵循的绿色习惯只是随手关灯、使用节能灯泡、使用淋浴等这些容易做到的行为，而对于使用循环废旧物品、使用无磷洗涤剂、正确使用节水型水具、节约粮食等需要一定环保知识作为支撑的绿色生活方式，民众在日常生活中遵循起来相对还比较困难。

如何提升民众对生态环境保护与高质量发展的深刻认知，这既需要引导民众在提升自我认知方面下功夫，也需要督促政府、企业等相关部门制定出有效的措施，正确处理好保护生态环境与促进经济发展之间的相互关系。报告根据调查情况，对提升民众生态环境保护与高质量发展的认知提出以下建议：第一，加大政府宣传力度，提升宣传方式的多样性，使民众对生态环境保护和高质量发展真正有一个深入系统的认知；第二，加强社会环境治理体制建设，提升民众环保行动主动参与度；第三，提升民众绿色生活环境质量，打造绿色美好新生活。

三　理性客观平和，民众更注重延迟退休政策的公平性

“渐进式延迟退休政策”的出台是大势所趋，而且极有可能会尽快落地。

面对这一影响全社会成员切身利益的重大政策，甘肃民众对此基本持理性、客观、平和的认知与态度，相比于“延迟退休”带来的工作时间延长等直接影响，民众更关心劳动过程（职业生涯）中的劳动条件保障和劳动权益保障。不同职业群体和不同年龄段的交叉分析进一步细化了对民众态度的认识。从《民众对延迟退休政策的评价与期待》调查可知，政府在政策制定推行的过程中要注意公共性与专业性的结合，做到科学、民主决策；在政策宣传和舆论引导方面，要全面精准、耐心细致，相信民众的基本判断力和心理承受力。

（一）民众对“延退政策”的认识总体理性客观,态度平和

从调查对象对“延退政策”的一般性认识来看，绝大多数民众能够做到客观理性和全面地认识与评价，这其中既有社会公众长期关注这项关系自己切身利益的重大政策的时间累积效应，也有多年来我国民众对于国家大政方针始终保持“识大体顾大局”的高度认可和支持背后的社会心理基础。这是“延退政策”能够顺利出台和平稳实施的民意和民心保障，但这种“民意和民心”保障需要由“民主、专业、科学”的政策制定过程来支撑。现代社会中政府的重大决策和重要政策都必须建立在符合绝大多数民众利益基础之上的专业化与科学化程度，也就是我们通常所说的必须做到“专业性与公共性”有机结合。

（二）公平是“延退政策”最需要重视的价值基础

正确的、符合社会主流认知和意愿的政策价值有利于社会公众更好地认识和接受政策。在推行“延退政策”最需要重视的（价值）是什么这一选择中，有236人（43.46%）选择了“公平性”，有95人（17.5%）选择了“稳定性”，有86人（15.84%）选择了“可持续性”，还有126人（23.2%）选择了“科学性”。“延退政策”争议多年的一个焦点就是“公平性”，这个“公平性”既有不同群体退休待遇是否公平的含义，也有政策影响或者说政策后果是否能够“平等承担”的意思。长期事实存在的“二元化”职业待遇和社会评价是民众对“体制”的一切认识和评价的最重要

来源，“体制内外”是天差地别的境遇，在绝大多数人看来，社会精英主要集中在体制内。还有重要的一点是，几乎所有的政策都是由体制内人士（决策者、行政官员）制定和实施的，而这些人恰恰受到政策影响最小或者享受政策优势最多。接近一半的调查对象选择“公平性”作为“延退政策”的价值基础，需要政策制定者高度重视和认真对待。当然，还有部分人选择“科学性”，也从另一角度说明民众对于国家政策的“科学决策”有了更充分的认识和更多的期待。

（三）社会舆论认为“延退政策”对“国有企事业单位工作人员”影响最大

“延退政策”会对个人生活带来何种影响？关于这个问题，我们通过将不同职业和不同年龄段人群与几个核心问题做交叉分析，进而对不同群体在相同问题上的选择做对比分析。

在不同职业群体对“延退政策”会对哪些群体造成不利影响这个问题的回答里，结果很清晰地显示不同职业的被调查者都认为“延退政策”会对自己（所在的职业群体）带来不利影响。而所有职业群体都倾向于认为“延退政策”会对国有企事业单位工作人员带来不利影响，私营企业员工和灵活就业人员受到的不利影响也比较集中。相对而言，认为公务员会遭遇不利影响的选择累计最少。而在不同年龄段的被调查者看来，他们仍然认为国有企事业单位工作人员会受到不利影响。其中26～35岁和36～45岁以及46～60岁这三个年龄段对不同职业群体都给出了比较高的“风险分配”。18～25岁年龄段的被调查者对所有选项都给出超过50%的选择，其中认为体制外人员会比体制内人员受到不利影响的比例稍高一点。而在60岁以上的被调查者看来，除了公务员以外，其他三类群体受到不利影响的可能都很大，其中灵活就业人员的可能性最大。

对于如何制定好“延迟退休”政策，报告认为：一是要高度重视、慎重对待民众心理；二是进一步做好“延退政策”的实施与保障细节工作；三是进一步做好“延退政策”的宣传工作。

四　选优配强村级班子，农民群众积极参与村级换届选举

村委会换届选举历经多次，选举政策不断完善，选举程序逐步严格规范，农村基层民主政治建设获得明显发展。《农民群众对村级换届选举的反响与建议》通过问卷调查了解到被访者能积极参与换届选举，总体上认可换届后在任的村委会主要成员，认为选举制相对较好，赞成村党组织书记与村主任“一肩挑”。但也存在农村外出人口较多，影响换届参选率；选举工作宣传不到位，培训力度不强；选举程序执行不严格，存在短、平、快现象等问题。

（一）近七成的被访者参与换届选举的态度为积极

问及“您认为村民参与换届选举的积极性如何?”，69.95%的被访者选择了“积极”，25.68%的被访者选择了“一般”，1.64%的被访者选择了“不积极”，2.73%的被访者选择了“很淡漠”。

做好村民的思想工作，提高他们参与选举的积极性是保障换届选举成功的基础和前提。虽然许多村民经历了多次村委换届选举工作，但对村委换届选举的重要性认识不够深入，没有充分认识到自己在换届选举中应该享有的权利。因而，有近三成的被访者参与选举的态度表现为一般。

（二）超八成的被访者对村级换届选举相关的政策法规比较熟悉

问及“您了解村级换届选举相关的政策法规吗?”，40.98%的被访者选择了“非常熟悉”，41.53%的被访者选择了“比较了解”，12.57%的被访者选择了“听说过”，4.92%的被访者选择了“不知道”。

这是一个基本调查问题。课题组在完成问卷过程中，基本上就是同村村民坐在一起在课题组的引导下完成问卷，参加调查的对象基本上是熟人、邻居，从课题组前期的访谈来看，村民对与村级换届选举相关的《中华人民

共和国村民委员会组织法》《甘肃省村民委员会选举办法》《甘肃省村级干部管理办法》《甘肃省村（社区）“两委”换届政策》以及中央、省、市、县发布的规范性文件了解得不是很多。尽管他们对选举政策法规不了解，但是担心别人说自己啥也不知道，而被人瞧不起，一部分调查对象就“不懂装懂”，违心地选择了自己非常熟悉、比较了解换届选举相关的政策法规。村民的心态在一定程度上反映了村民当前需要的一种自尊和实质上内心的自卑。因而，数据显示，超八成的村民对村级换届选举相关的政策法规比较了解，实际上村民对相关选举制度、政策的认知、熟悉情况比调查结果显示的可能要低一些。村“两委”换届是基层组织建设的大事，了解熟悉换届选举的相关政策和法规，对参与者合法实现选举权利和完成选举任务具有重要意义。所以，换届选举前一定要做好相关法律法规、制度政策的宣传工作。

（三）九成以上的被访者认为村级换届选举是民主选举，符合民意

问及“您对村级换届选举的基本认识是什么?”，90.16%的被访者选择了“民主选举、符合民意”，2.19%的被访者选择了“买票拉票、弄虚作假”，1.64%的被访者选择了“政府主导、形式主义”，6.01%的被访者选择了“以上都不是”。

问及“您觉得本村选举是否有贿选、拉票现象?”，2.73%的被访者选择了“很多”，6.56%的被访者选择了“有，很少”，90.71%的被访者选择了“没有”。

调查数据显示，被访者对村级换届选举的基本认识中，选择“买票拉票、弄虚作假”的比例为2.19%，被访者认为本村选举有贿选、拉票现象的比例为9.29%，这两个调查数据说明，候选人拉票、贿选行为在农村换届选举中并没有销声匿迹，而是普遍存在。但同时我们需要看到，这两个问题的正面响应比例都在九成多，这充分说明村级换届选举充分保障了广大党员和群众独立行使自己参加选举的民主权利。

关于对策建议，报告提出：一要加强党对农村换届选举工作的领导；二

要早谋划扎实做好各项准备工作；三要加强村“两委”后备干部的培养和选拔；四要提高待遇，村干部公职化；五要做好换届宣传工作，引导选举工作风清气正。

五　移风易俗弘扬新风，提升农村精神文明建设质量水平

党的十九大报告明确提出“开展移风易俗、弘扬时代新风行动”。文明乡风是农村精神文明建设的核心目标，移风易俗是农村精神文明建设的重要抓手，更是乡村治理中亟须解决的一项重要课题。近年来，甘肃省根据自身实际情况采取了一系列移风易俗的政策措施，取得阶段性成果。但农村婚丧嫁娶大操大办、封建迷信等现象仍然存在，成为甘肃农村发展、文明乡风培育的“短板”。《农民群众对推进移风易俗培育文明乡风的感受和评价》以农民群众为研究对象，以移风易俗培育文明乡风为切入点。通过调查走访、问卷分析的方法，较为客观地评判甘肃农民对于推进移风易俗的感受和评价，以期发掘出甘肃省在推进移风易俗培育文明乡风工作中存在的短板，并提出相应的对策建议，为助力脱贫攻坚、推动乡村振兴、共筑美丽乡村提供参考。

（一）农民群众对于推进移风易俗文明乡风建设持肯定态度

数据统计显示，有93.71%的受访者知道推进移风易俗文明乡风建设工作；仅有6.29%的受访者选择不知道。有84.09%的受访者表示自己很愿意在实际生活中身体力行地推动移风易俗；有9.23%的受访者选择不确定自己是否参与推进；有6.68%的受访者想要保持传统习俗。这说明此项工作在甘肃全省范围得到了有效开展，并取得了积极成效。

（二）农民群众对于操办婚丧嫁娶的态度趋于理性化

统计显示，有19.45%的受访者认为婚丧嫁娶等事情就应该办得风光隆

重；有 45.19% 的受访者认为此项开销压力较大，应该量力而行；有 35.36% 的受访者认为没有必要给自己带来太大的压力，应当一切从简。这说明甘肃省农村天价彩礼盛行的问题依然存在，但农民群众对于婚丧嫁娶的操办已趋于理性，仍需加大力度反对铺张浪费、推动移风易俗，树立文明乡风，引导树立勤俭节约的文明新风。

（三）宣传力度不够，影响农民群众对乡风文明建设的认同感

近年来，甘肃省委省政府大力推进乡风文明建设，根据相关调研数据可以看到，绝大多数农民群众对乡风文明建设认知度高，这表明当前甘肃省面向广大农村进行的乡风文明建设取得了一定成效。但从数据统计中也可以看出，仍有将近 10% 的农民群众不了解文明乡风的推进工作，对乡风文明没有概念，说明在乡风文明建设过程中还存在宣传不到位、讲解不透彻、落实不彻底的问题。

报告对于移风易俗弘扬新风、提升农村精神文明建设质量水平的建议是：一是加强党的领导，广大党员干部必须以身作则；二是以有效的管理增强乡风文明建设的制度保障；三是持续加大宣传力度，创新治理方式；四是进一步改善基础服务条件，加强教育引导。

六　强化阵地建设，确保短视频平台舆情影响力的引领作用

以抖音、快手为代表的短视频平台在国内迅猛发展，其开放、包容的特点，吸引了众多不同阶层人员的深度参与，对人们的生活方式、信息消费方式、思维方式等产生了深远和持久的影响，深刻改变着网络环境和舆论生态。《民众对短视频平台舆情影响力的感受与评价》以甘肃民众为调查对象，从舆情认知力、舆情影响力、舆情引导力等三个方面对短视频平台影响舆情传播的状况进行了调查，力求得到较为科学、全面的认识和发现，并对甘肃网络舆论生态治理提供建议。

（一）短视频平台受众面越来越大

就问题“您使用过哪种短视频平台 App?”，475 份有效问卷中，被访者选择“快手”为 345 人次，选择“抖音”为 307 人次，选择“其他短视频平台”的为 106 人次，选择“从未使用过”的只有 57 人次。调查结果显示，475 名被访者中从没有使用过短视频平台的只有 57 人次，占比只有一成多，使用快手和抖音的被访者人次都超过 300 人次，抖音和快手已成为目前国内最火爆的两个短视频平台。此外统计发现，被访者中年龄在 18 岁以下的 24 名被访者全部选择了“抖音”、“快手”和“其他短视频平台”；从被访者的居住地信息看，居住在乡镇和农村的 146 名被访者也全部选择了“抖音”、“快手”和“其他短视频平台”，这说明短视频平台主流用户群体向青少年和农村倾斜，要加强对这两类群体使用短视频的关注。

（二）大多数民众对短视频平台的舆情影响力持正面态度

就问题“对于短视频平台传播的舆情事件您的态度是?”，475 名被访者中，有 187 人选择“相信”，占比为 39.37%，有 104 人选择“比较相信”，占比为 21.89%，有 174 人选择“不太相信”，占比为 36.63%，有 10 人选择“不相信”，占比仅为 2.11%。

调查结果显示，61.26% 的被访者表示相信短视频平台传播的舆情事件，说明短视频平台已是大部分民众获取信息、形成观点、塑造价值观的重要渠道和载体。

（三）民众对短视频平台舆论引导力持积极态度

对于开放问题“您认为短视频平台对舆情的传播有哪些积极影响?”的统计显示，475 名被访者中，351 人次提到“传播速度快，可以第一时间了解情况”，277 人次提到“信息获取非常方便”，262 人次提到“内容直观，容易理解”，178 人次提到“方便识字不多的人群获取信息”，163 人次提到“传播效果好，可以全方位了解事件进展”。

就问题“如果让您总体评价“视频+直播平台”的舆论引导效果，您选择?”，被访者中选择“非常好”、“好”和“较好”的人数分别为25人、143人和252人，占比合计为88.42%，选择“一般”“不太好”的人数分别为40人和15人，占比合计为11.58%。

报告提出规范短视频平台舆情传播的应对策略，主要包括：建立舆论监测和监管机制，强化主流媒体舆论引领作用，发挥网络名人舆论影响力，提升用户的媒介素养，营造和谐舆论生态。

七　定位清晰服务实用，政务新媒体的舆论引导力进一步提升

网络意见的表达方式已经多样化，而且伴随互联网技术的发展趋向会更加多样化。政务新媒体应持怎样的理念和方法来引导网络舆论，达到既尊重和维护网民的言论自由，同时又要保障国家的政治安全以及公民的权益是一个亟待解决的问题。针对这些问题，《民众对政务新媒体舆论引导力的感受与评价》通过了解甘肃民众对政务新媒体舆论引导力的感受和评价，探索和思考甘肃政务新媒体对舆论引导的成效，以期通过深度分析，提供合理化的对策建议，促使甘肃政务新媒体在舆论阵地战中能够科学高效地抢夺制高点，控制话语权，全面提升政务新媒体的传播力、引导力、影响力和公信力，紧守党和国家的宣传阵地，树立社会主义核心价值观，唱响主旋律、弘扬正能量。基本的调查问题集中在四个方面：一是民众对政务新媒体和舆论的感知力调查；二是民众对政务新媒体舆论引导力的感受调查；三是民众对政务新媒体舆论引导力的评价调查；四是民众对政务新媒体舆论引导工作的建议调查。调查显示，在民众对政务新媒体舆论引导力的感受及感知方面，超八成的被访者对甘肃政务新媒体的相关政策法规有所了解；大多数被访者对热点事件的判断持有谨慎的态度；民众认为政务新媒体引导力中公信力最重要。在民众对政务新媒体舆论引导力的评价方面，近九成的被访者肯定政务新媒体舆论引导的积极作用；半数以上的被访者认为本地区政务新媒体的

舆论回应与引导及时、公开、透明；七成被访者肯定了本地区政务新媒体舆论引导工作成绩。

如何进一步加强政务新媒体舆论引导力，报告建议：一是确保政务新媒体舆论引导信息的高效传播；二是积极推动政务新媒体矩阵化、专业化、垂直化；三是政务新媒体舆论引导要坚持热点“降温”、焦点“散焦”的原则；四是政务新媒体舆论引导要顺应民意、真诚回应、良性互动；五是政务新媒体舆论引导要主动作为，发掘典型事件；六是面对公共事件和热点问题，政务新媒体舆论引导要选择合适的发声平台。

八　构建全方位依法行政体系，增强基层干部依法行政能力

依法行政是政府和各类行政组织及其人员依照法律法规行使国家权力的理性化的过程，内在包含着行政主体必须依法设立、行政权力要依法取得和行使、行政机关要依法承担责任的内容，以达到权责统一，推动建立现代公共行政体制。基层政府是依法行政的“第一道防线”，基层政府是否依法行政，政府工作人员能不能带头守法、用法，直接关系依法行政的质量，关系法治国家、法治政府、法治社会一体建设的进程。为了全面反映甘肃依法行政的新实践、新进展，进一步推进法治甘肃建设，《基层干部对依法行政的认识与评价》从舆情评价的视角，调查基层干部对依法行政的认识和评价，客观分析依法行政的进展和问题，并针对问题号脉问诊，提出有针对性的对策建议。

（一）依法行政全面推进，基层干部认可度高

近年来，各地围绕法治甘肃建设全力推进依法行政，工作成效显著、亮点纷呈，如省司法厅创新了依法行政“1 +4 +14 + X”工作模式，嘉峪关市入选全国第一批法治政府建设示范市，广大基层干部认可度高。问卷调查中，调查“您对本地依法行政的总体评价”，25.74%的被访者认为“非常

好”，56.44%的被访者认为“比较好”，合计占82.18%；问及“本地近年来依法行政工作的进展如何”，55.45%的被访者认为“进展很大”，35.64%的被访者认为“有进展”，合计占91.09%；70.79%的被访者认为“放管服”改革和行政审批服务成效较好；73.76%的被访者认为政府接受监督效果“好”或“比较好”；79.21%的被访者对政府信息公开表示满意。这些数据反映出在全面依法治国背景下，甘肃依法行政全面推进，取得较好成效，基层政府及干部行政合法性、合理性观念进一步树立，政策制定能够体现依法行政精神，合法行政、程序至上、权责一致的观念得到增强并落实到实践中，获得广大基层干部的高度评价。

（二）法治教育深入开展，超七成被访者认为当地政府工作人员具有较强的法治素养

法治思维是依法行政的先导，主要包括合法性思维、程序性思维、权利义务思维和公平正义思维。实践中，各地持之以恒抓“关键少数”和干部群众的法治教育，基层政府及其工作人员的法治意识有了很大提升。调查被访者对当地政府工作人员法治观念和法治素养的认识，42.08%的被访者认为“非常好”，28.22%的被访者认为“较强”，26.73%的被访者认为“一般”。访谈中，多数基层干部认为当地政府及工作人员能够依法办事，也有干部表示基层干部法治素养与依法行政目标之间存在差距，用法能力比较弱。

（三）执法制度体系基本建立，规范执法稳步推进，七成被访者支持柔性执法

行政执法主体多、领域广、数量大，只有严格规范文明执法才能维护公平正义、满足群众法治需求、带动全社会遵法守法、树立政府公信力。2016年，甘肃省制定《甘肃省重大行政执法决定法制审核办法》，2018年国务院全面推行“三项制度”的指导意见出台后，甘肃省先后出台《甘肃省行政执法信息公示办法》《甘肃省行政执法全过程记录办法》，健全了行政执法

“三项制度”体系。积极推进综合执法改革，探索行政柔性执法，2020 年率先在全国出台《关于全面推行行政柔性执法进一步优化法治营商环境的指导意见》，规定实行处罚与教育、管理和服务、刚性与柔性并用的手段，引导和促进行政相对人行为合法，实施包容审慎监管，最大限度保护市场主体和行政相对人的利益。交通、税务、文旅、应急、市场监管等领域积极探索柔性执法，28 家省直部门制定、公布行政处罚“两轻一免”清单 797 条事项，推进清单落实落地，省司法厅还于 2021 年印发《关于全面推行行政柔性执法优化营商环境的通知》，要求防止和纠正选择性执法、运动式执法、机械化执法等问题，是甘肃不断优化营商环境、提高执法效能的具体举措。调查中，75. 74% 的被访者支持柔性执法，认为该项举措让执法既有法度又有温度。此外，各地通过加强执法人员培训、开展联合执法、开展案件评查等工作，提高了执法人员执法能力，推进了严格规范文明执法。

问卷调查中，被访基层干部推进依法行政重点应解决的问题有“提高领导干部依法行政能力”“规范行政执法，提高行政效率”“加强对行政行为的监督”。结合被访者的回答，推进甘肃依法行政应从如下方面推进：一是不断完善法律和制度体系；二是深入推进“放管服”改革；三是进一步创新和规范行政执法；四是不断强化行政权力监督制约；五是持续提升干部群众法治意识和能力。

九　加强网络文明建设，营造风清气正的网络空间

网络已经成为亿万网民生活中不可或缺的组成部分，加强网络文明建设，既是社会文明程度提高的具体体现，也是满足人民对美好生活向往的必然要求。目前，在虚拟的网络空间，还存在道德失范、生态不佳、行为不规范、文化低俗等突出问题。同时，网络文明建设与社会民众息息相关，既是学术界研究的热点，也是社会公众关注的焦点。不同社会阶层、不同年龄、不同性别、不同职业社会公众对网络文明建设采取的措施、取得的成效、未来发展期盼等问题的认识不同。各级政府在采取行之有效的网络文明建设行

动时，也需及时回应社会公众的关切，密切关注社会公众在网络文明建设中的获得感和满意度。

为了解社会公众对网络文明建设相关问题的认知，《甘肃民众对加强网络文明建设的感受与评价》以问卷形式，就网络失范行为和网络文明建设实效等热点问题展开调查，根据调查结果，建议通过培育正能量网络空间文化、规范网络空间行为、推动网络文明创建、加强网络专业人才队伍建设和积极发挥社会公众的参与作用等途径进一步提升网络文明建设实效。

十　实施更积极的扶持政策，力促大学生群体就业创业

大学群体的就业和创业问题是近年来社会广泛关注的焦点，大学生群体就业和创业的发展形势不仅关系到每个学生的职业前途，还直接影响到经济社会的平稳有序运行。目前甘肃省大学毕业生面临的就业和创业形势日趋严峻，存在就业初期不稳定、创业初期存活率不高、毕业生缺乏正确的自我认知与人生规划等问题。《大学生群体对就业创业的感受与建议》在问卷调查的基础上，详细了解甘肃地区大学毕业生对自身就业和创业的感受和评价，结合大学生就业和创业环境的现状，有针对性地提出优化大学生就业和创业环境的建议及方法。

（一）超六成的受访者认为目前大学生就业创业形势较为严峻，对就业创业的地域选择更倾向于东部地区

问卷调查发现，被访者对目前的就业和创业形势并不乐观，有66.37%的被访者认为就业形势困难，14.47%的被访者认为目前的就业形势基本在可控范围内，只有6.42%的被访者认为就业并不是很困难，也有12.74%的被访者表示对当下的就业形势不太了解。调查显示，大学生群体对就业所持担忧和迷茫的态度较为明显，就业压力较大。从大学生群体角度来看，不论是就业还是创业，其对职业道路大多持悲观态度，这或许与当下就业创业的总体环境有关。随着高校扩招，高校毕业生群体规模随之扩大，从宏观上

讲，就是庞大的就业群体与有限的就业创业选择之间的矛盾。

从被访者对就业创业地域的倾向选择可以看出，有65.23%的被访者选择经济更为发达的东部地区；由于经济、地理位置等区位因素影响，选择在中西部地区就业创业的人数较少，选择中部地区的占被访者人数的18.47%；选择西部地区的占16.30%。调查中发现，大多数被访者会选择在东南沿海地区及一线城市的高校读研和继续深造，由此看出，经济发展水平对于大学生群体就业创业的地域选择几乎成为首要考虑因素。

（二）被访者认为良好的创业市场环境和充足的资金投入是影响大学生创业成功的主要因素

在当前就业压力严峻的情况下，自主创业成为诸多大学毕业生的选择，大学生自主创业已经由一种概念转为实践，且创业可以带动多人就业，形成创业促进就业、就业推动创业的良好局面。从大学生自身条件来看，大学生创业有其先天的优势，大学生接受能力较强，善于发明和创造，适应市场变化能力较强，有实现创新创业的基本功底；从政策支持层面来看，学校里专业知识的学习，创业教育的引领，各种政策的扶持，都为大学生创业提供了有力支持和有效帮助；从市场发展层面来看，大学生创业为市场注入了资源，提供了就业岗位，促进了中小企业发展，加快了行业的转型升级，有利于激活市场内在活力。

在“您认为影响创业成功的主要因素有哪些”的调查问卷中，200位被访者选择了良好的市场环境，占被访者总数的78.43%；认为充足的创业资金是影响大学生创业成功的主要因素的被访者为188人，占比73.73%；选择社会及家庭的支持的人数为147人，占比57.65%；选择完善的创业计划的人数为139人，占比54.51%；选择其他因素的人数为114人，占比44.71%。

近年来，大学生独立创业集中的领域主要在中小学教育、网络运营、综合社会治理、百货商店零售和电子商务。上述行业的特点是市场饱和度高，竞争激烈，但大多数大学生创业者能力水平不足，缺乏充足的社会经验，对外界环境缺乏敏感性，风险抵抗性低，很容易在创业萌芽阶段失败。对于刚毕业并进入社会的大学生来说，筹集和使用的资金非常有限，许多创业者依靠家庭资金作为主要投资来源，缺少市场资本的注入和支持。

（三）被访者认为就业机制不完善、人才供给与市场需求不一致是导致大学生就业难的主要因素

经过改革开放40多年的发展，高等教育呈现欣欣向荣的态势，从目前情况来看，大学生就业形势整体还比较严峻，主要表现在毕业生人数较多，各专业毕业生人数与市场需求的人数不对等，出现本质上的供需矛盾。而这方面的问题主要还是要从学校和学生两方面来解决：学校要及时更新专业设置、课程教学；学生要加强自我认识、专业学习，提前做好人生规划和职业规划。

问卷调查显示，认为就业机制不完善是导致大学生就业难主要原因的被访者为177人，占被访者总数的69.41%；认为人才供给与市场需求不一致的被访者为164人，占比64.31%；选择职业能力不足的被访者为126人，占比49.41%；认为高校就业指导体系不完善的人数为114人，占比44.71%；选择就业后流失率过高的被访者为97人，占比38.04%。

在调查访谈中，被访者认为大学生群体在就业中应具备的职业素养包括上进心、诚实正直、主动性、责任感、敬业精神、吃苦耐劳等。大学生在就业中须具备的工作能力主要为应变力、协作能力、分析判断能力、思考能力、解决问题能力、独立工作能力、适应力等。但目前高校缺乏系统的就业指导与引领，导致就业要求标准泛化，大学生群体在就业中对自己的能力定位不清。

对于优化大学生就业创业的对策与建议，报告认为，一要健全大学生就业创业扶持体系；二要高校课程设置合理化；三要增加大学生就业“筹码”；四要完善大学生就业服务机制；五要加强高校就业引领能力。

十一　2021年甘肃舆情热点特点分析及2022年舆情预测

2021年，在习近平新时代中国特色社会主义思想指引下，甘肃省统筹

推进稳增长、促改革、调结构、惠民生、防风险、保稳定各项工作，经济运行稳中向好成效明显，疫情防控取得重大战略性胜利，绿色转型高质量发展迈出新的步伐，交出了一份好于预期、群众满意的答卷，为“十四五”规划开好局、起好步，开启全面建设社会主义现代化新征程奠定了坚实基础。

（一）2021年甘肃舆情特点和热点

2021 年，甘肃舆情热点话题丰富，舆情热度高位运行，总体平稳向好，主旋律突出，正能量充沛，同时也出现了一些新特征、新趋势。

1. 社会主流舆情更加成熟，更加理性

以我们的重点监测数据为例，近九成的被访者对甘肃未来五年经济社会发展表现出乐观态度，94.04%的被访者表示对与全国同步全面建成小康社会充满信心，94%的受访者对当地政府的疫情防控措施表示满意，85.53%的民众认可政府推动黄河流域生态保护和高质量发展所做的努力等。此类数据还比较多，表现出主流舆情更加成熟、更加理性。这种成熟和理性，一方面表现在广大民众对党和政府倡导的科学发展观、转变经济发展方式的广泛支持，另一方面表现在民众对我国经济社会发展过程中存在的许多深层次矛盾和问题能够有理性的思考。

2. 舆情热点主要围绕民生问题展开

实地问卷调查和网上调查统计显示，教育、住房、生态环境、养老与社会保障、食品安全、医疗、公共卫生与疫情防控、反腐败和干部作风、就业创业、经济发展形势为甘肃 2021 年舆情热度排名前十位的热点话题。与前些年舆情聚焦于困难群体的生存问题以及体制机制议题不同，医疗、教育、就业、住房等“老话题”在“新热点”助推下屡屡凸显，几经舆论洗礼却仍能激起热烈反响，不仅充分体现了民生领域话题燃点低、爆点多的特点，也表明社会各阶层对获得感、幸福感、安全感的诉求日益强烈，但相应领域的社会建设水平和治理能力还有所欠缺。

此外，收入分配、社会贫富差距拉大、看病难看病贵、食品安全、反腐、新生代农民工的生存与发展、完善社会保障制度等众多问题也屡屡成为民众关注的热点话题，演绎出一个又一个的舆情热点。

3. 主流媒体主力军作用得到很好发挥，舆情空间日益清朗

2021 年，甘肃主流媒体正面宣传和舆情引导能力不断加强，主流舆情传播力进一步提升。针对网络传播平台多样化、传播内容多样性的实际，主流媒体坚持以习近平新时代中国特色社会主义思想为主线，唱响时代主旋律，讲好甘肃故事，为抗击疫情、复工复产、乡村振兴等各项事业的发展加油鼓劲。针对社会热点容易引发网上质疑和网下跟风的网络传播新特点，做到敢于亮剑、为民发声、引领舆论，主流媒体“定音锤”“压舱石”作用凸显。不少新闻热点经网络爆料后，越来越多的网友在评论区留下“等官方”“不站队”“等权威消息”等言论，舆情空间清朗程度不断增强。

4. 舆情敏感期表现出一定的规律性

通过梳理近 5 年的调查数据，我们发现，舆情敏感期一般全年呈现两个高发期。其中，3 ~5 月为第一个高发期，4 月为较多年份敏感信息首个峰值点，8 ~10 月为第二个高发期，9 月为较多年份敏感信息次峰值点。每年 2 月和 6 月为敏感舆情低发期，敏感舆情在这两个月普遍呈现低走态势。

（二）2022年甘肃舆情形势预测

当前，甘肃政治、经济、文化、社会、生态各项事业稳定发展，党风政风明显好转，社会和谐进步，民众关注的各种民生问题不断得到有效解决和改善，民生福祉和社会治理水平不断提升。在这样一个大的社会背景下，预测 2022 年甘肃舆情态势将保持整体稳定，发展形势健康向上向好。

社会热点篇

Hot Social Topics

B.2

甘肃民众关注的社会热点及网络涉甘舆情调查

梁海燕*

摘　要： 舆情是社会现实的镜像。随着全面深化改革进入攻坚期和深水区，一些深层次的矛盾和利益被触及，各类社会矛盾多发叠加，社会发展面临可以预见和难以预见的风险挑战，加之经济社会发展的不平衡、不充分，社会治理机制的欠完善，对舆情的形成和走向造成一定影响。当前，民众关注的热点问题主要指向经济社会生活中的重点、难点问题和关键环节。问卷调查显示，教育、住房、生态环境、养老与社会保障、食品安全、医疗、公共卫生与疫情防控、反腐败和干部作风、就业创业、经济发展形势问题位居甘肃民众关注度前十；生态环境、公共安全、反腐败和干部作风、疫情防控等问题是网络涉甘问题的主要方面，反映出民众对环境、公平、安全等问题的强烈诉求。对此，

* 梁海燕，甘肃省社会科学院决策咨询研究所研究员，主要研究方向为地方法治及法社会学。

各级政府应当以问题为导向，革故鼎新，创新治理机制，推进政府与非政府组织协同、线上线下共同发力，共同解决好热点难点问题，提高民众获得感。

关键词： 甘肃民众　社会热点　网络涉甘事件　舆情分析

舆情是一定范围或时间内，民众对于社会现实的主观反映，是民众意见、思想、要求、心理、情绪的综合表现。舆情是社会现实的镜像反映，是社会和谐稳定的晴雨表。当前，我国步入全面建设小康社会的新征程，处于中华民族伟大复兴的关键时期，同时改革开放进入攻坚期和深水区，一些深层次的矛盾和利益被触及，面临的发展环境更加复杂，加之经济社会发展的不平衡、不充分，对舆情的形成和走向造成一定影响。从甘肃民众关注的社会热点问题来看，教育、生态环境、医疗、公共安全等问题关注度居高不下，线上线下相互交织，相关网络涉甘事件呈现突发性、多元性、交互性、高传播性等特点，在较大范围内推高舆论热度。

我国东、中、西部地区发展的不平衡，对舆情发展具有一定影响。西部地区经济欠发达，公共服务体系建设不完善，互联网普及程度、传媒发展与自媒体的建设水平与其他地区存在较大差距，教育、住房、养老、医疗等领域难题仍然存在，生态环境、乡村振兴、城镇化建设过程容易发生重大舆情风险。从全国范围来看，东部地区是舆情高发区，但近年来舆情逐渐呈现板块西移的趋势，中西部地区重大舆情事件明显增多，一些涉及乡村振兴、生态环境、反腐败、公共卫生等领域的事件多发频发，在全国引起较大反响，如2021年发生的“陕西洛南扶贫造假”事件、“敦煌万亩防护林遭‘剃光头’式砍伐”事件，引发舆论高度关注，极易因处理不当引发次生危机。甘肃省位于西部地区，生态环境脆弱，经济社会发展不平衡，公共产品供给不足，在乡村振兴和全面建设小康社会过程中还存在诸多难点问题，这些问题同时也是民众高度关注和期盼解决的重点问题，凝聚着民众诉求。开展社会热点问题及网络涉甘事件的舆情调查，了解社情民意，摸准舆情痛点，有助于更好地回应民众切实需求，提高政府舆情应对能力和社会治理水平。

一 当前民众关注的社会热点问题

（一）问卷调查基本情况

2021 年 8 ~9 月，课题组通过实地、网络调查方式，在全省范围内开展了“甘肃民众关注的社会热点问题”的问卷调查，共采集问卷 543 份。问卷调查涵盖兰州、酒泉、临夏、张掖、白银、定西、天水、平凉、武威等地。被访者基本情况为：18 ~25 岁的占 8.10%，26 ~35 岁的占 36.65%，36 ~45 岁的 26.52%，46 ~60 岁的占 26.70%，60 岁以上的占 2.03%；小学及以下的占 6.26%，初中的占 21.36%，高中（中专、中职）的占 21.73%，大专及以上的占 50.65%；国家与社会管理者占 7.55%，经理人员占 6.63%，私营企业主占 2.39%，办事人员占 8.66%，专业技术人员占 17.50%，商业服务业员工占 5.52%，个体工商户占 3.87%，工人占 18.23%，农业劳动者占 15.29%，自由职业者占 14.36%；城市被访者占 64.46%，县城被访者占 15.47%，乡镇被访者占 6.26%，农村被访者占 13.81%。

（二）甘肃民众关注的社会热点问题

2021 年是我国取得脱贫攻坚战决定性胜利的一年，是“十四五”规划的开局之年，也是中国共产党成立 100 周年。课题组根据甘肃省一年来的经济社会发展形势，设计了 2021 年社会热点问题调查问卷，共设置了 25 个问题。统计结果显示，被访者最关注的十项社会热点问题为：教育、住房、生态环境、养老与社会保障、食品安全、医疗、公共卫生与疫情防控、反腐败和干部作风、就业创业、经济发展形势（见表 1）。

表1　甘肃民众对社会热点问题的关注度统计

单位：人次，%

关注度排名	关注的问题	选择人次	个案百分比
1	教育	451	83.06
2	住房	335	61.69
3	生态环境	324	59.67
4	养老与社会保障	311	57.27
5	食品安全	306	56.35
6	医疗	294	54.14
7	公共卫生与疫情防控	290	53.41
8	反腐败和干部作风	282	51.93
9	就业创业	234	43.09
10	经济发展形势	216	39.78
11	物价	208	38.31
12	交通安全	164	30.20
13	公共安全	160	29.47
14	乡村振兴	141	25.97
15	农村土地制度改革	117	21.55
16	推进共同富裕	111	20.44
17	新型城镇化建设	99	18.23
18	依法行政	82	15.10
19	党史学习教育	78	14.36
20	中美关系	76	14.00
21	政府机构改革	73	13.44
22	三孩政策	65	11.97
23	政法队伍教育整顿	60	11.05
24	营商环境	54	9.94
25	“放管服”改革	41	7.55

对比排名前十的热点问题，2021 年民众对社会热点问题的关注度与 2020 年关注度趋同。教育、住房、生态环境、养老与社会保障、食品安全、医疗问题的民众关注度未发生变化，公共卫生与疫情防控、反腐败和干部作

风、就业创业、经济发展形势问题仍稳居前十位，仅位次小有变化，反映出民众对这些问题的高度关注（见表2）。

表2　2020年、2021年民众关注的前十位热点问题排序变化

关注问题	2020年排序	2021年排序
教育	1	1
住房	2	2
生态环境	3	3
养老与社会保障	4	4
食品安全	5	5
医疗	6	6
公共卫生与疫情防控	10	7
反腐败和干部作风	7	8
就业创业	8	9
经济发展形势	9	10

结合问卷调查分析，对2021年民众关注的社会热点问题作如下分析。

1. 教育问题关注度持续走高，连年位居榜首

近年来，甘肃民众对教育问题的关注度持续走高，自2018年以来，连续四年位居民众关注度榜首。问卷调查显示，有83.06%的民众（451人）关注“教育问题”，位居第一。教育改革、教育资源公平、中考难、校外培训、课后延迟服务等是被访者较为关注的方面。分阶层看，教育问题位居各阶层被访者关注度首位，其中私营企业主、办事人员阶层的关注比例超过了90%，分别为92.31%、91.49%，农业劳动者关注比例最低，有67.44%的被访者选择（见表3）。

表3　不同社会阶层对教育问题的选择

单位：次，%

阶层	频次	比例	同阶层中排序
国家与社会管理者	35	85.37	1
经理人员	32	88.89	1
私营企业主	12	92.31	1

续表

阶层	频次	比例	同阶层中排序
专业技术人员	119	88.15	1
办事人员	43	91.49	1
个体工商户	16	76.19	1
商业服务业员工	26	86.67	1
工人	77	77.78	1
农业劳动者	29	67.44	1
自由职业者	62	79.49	1

2. 住房问题关注度企稳，排第2位

住房是民生问题，也是重要的发展问题，始终牵动民众关注。调查显示，61.69%的被访者（335 人）关注“住房问题”，居第 2 位，关注度排名与 2020 年相同。高房价是民众关注的重点，希望能通过建设保障性住房、限购、限贷等政策抑制房价上涨。分阶层看，除私营企业主和农业劳动者外，各个阶层被访者对住房问题的关注度都较高，其中办事人员、个体工商户、商业服务业员工、自由职业者选择该项居其阶层选择第 2 位，经理人员、国家与社会管理者、专业技术人员、工人选择该项居其阶层选择第 3 位，农业劳动者和私营企业主关注度略低，选择该项居其阶层选择第 9 位、第 11 位（见表 4）。

表 4　不同社会阶层对住房问题的选择

单位：次，%

阶层	频次	比例	同阶层中排序
国家与社会管理者	28	68.29	3
经理人员	25	69.44	3
私营企业主	5	38.46	11
专业技术人员	89	65.93	3
办事人员	30	63.83	2
个体工商户	11	52.38	2
商业服务业员工	21	70.00	2
工人	63	63.64	3
农业劳动者	17	39.53	9
自由职业者	46	58.97	2

3. 生态环境问题民众关注度热度未减，居第3位

甘肃生态环境脆弱，生态环境始终是民众关注的热点问题。近年来甘肃全面加强生态文明建设，推进祁连山整改“由乱到治大见成效”，营造林、退化草原治理、水土流失治理、沙化土地综合治理成效明显，但生态环境保护与经济发展之间的矛盾仍然突出，生态环境成为社会利益冲突的主要触发点。2021 年，“敦煌万亩沙漠防护林被毁”事件，再次引发甘肃乃至全国民众对甘肃生态环境的高度关注，也促使政府反思生态环境保护的价值。问卷调查显示，59.67%的被访者（324 人）关注“生态环境问题”，关注度与 2020 年相同，居第 3 位。从不同阶层的选择看，国家与社会管理者、商业服务业员工和工人选择该项居其阶层选择第 2 位，经理人员、私营企业主的选择居其阶层选择第 3 位，办事人员和个体工商户的关注度相比其他阶层略低，排名居其阶层选择第 9 位（见表 5）。

表 5　不同社会阶层对生态环境问题的选择

单位：次，%

阶层	频次	比例	同阶层中排序
国家与社会管理者	29	70.73	2
经理人员	25	69.44	3
私营企业主	9	69.23	3
专业技术人员	88	65.19	4
办事人员	21	44.68	9
个体工商户	8	38.10	9
商业服务业员工	21	70.00	2
工人	66	66.67	2
农业劳动者	18	41.86	8
自由职业者	39	50.00	4

4. 养老与社会保障、食品安全、医疗问题民众关注度持续高温，居第4、5、6位

养老与社会保障、食品安全、医疗问题都是基本民生问题，近年来民众关注度始终维持高位。调查中，57.27%的被访者（311 人）关注“养老与社会保障”，居第 4 位；56.35%的被访者（306 人）关注“食品安全”，居

第5位；54.14%的被访者（294人）关注“医疗”问题，居第6位。被访者对养老与社会保障、食品安全、医疗的关注度排名与2020年一致。分阶层看，各阶层对养老与社会保障、食品安全、医疗都有一定的关注度。就“养老与社会保障”问题，个体工商户、商业服务业员工和私营企业主的关注度最高，选择该项均居其阶层选择第2位；农业劳动者、国家与社会管理者的关注度次之，选择比例居其阶层选择第3位，值得注意的是，体制内的国家与社会管理者对该问题的关注度也较高。就“食品安全”问题，个体工商户、经理人员的关注度最高，居其阶层选择第2位；农业劳动者、国家与社会管理者的关注度较低，分别居其阶层选择第13位、第9位。就“医疗”问题，各阶层被访者对这一问题的关注度都较高，选择该项的排名均进入其阶层前十位（见表6）。

表6　不同社会阶层对养老与社会保障、食品安全、医疗问题的关注度

单位：%

阶层	养老与社会保障		食品安全		医疗	
	比例	排序	比例	排序	比例	排序
国家与社会管理者	53.66	3	41.46	9	48.78	7
经理人员	58.33	8	72.22	2	63.89	5
私营企业主	76.92	2	62.54	5	53.85	6
专业技术人员	59.26	6	61.70	3	51.06	5
办事人员	51.06	5	61.70	3	51.06	5
个体工商户	52.38	2	52.38	2	42.86	7
商业服务业员工	70.00	2	46.67	9	56.67	5
工人	59.60	4	59.60	4	58.59	6
农业劳动者	60.47	3	32.56	13	44.19	7
自由职业者	47.44	7	48.72	6	44.87	9

5. 公共卫生与疫情防控关注度大幅上升，居第7位

疫情防控新常态下，甘肃民众对公共卫生与疫情防控的关注度持续保持高温，关注焦点主要集中在疫苗接种、交通出行、健康码、核酸检测、在线医疗等方面。问卷分析结果显示，53.41%的被访者（290人）关注“公共卫生与疫情防控”问题，居第7位，比2020年排名上升3个位次。分阶层

看，各阶层关注度差异不大，对“公共卫生与疫情防控”的选择均进入其阶层排名前十。其中，国家与社会管理者的关注度最高，居其阶层选择第3位；私营企业主的关注度最低，居其阶层选择第10位（见图1）。

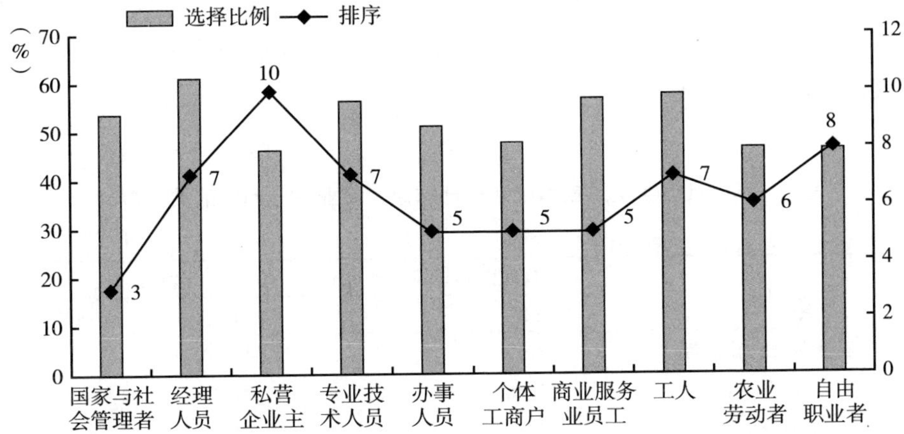

图1　不同社会阶层对公共卫生与疫情防控的选择

6. 反腐败和干部作风、就业创业问题关注度略有下滑，居第8、9位

反腐败和干部作风、就业创业问题贴近群众，一直是民众关注的热点。近年来，甘肃省大力推进正风反腐，统筹纠治“四风”和反腐败现象，2020年全省问责党组织118个，领导干部1985人，① 并加大宣传力度，播放《正风反腐就在身边》专题片，赢得了广大群众的支持。问卷调查中，有51.93%的被访者（282人）关注“反腐败和干部作风”问题，居第8位，排名比2020年下降1个位次。分阶层看，国家与社会管理者、自由职业者、办事人员对“反腐败和干部作风”的关注度较高，关注度分别居其阶层选择第3位、第4位、第4位，经理人员和个体工商户的关注度略低。

就业创业是经济和民生的重要体现。新冠肺炎疫情发生以来，受大环境影响，就业创业难度加大。为此，甘肃省制定出台了一系列促进就业的举

① 梁峡林：《甘肃反腐“大数据”出炉！去年问责领导干部近2000人》，《兰州晨报》2021年2月5日。

措，做好高校毕业生、农民工、贫困劳动力就业服务，并于2021年修订出台《甘肃省就业促进条例》，强化就业促进法治保障。问卷调查中，43.09%的被访者（234人）关注就业创业问题，居第9位，比2020年下降1个位次。分阶层看，自由职业者对“就业创业”的关注度最高，52.56%的被访者选择，居其阶层选择第3位，这也是因为就业创业和自由职业者的关系最为密切（见表7）。

表7　不同社会阶层对反腐败和干部作风、就业创业问题的关注情况

单位：%

阶层	反腐败和干部作风		就业创业	
	比例	排序	比例	排序
国家与社会管理者	53.66	3	43.90	8
经理人员	55.56	9	27.78	15
私营企业主	53.85	6	53.85	6
专业技术人员	50.37	8	39.26	10
办事人员	51.06	4	48.94	8
个体工商户	38.10	9	42.86	7
商业服务业员工	53.33	7	40.00	10
工人	55.56	8	44.44	10
农业劳动者	53.49	5	39.53	9
自由职业者	50.00	4	52.56	3

7.经济发展形势问题关注度有所下降，居第10位

新冠肺炎疫情发生以来，甘肃省经济在疫情影响下受到影响，对产业链、民生就业和中小微企业发展带来一定冲击，甘肃经济形势受到民众广泛关注。随着疫情防控形势向好，社会各界共同期盼尽快推动经济复苏。问卷调查显示，39.78%的被访者（216人）关注“经济发展形势”，居第10位，关注度比2020年下降1个位次。经理人员和个体工商户对经济发展形势的感触明显，关注度最高，选择该项均居其阶层选择第5位，商业服务业员工的关注度次之，选择该项居其阶层选择第8位（见图2）。

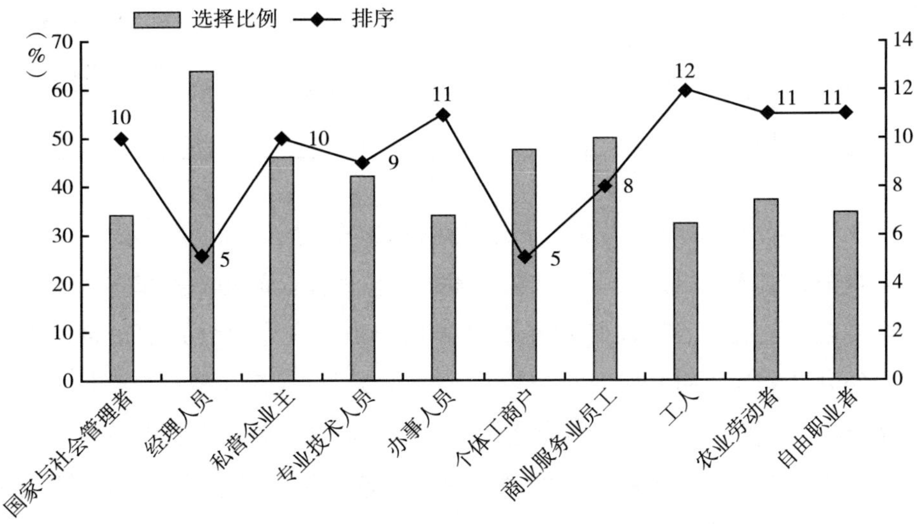

图2　不同社会阶层对经济发展形势的关注情况

8. 物价问题关注度与上年持平，居第11位

近年来，甘肃省多措并举做好重要民生商品保供稳价工作，民众对物价的关注热度趋于平稳。问卷调查显示，38.31%的被访者（208人）关注物价问题，居第11位，与2020年排名相同。各阶层中，私营企业主最为关注物价问题，关注排名居其阶层选择第3位；其次是工人，关注度居其阶层选择第9位；国家与社会管理者对物价问题的关注度最低，选择该项居其阶层选择第17位（见表8）。

表8　不同社会阶层对物价问题的选择

单位：次，%

阶层	频次	比例	同阶层中排序
国家与社会管理者	11	26.83	17
经理人员	13	36.11	11
私营企业主	9	69.23	3
专业技术人员	49	36.30	11
办事人员	17	36.17	10
个体工商户	7	33.33	11
商业服务业员工	7	23.33	15
工人	49	49.49	9

续表

阶层	频次	比例	同阶层中排序
农业劳动者	13	30.23	14
自由职业者	33	42.31	10

9. 安全问题受到较高关注，交通安全和公共安全居第12、13位

当前，交通、自然灾害、社会因素等引发的安全问题日益增多，民众对安全问题日益关注。2021 年发生的甘肃白银山地马拉松公共安全事件引起舆论的高度关注，引发民众对公共安全的热烈讨论。正面信息主要是支持官方调查、“点赞”救援人员和当地村民；负面信息主要集中于组委会工作不力、赛事缺乏应急预案和充足的医疗保障。调查结果显示，30.20% 的被访者（164 人）关注“交通安全”问题，居第 12 位，与 2020 年相比上升 3 个位次；29.47% 的被访者（160 人）关注“公共安全”问题，居第 13 位。分阶层看，多数阶层被访者对交通安全、公共安全问题的关注度较高，排名在 10 位左右，国家与社会管理者、经理人员关注“公共安全”居其阶层选择第 10 位，自由职业者的关注度最低，选择该项居其阶层选择第 16 位（见表 9）。

表 9　不同社会阶层对交通安全、公共安全的关注情况

单位：%

阶层	交通安全		公共安全	
	比例	排序	比例	排序
国家与社会管理者	29.27	12	34.15	10
经理人员	36.11	11	44.44	10
私营企业主	15.38	19	30.77	16
专业技术人员	30.37	13	34.81	12
办事人员	21.28	13	25.53	12
个体工商户	19.05	15	23.81	13
商业服务业员工	30.00	11	26.67	12
工人	36.36	11	27.27	13
农业劳动者	37.21	11	30.23	14
自由职业者	26.92	12	17.95	16

10. 乡村振兴问题关注度大幅攀升，居第14位

2021 年，我国取得脱贫攻坚全面胜利，开启乡村振兴新征程。问卷调查显示，25.97%的被访者（141 人）关注乡村振兴问题，居第 14 位，关注度比 2020 年上升 7 个位次。不同阶层被访者对乡村振兴问题的关注度差别较大。农业劳动者关注乡村振兴居其阶层选择第 2 位，62.79%的被访者选择，这也是因为乡村振兴事关农业农村现代化，事关农民切身利益。相比之下，工人、私营企业主、个体工商户的关注度较低，选择该项居其阶层选择第 16 位、16 位、17 位（见图 3）。

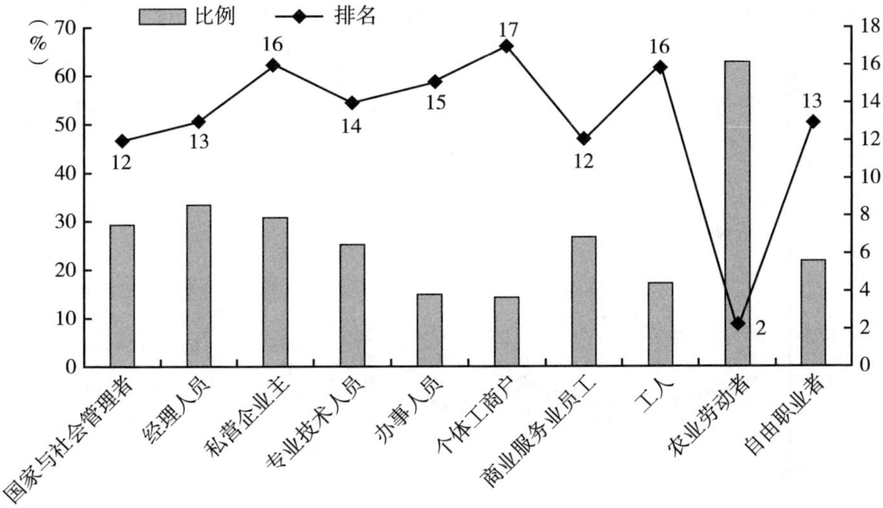

图 3　不同社会阶层对乡村振兴问题的关注情况

11. 农村土地制度改革关注度略有上升，居第15位

问卷调查结果显示，21.55%的被访者（117 人）关注“农村土地制度改革”，居第 15 位，与 2020 年相比关注度略有上升。分阶层看，农业劳动者对“农村土地制度改革”的关注度最高，58.14%的被访者关注，居其阶层选择第 4 位；私营企业主的关注度次之，居其阶层选择第 6 位，其余阶层被访者的关注度较低。

12. 推进共同富裕、新型城镇化建设关注度下降明显，居第16、17位

问卷调查显示，20.44%的被访者（111 人）关注“推进共同富裕”，

居第16位；18.23%的被访者（99人）关注“新型城镇化建设”，居第17位，与2020年民众关注度相比下降5个位次。各阶层中，商业服务业员工、工人和办事人员对“推进共同富裕”的关注度较高，排序居其阶层选择第12位、13位、14位。

13. 被访者对依法行政、党史学习教育的关注度不高，居第18、19位

依法行政是经济社会中的重点问题，也是法治甘肃建设的必然要求。调查中，15.10%的被访者（82人）关注这一问题，居第18位。问卷对“党史学习教育”关注度作了调查，结果显示，被访者对党史学习教育有一定的关注度，14.36%的被访者（78人）选择，居第19位。各阶层中，经理人员、私营企业主对“依法行政”问题的关注度最高，均居其阶层选择第16位；自由职业者对“党史学习教育”的关注度略高，居其阶层选择第14位（见图4）。

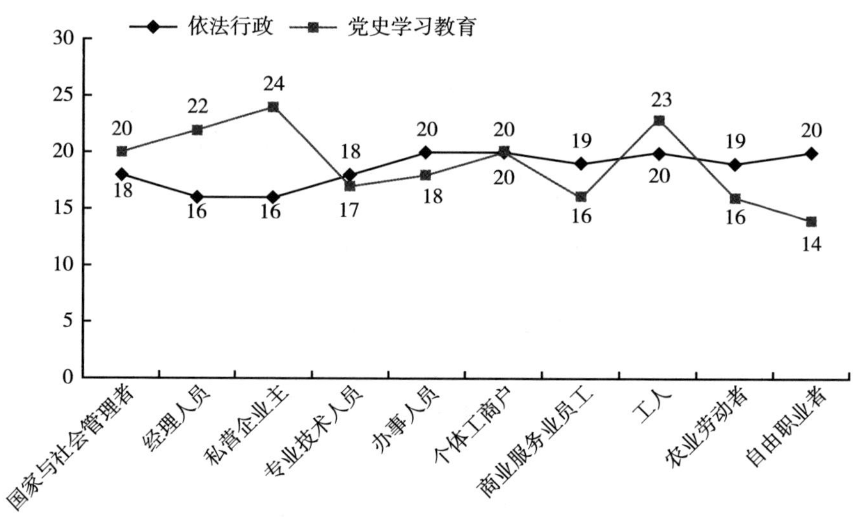

图4　不同社会阶层对依法行政、党史学习教育的关注度排名

14. 被访者对中美关系、政府机构改革、三孩政策等问题关注热情低，“放管服”改革关注度居尾

问卷调查显示，14.00%的被访者（76人）选择“中美关系”，居第20

位，比 2020 年下降 2 个位次，反映出甘肃民众对国际政治关系的关注热情偏低。被访者对“政府机构改革”“三孩政策”“政法队伍教育整顿”“营商环境”的关注度较低，排名靠后，这也是因为这些问题与民众利益联系少、社会问题影响不大，民众关注度不高。

（三）甘肃民众关注社会热点问题的原因

问卷调查显示，被访者关注社会热点问题的原因主要是“相关问题社会影响大”、“与个人利益有联系”以及“媒体报道多”，选择占比分别为 72.01%、67.96%和 61.33%（见图 5）。

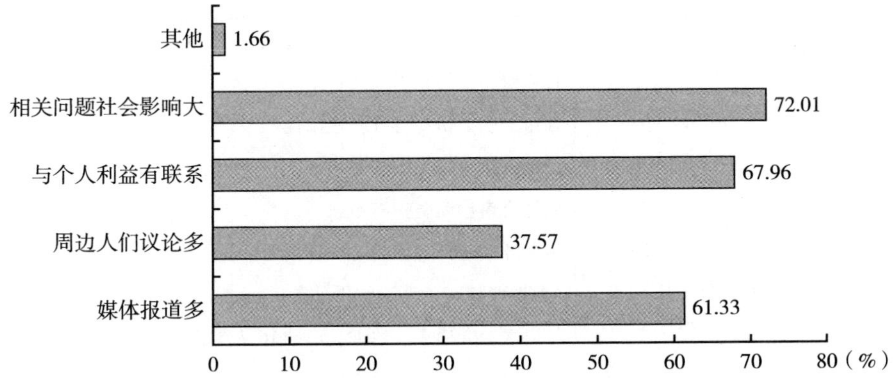

图 5　被访者关注社会热点问题的原因

二　网络涉甘舆情调查

网络舆情是舆情不可或缺的重要方面。《第 47 次〈中国互联网络发展状况统计报告〉》显示，截至 2020 年 12 月，我国网民规模达 9.89 亿，互联网普及率达 70.4%。[①] 进入互联网时代，网络成为公众获得信息和表达意见

① 中国互联网络信息中心（CNNIC）：《第 47 次〈中国互联网络发展状况统计报告〉》，中国网信网，2021 年 2 月 3 日。

的主要渠道，是舆论话题的发源地，网络舆论与现实热点问题相互交织，影响舆情的生成与传播。随着微信、微博、抖音、快手、网络社群的快速普及，新技术层出不穷，媒介环境发生深刻变化，网络成为重要的舆论场和社会监督力量，是政府关注民情、汇聚民智的重要渠道。为更好地研究舆情治理问题，本课题对近一年网络涉甘事件进行了检索，对其发展趋势进行分析预测，以期为相关部门开展治理提供参考。课题依托微博、微信、抖音、知乎以及新浪、网易等主流媒体平台，对 2020 年 10 月至 2021 年 9 月的网络涉甘事件进行了检索，共梳理出 20 件主要网络涉甘事件（见表 10）。

表 10　主要网络涉甘事件

序号	时间	事件
1	2020 年 10 月 21 日	甘肃修路疑似挖毁唐代古墓
2	2020 年 11 月 3 日	甘肃兰州一份冷链虾新冠阳性
3	2020 年 11 月 3 日	兰州一化工厂发生闪爆
4	2021 年 1 月 20 日	敦煌万亩沙漠防护林被毁
5	2021 年 1 月 28 日	生态环境部回应敦煌防护林被毁
6	2021 年 3 月 19 日	“敦煌毁林案”，调查结果公布
7	2021 年 5 月 1 日	甘肃水上交通事故致 1 人遇难 16 人受伤
8	2021 年 5 月 22 日	甘肃白银山地马拉松事故
9	2021 年 6 月 24 日	甘肃新增 1 例境外输入确诊病例
10	2021 年 7 月 7 日	甘肃省博物馆推出多款文物雪糕
11	2021 年 7 月 9 日	甘肃高台农田发现鲎虫
12	2021 年 7 月 15 日	甘肃 15 县成为全国农民合作社质量提升整县推进试点单位
13	2021 年 7 月 26 日	甘肃平凉“7·26”重大交通事故造成 13 人死亡
14	2021 年 8 月 5 日	甘肃省首个 5G 联合创新中心建成使用
15	2021 年 8 月 11 日	甘肃陇南文广旅局两干部问政直播中仰靠、玩手机被责令检讨
16	2021 年 8 月 17 日	甘肃一政府人员持刀行凶致 2 死 1 伤
17	2021 年 8 月 18 日	兰州交通大学一研究生被杀身亡
18	2021 年 8 月 23 日	最高检依法对甘肃省原副省长宋亮决定逮捕
19	2021 年 8 月 30 日	为游戏账号充值 甘肃 90 后干部挪用公款 387 万元
20	2021 年 9 月 26 日	兰州野生动物园门票从 10 元涨至 150 元

由于检索方法局限、筛选样本的有限性、网络热搜算法属性影响以及网络基础设施建设不平衡等因素，上述事件并不能代表甘肃舆情现状，但在一定程度上能反映出网络舆论的特点和走向。过去的一年，网络涉甘事件涵盖疫情防控、生态环境、公共安全、社会治理、反腐败和干部作风等方面，正面负面舆情都有涉及，出现了一些在全国影响力较大的事件，如“敦煌万亩沙漠防护林被毁”“甘肃白银山地马拉松事故”事件，舆情热度高涨。如 2021 年 1 月 20 日《经济参考报》报道“敦煌万亩沙漠防护林被毁”事件后，《人民日报》、《光明日报》、新华社等主流媒体相继发表评论，网上相关信息达到 67.89 万条，信息量峰值高达 41.58 万条（见图6）。[①]

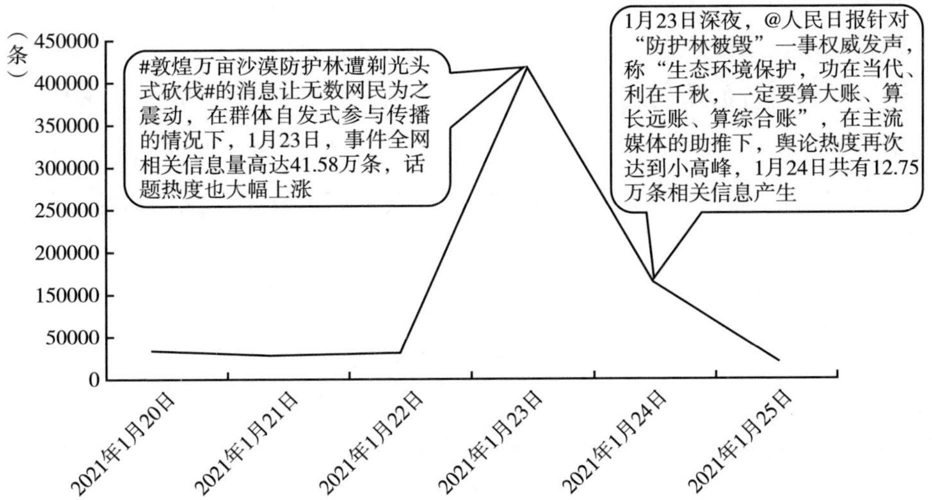

图6　全网相关信息量的变化

资料来源：《地方政务热点：敦煌沙漠防护林被指遭破坏，敲响地方生态保护警钟》，https：//baijiahao. baidu. com/s？ id = 1690034490318262587，2021 年 1 月27 日。

① 《地方政务热点：敦煌沙漠防护林被指遭破坏，敲响地方生态保护警钟》，https：//baijiahao. baidu. com/s？ id = 1690034490318262587，2021 年 1 月 27 日。

梳理2021年甘肃网络舆情，有以下特点。一是生态环境、疫情防控、公共安全、反腐败和干部作风等问题的关注度较高，折射出民众对经济民生、社会安全、社会道德等方面的强烈诉求。二是地方政府反应迅速，应对舆情能力不断提高。在“敦煌万亩沙漠防护林遭剃光头式砍伐”、甘肃白银山地马拉松事故发生后，各级政府迅速回应，组织相关部门开展调查核查，依法依规提出意见并及时公布，依法追究相关人员责任，事件风波渐缓。三是自媒体作用突出。在梳理的涉甘事件中，不少都是由微博、抖音、微信爆料，再由其他媒体转发引起网友高度关注。其中微博是最主要的传播渠道。在白银山地马拉松公共安全事件中，2021年5月22日0时至25日12时，事件相关信息共有28.7万余条，其中微博信息20万篇，信息量占全网信息传播的69.61%。[①] 微博用户的态度主要有希望失联者平安归来，以及质疑主办方规范性管理缺失、专业能力不够。四是主流媒体舆论引导和监督的作用凸显。如在“敦煌万亩沙漠防护林被毁”事件中，无论是最先发声的《经济参考报》，还是后期跟进评论的《人民日报》、《光明日报》、新华社、政府官方网站等，其发声引发了广泛的讨论，展现了主流媒体的担当。

三　分析与结论

通过对2021年甘肃民众关注的社会热点问题及网络涉甘事件的分析，得出以下几点结论。

（一）民生类问题依然是民众关注焦点

从近年来甘肃民众关注的热点问题以及网络涉甘舆情事件来看，教育、住房、养老、卫生等民生类问题依然是民众关注的焦点问题，关注度居高不

① 体银智库舆情研究事业部：《“甘肃景泰越野赛21人遇难”舆情综述》，https://new.qq.com/rain/a/20210528A03V9T00，2021年5月28日。

下（见图 7）。这是因为这些问题贴近民众，民众的感触更为直接、敏感，容易网上网下引起共鸣。如教育问题连续多年位居民众关注度榜首，教育资源不均衡、校外培训、课后托管等牵动民心；再如高房价引发一系列社会问题，民众盼房价下降。新冠肺炎疫情也引发民众对疫情防控、公共卫生、经济发展形势等问题的持续关注。近年来，甘肃一直重视民生发展，民生支出占到财政总支出的 80%，2021 年在党史教育活动中深入开展“我为群众办实事”活动，解决了一批民生难点问题，但面对难点交织的发展环境，民生问题还存在一些痛点、难点、堵点和弱项，社会保障制度欠缺，与人民对美好生活的向往还有差距。

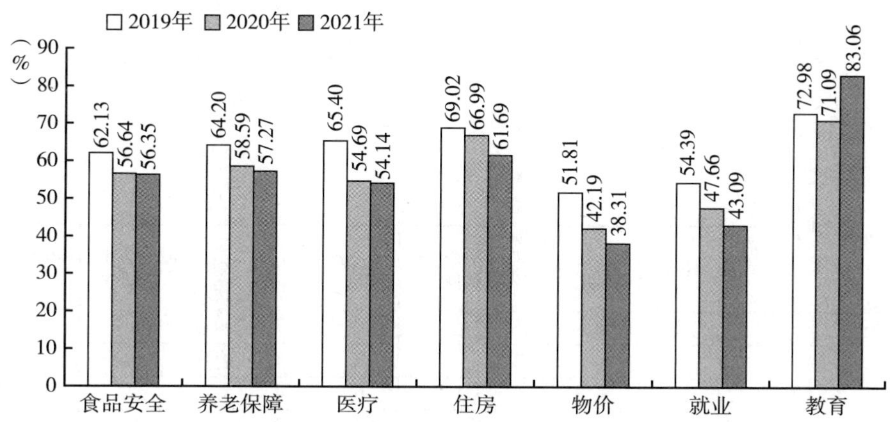

图 7　2019 ~ 2021 年甘肃民众对民生问题的关注情况

（二）职业和居住地影响民众热点问题关注度

民众对热点问题的关注情况很大程度上受到职业和居住地的影响。如经理人员和个体工商户对与自身关系较大的经济发展形势关注度较高，选择该项均居其阶层选择第 5 位；个体工商户、商业服务业员工、私营企业主、农业劳动者对养老与社会保障问题的关注度高于其他被访者，选择该项居其阶层选择前 3 位；自由职业者更为关注“就业创业”，选择该项居其阶层选择第 3 位；农业劳动者则对乡村振兴、农村土地制度改革关注度较高，选择这两项位居其阶层选择第2位、4位，对住房、食品安全、物价问题的关注度较低。

不同居住地被访者的关注度也有所差别。如对于排名前十的热点问题，居住在乡镇的被访者对住房、食品安全、生态环境、公共卫生与疫情防疫的关注较高，居住在农村的被访者对反腐败和干部作风、养老与社会保障的关注度较高，不同居住地的被访者都最关注教育问题（见图8）。

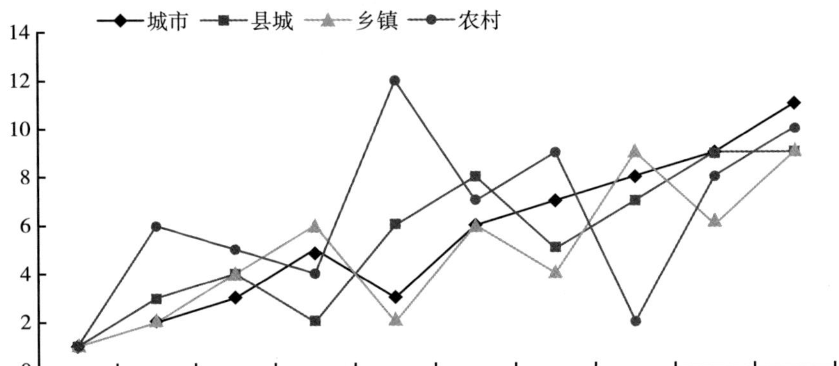

	教育	住房	生态环境	养老与社会保障	食品安全	医疗	公共卫生与疫情防控	反腐败和干部作风	就业创业	经济发展形势
城市	1	2	3	5	3	6	7	8	9	11
县城	1	3	4	2	6	8	5	7	9	9
乡镇	1	2	4	6	2	6	4	9	6	9
农村	1	6	5	4	12	7	9	2	8	10

图8　不同居住地被访者关注热点问题的排名

（三）网络舆情稳中有险，政府应对能力有待进一步提升

过去的一年，甘肃发生了在全国影响力较大的甘肃白银山地马拉松公共安全事件、敦煌万亩沙漠防护林被毁事件，网络舆情稳中有险，考验政府应对能力。相关事件发生后，地方政府及时调查处置，逐渐平息了舆情，防止了事态升级。近年来，甘肃从制度建设、领导干部应急演练基地、舆评中心建设等方面入手，推进政府舆情处置能力提升，但是，仍然存在管理成效不

高的问题，表现为权威信息不公开或公开得不全面、网络舆情危机预警不足、舆情引导能力不强、对网络谣言缺乏有效管控等。问卷调查中，40.88%的被访者认为当地政府舆情应对能力“一般”，6.81%的被访者认为“差”（见图9）。

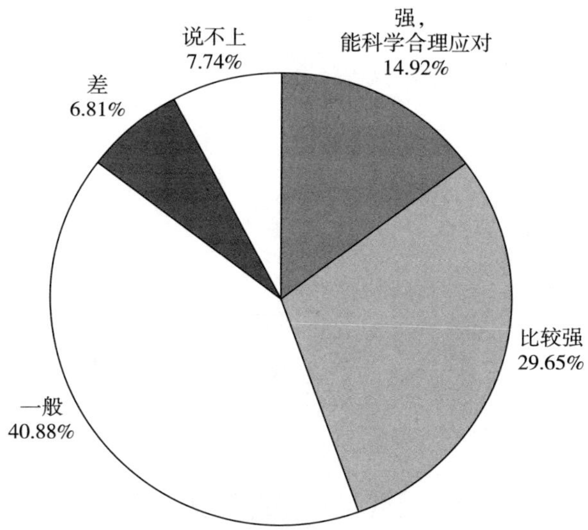

图9　被访者对政府管理舆情能力的评价

（四）公众是舆情治理重要力量，参与能力有待提高

新媒体以及社交平台的发展为公众参与意见表达提供了平台，尤其平民草根的声音借助微博这一平台得到快速扩散，公众成为舆论主体。从舆情传播来看，微博仍是舆情发源的第一平台，个人爆料为主要形式，这为公众进行深入广泛的社会监督提供了便利，促进了相关行业的整肃。从近年来网络上的各类社会热点事件中，都可以看出网络舆论监督的巨大影响力。但公众参与热情高涨的同时，与自觉、理性还有距离，公众参与能力有待提高。问卷调查中，34.81%的被访者表示对舆情治理“想参与，但心有余而力不足”（见图10）。

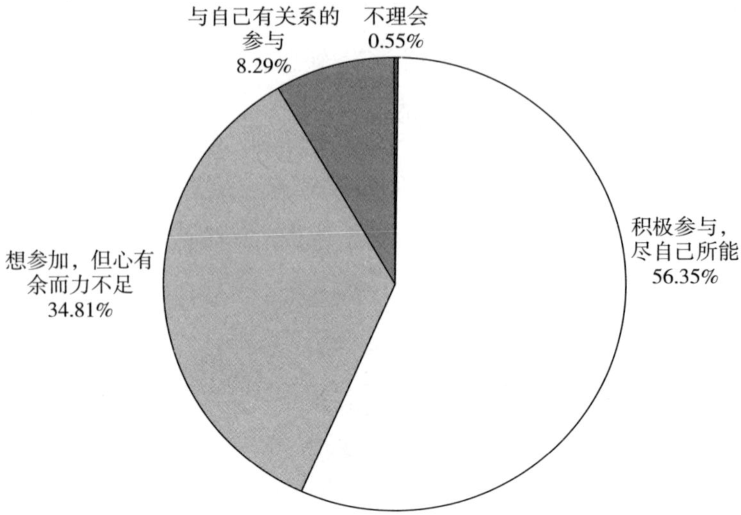

图 10　被访者参与舆情治理的意愿表达

四　对策建议

全媒体时代，舆论传播格局发生变化，呈现融媒体、多终端趋势，舆论环境复杂多变，加大了舆情预测、研判和处置的难度，对舆情治理带来挑战。问卷调查中，被访者对解决热点问题提出了建议，位居被访者选择前三的是："解决民众关心的热点、难点问题"（71.45%）、"加强社会监督"（68.88%）、"政府及主流媒体科学引导"（55.80%）（见图 11）。结合问卷调查，甘肃应革故鼎新，多举措提升社会热点问题和网络涉甘舆情治理能力。

（一）提升政府舆情应对能力

网络舆情具有不稳定性、易爆性、不确定性，面对复杂多变的舆情环境，政府要不断提升舆情驾驭能力。一要加强"舆商"建设，树立疏胜于堵、通浚强于阻隔的心态，把网络建设为了解民情、汇聚民智的重要平台，

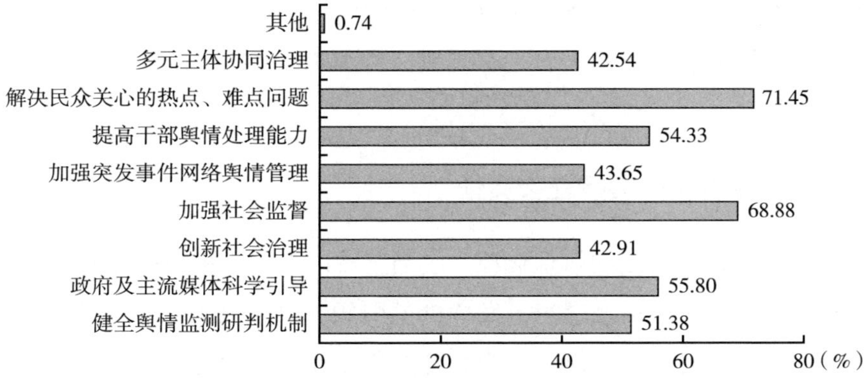

图 11　被访者对解决社会热点问题的建议

引导领导干部真懂新媒体、善用新媒体，因势利导实现“以舆治舆”。二要构建“线上 + 线下”的执政模式，建设数字政府，将现实工作拓展到虚拟网络，拓展政务微信的服务功能，改进政务微博互动评价指标，加强网评员队伍建设，创新机制让热心群众参与到网评员队伍之中，以智慧治理赋能政府治理。树立网络政务双主体心态，畅通民众意见表达渠道，促进网民合法参与、有效表达。三要对负面舆情保持冷静和理性，防止“心态掉队”。坚持“速度为上、内容为王”，既不可失语，也不可妄语，审时度势主动出击，信息应经调查、求证、核实后再公开，有效遏制负面舆情蔓延。

（二）正向引导网络群体情绪

当前网络舆论呈现主体多元、影响广泛、表达深刻的特点，治理网络舆情，一要设置正向议题，利用技术手段和传播技巧，向不同人群精准推送文章和评论，促进网络受众参与评论、点赞，引导网络正向情绪传递。二要发挥网络意见领袖的作用。网络意见领袖能够在信息模糊、网络信息量暴增但群体难以做出判断和采取行动时给出权威专业的判断，确保网络群体情绪的稳定性。需要注意的是，当前意见领袖的组成更为多元，“网络大 V”开始向“专业中 V”转变，对此，要鼓励各方面专家在熟悉的领域理性建言，要用专业影响力帮助网民凝聚共识。三要运用有说服力的证据。政府、主流媒体及其他网络参与者要发布权威、准确的信息，注重信息的有效性和新颖性，如是否原创、是否首次、是否有趣、是否接地气等，从而引发网络群体的认同。

（三）促进媒体履行社会责任

媒体是一种社会公共信息资源，应当坚持以人民为中心的导向，承担为公众提供信息、促进信息交流、发挥价值引领、维护社会公平的公共职责。无论是主流媒体还是自媒体，作为舆论的传播地和宣泄场，都应积极履行相应的社会责任。一方面，主流媒体要把好“内容关”。通过对信息的筛选、研判、取舍，进一步强化对细节的把控能力，对可能引发的后续舆情进行预判，强化正面宣传引导，避免造成舆论场割裂。另一方面，要引导新媒体履行社会责任，加强培训促使平台负责人及公众强化对平台媒介属性及其公共职责的共识。创新管理理念、制度、机制，加大对互联网“水军”和虚假炒作行为的法律惩处力度，完善热搜平台的算法公开制度、营销企业的黑名单制度、算法之外的人工审核制度等，应用风险识别检测技术以及“人机协同”把关模式，防止形成极端观点或网络暴力，维护平台的公共性。

（四）加快补齐民生短板

问卷调查中，71.45%的被访者认为解决社会热点问题应当“解决民众关心的热点、难点问题”。民之所盼，政之所向，新时代民生建设必须坚守人民情怀，将问题导向与人民立场相结合，树立整体思维，做好顶层设计，着眼不同群体多样化的物质精神需求，将民生问题落到实处。民生福祉不应简单理解为提高物质生活水平，还应注重人民的内心体验和主观感受。加强制度设计，完善基本公共服务体系均等化、收入分配以及养老、教育、医疗等制度，推进“互联网＋公共服务”，解决长期存在的区域差异大、碎片化、不系统等问题，聚焦“急难愁盼”在关键民生问题上集中发力，并注重民生建设的稳定性和连续性，不断提高群众的获得感、幸福感。

B.3

民众对全面推进乡村振兴的期待和建议

李　蓉*

摘　要： “十三五”时期，甘肃省农业农村发展取得历史性成就、发生历史性变革，贫困地区面貌发生翻天覆地的变化，农村改革向纵深推进，农村社会保持和谐稳定，农村即将同步实现全面建成小康社会目标。“十四五”时期，甘肃省更应该加紧赶超，实现高质量发展，奋力推进现代化，逐步缩小同发达地区差距。本报告通过问卷调查、数据分析等方法，研判甘肃省民众对全面推进乡村振兴的感受和评价，在此基础上就甘肃省全面推进乡村振兴的短板提出相应的对策建议。

关键词： 甘肃民众　乡村振兴　满意度

党的十九大报告首次明确提出实施乡村振兴战略，是继我国进入新时代解决“三农”问题之后的重大战略决策。实施乡村振兴战略的根本宗旨就是深入推进我国农业现代化建设。2021 年 6 月，国家颁布实施了《中华人民共和国乡村振兴促进法》，标志着依法全面推进乡村振兴时代的到来。广大农民是乡村振兴的主体，脱贫攻坚战的胜利是我国解决“三农”问题，实现乡村发展的基础性、保障性工作的胜利，标志着我国乡村发展进入新水平。但就全国经济发展和人民生活水平来看，目前乡村发展仍然存在不平衡问题以及城乡差距较大的紧迫问题。为此，要在巩固脱贫攻坚胜利成果的前

* 李蓉，甘肃省社会科学院马克思主义研究所助理研究员。

提下，明确思路举措，扩大“战果”，实现全方位、多层次的乡村发展，加快完善城乡融合发展的体制机制和政策体系，走中国特色社会主义乡村振兴道路。2021 年是“十四五”规划的开局之年，我们开启了全面建设社会主义现代化国家新征程。我们要努力巩固拓展脱贫攻坚的成果，认真做好与乡村振兴的衔接，全面落实产业振兴、人才振兴、文化振兴、生态振兴、组织振兴等“五大振兴”的要求，努力为实现全面推进乡村振兴开好头、起好步。

“十三五”时期，甘肃省农业农村发展取得历史性成就、发生历史性变革，贫困地区面貌发生翻天覆地的变化，农村改革向纵深推进，农村社会保持和谐稳定，农村即将同步实现全面建成小康社会目标。“十四五”时期，甘肃省更应该加紧赶超，奋力推进现代化，逐步缩小同发达地区差距，实现高质量发展。本报告以全面推进乡村振兴为契机，以民众对全面推进乡村振兴的期待为切入点，通过调查走访、问卷分析等方法，较为客观地评判甘肃省民众对全面推进乡村振兴战略的满意程度，由此发现战略推进过程中的短板和不足并给予改进和提升的路径建议，助推陇原乡村振兴取得新进展、农业农村现代化迈上新台阶，不断开创富民兴陇新局面的时代篇章。

一　问卷编制情况

本课题组围绕加快推进脱贫地区乡村产业、人才、文化、生态、组织等五个方面作为调查的切入点，结合甘肃农村的地域特点及现阶段农村社会发展状况设计调研问卷。问卷涵盖了乡村振兴战略“五大振兴”内容，在此基础上问卷设计分为三个层次：问卷第一部分首先了解掌握受访农民的个体基本情况，包括性别、婚姻状态、年龄、受教育程度、收入情况等，以便于更加直观地对调研结果进行评判；问卷第二部分主要对乡村振兴战略实施以来农民对战略实施的满意度进行调查，其中涵盖了经济发展、人才培养、文化建设、生态保护、组织建设等 5 个方向。通过对选取的重点区域进行访谈，收集问卷并分析调研数据，较为客观地评判问卷数据结果，帮助我们更好地了解甘肃省民众对全面推进乡村振兴的真实感受。

课题组根据分层随机抽样的方法，以问卷调查为主要形式开展调研工作。调研组累计发放问卷 543 份，通过数据分析，被访者性别比例情况是：男性 329 人，占 60.59%；女性 214 人，占 39.41%。被访民族分布中 96.5% 为汉族，回、藏、蒙及其他占 3.5%。从被访者年龄分布来看，18～25 岁的 44 人，占 8.1%；26～35 岁的 199 人，占 36.65%；36～45 岁的 144 人，占 26.52%；46～60 岁的 145 人，占 26.7%；60 岁以上的 11 人，占 2.03%。小学及以下文化程度的为 34 人，占 6.26%；初中文化程度的为 116 人，占 21.36%；高中（含职高）文化程度的为 118 人，占 21.73%；大专及以上文化程度的为 275 人，占 50.64%。从被访者的政治面貌来看，中共党员 206 人，占 37.94%；民主党派 2 人，占 0.37%；无党派 14 人，占 2.58%；群众 321 人，占 59.12%。从被访者职业来看，国家与社会管理者 41 人，占 7.55%；经理人员 36 人，占 6.63%；私营企业主 13 人，占 2.39%；专业技术人员 95 人，占 17.5%；办事人员 47 人，占 8.66%；个体工商户 21 人，占 3.87%；商业服务业员工 30 人，占 5.52%；工人 99 人，占 18.23%；农业劳动者 83 人，占 15.29%；自由职业者 78 人，占 14.36%（见表 1）。

表 1　被访者基本情况

单位：人，%

调查项目		人数	占比
性别	男	329	60.59
	女	214	39.41
民族	汉	524	96.5
	回、藏、蒙及其他	19	3.5
年龄	18～25 岁	44	8.1
	26～35 岁	199	36.65
	36～45 岁	144	26.52
	46～60 岁	145	26.7
	60 岁以上	11	2.03

续表

调查项目		人数	占比
受教育程度	小学及以下	34	6.26
	初中	116	21.36
	高中(职高)	118	21.73
	大专及以上	275	50.64
政治面貌	中共党员	206	37.94
	民主党派	2	0.37
	无党派	14	2.58
	群众	321	59.12
职业	国家与社会管理者	41	7.55
	经理人员	36	6.63
	私营企业主	13	2.39
	专业技术人员	95	17.5
	办事人员	47	8.66
	个体工商户	21	3.87
	商业服务业员工	30	5.52
	工人	99	18.23
	农业劳动者	83	15.29
	自由职业者	78	14.36
居住地	城市	350	64.46
	县城	84	15.47
	乡镇	34	6.26
	农村	75	13.81

资料来源：《甘肃舆情分析与预测（2022）》课题组“民众对全面推进乡村振兴的期待和建议”的问卷统计结果。

二 问卷调查与分析

此次针对民众对全面推进乡村振兴的期待和建议的调查，主要依据甘肃省委省政府《关于全面推进乡村振兴加快农业农村现代化的实施意见》的相关内容设置。问卷设计的主要视角包括群众民众对全面推进乡村振兴战略的了解程度，对全面推进乡村振兴战略所涵盖的五部分内容的关注程度，对所在政府全面推进乡村振兴战略的认可情况，对目前产业振兴、人才振兴、文化振兴、生态振兴、组织振兴等内容的认知度，并通过多项选择的形式，收集整理民众对乡村振兴战略涉及经济、社会、文化、生态、组织建设等各领域的相关意见和建议。

（一）民众对乡村振兴战略推进情况较为满意

数据统计表明，有39.04%的受访者对乡村振兴战略的推进情况“非常满意”，有53.22%的受访者对乡村振兴战略的推进情况“基本满意”，有7.73%的受访者对乡村振兴战略的推进情况“不满意”或“非常不满意”。由此可见，超过90%的民众对国家推进乡村振兴战略实施的情况是满意的。这表明乡村振兴战略自实施以来，国家加大力度支持发展富民产业，高效开发农村市场，多渠道开掘增收渠道；甘肃省委省政府把握新时代的历史机遇，不断提高农业产业发展，千方百计增强农民的幸福感和获得感，并在促进农民增收、实现农民安居乐业等方面取得了显著成效（见表2）。

表2　民众对乡村振兴战略推进的满意度

单位：人，%

选项	人数	比例
非常满意	212	39.04
基本满意	289	53.22
不满意	37	6.81
非常不满意	5	0.92

（二）绝大部分受访民众明显感受到了乡村振兴战略推进带来的变化

数据统计表明，有44.94%的受访者感受到了乡村振兴战略推进带来的巨大变化，有45.3%的受访者认为乡村振兴战略的推进带来了一定变化，有7.73%的受访者认为乡村振兴战略推进带来的变化不大，有2.03%的受访者认为乡村振兴战略推进没有带来变化。由此可见，超过 90% 的民众都感受到了甘肃省在推进实施乡村振兴战略过程中，在社会生活等各个方面发生的变化。这表明乡村振兴战略的推进实施，极大地改善了甘肃省民众的生产生活环境，社会各项事业显著进步（见表 3）。

表 3　民众对乡村振兴战略推进带来的变化感受

单位：人，%

选项	人数	比例
变化很大	244	44.94
有一定变化	246	45.3
变化不大	42	7.73
没有变化	11	2.03

（三）超过80%的民众比较满意自己目前的生活状态

数据统计表明，有 21.18% 的受访者对自己目前的生活状态“非常满意”，有 61.51% 的受访者对自己目前的生活状态“基本满意”，有 14.73% 的受访者对自己目前的生活状态“不满意”，有 2.58% 的受访者对自己目前的生活状态“非常不满意”。由此可见，超过 80% 的民众对自己目前的生活状态是满意的。这表明甘肃省推进实施乡村振兴战略以来，很大程度上改观了民众的民生状况，民众的幸福感进一步增强（见表 4）。

表 4　民众对自己目前生活状态的满意度

单位：人，%

选项	人数	比例
非常满意	115	21.18
基本满意	334	61.51
不满意	80	14.73
非常不满意	14	2.58

（四）超过80%的民众对推进产业兴旺等举措基本满意

数据统计表明，有25.05%的受访者对“推进产业兴旺，提高农产品质量，解决农产品销售中的突出问题”的举措“非常满意”，有61.69%的受访者对推进产业兴旺等举措“基本满意”，有11.97%的受访者对推进产业兴旺等举措“不满意”，有1.29%的受访者对推进产业兴旺等举措“非常不满意”。由此可见，86.74%的民众比较认可乡村振兴战略实施过程中对于产业兴旺等推进农业产业发展的具体措施。这表明近年来，全省不断调整三大产业结构，逐步实现农业供给侧结构性改革，农业产业结构进一步得到优化，农业产值持续增加，优势农业、特色农业进一步发展（见表5）。

表5　民众对推进产业兴旺等举措的满意度

单位：人，%

选项	人数	比例
非常满意	136	25.05
基本满意	335	61.69
不满意	65	11.97
非常不满意	7	1.29

（五）90%以上的民众对目前推行的生态建设情况表示满意

数据统计表明，有29.28%的受访者对“生态宜居”的举措“非常满意”，有62.8%的受访者对推进生态宜居建设的举措“基本满意”，有7.18%的受访者对推进生态宜居建设的举措“不满意”，有0.74%的受访者对推进生态宜居建设的举措“非常不满意”。由此可见，绝大多数民众充分肯定了近年来甘肃省在生态治理和农村环境保护方面做出的努力。这说明甘肃省委省政府对农村生态环境建设日益重视，政府持续投入大量资金，制定系列政策，环境保护、治理力度明显增强，治理效果显而易见（见表6）。

表 6 民众对“生态宜居”（加强农村环境问题治理，推进良好的农村生态环境）的满意度

单位：人，%

选项	人数	比例
非常满意	159	29.28
基本满意	341	62.8
不满意	39	7.18
非常不满意	4	0.74

（六）90%以上的受访者对农村思想道德及文化建设表示满意

数据统计表明，有29.65%的受访者对“乡风文明”的举措“非常满意”，有61.33%的受访者对“乡风文明”的举措“基本满意”，有7.73%的受访者对“乡风文明”的举措“不满意”，有1.29%的受访者对“乡风文明”的举措“非常不满意”。由此可见，甘肃省通过努力，在大力推动农村公共文化服务体系建设的过程中，让绝大多数民众都切身体会到了社会发展和文化建设带来的成果。这说明今后甘肃省更应当着眼于围绕民生这一核心的重要领域，坚决满足广大人民群众在思想道德以及文化层面的需求（见表7）。

表 7 民众对“乡风文明”（加强农村思想道德建设，提升农村优秀传统文化）的满意度

单位：人，%

选项	人数	比例
非常满意	161	29.65
基本满意	333	61.33
不满意	42	7.73
非常不满意	7	1.29

（七）90%以上的受访者对农村治理及组织建设表示满意

数据统计表明，有31.86%的受访者对“治理有效”等举措“非常满意”，有60.59%的受访者对“治理有效”等举措“基本满意”，有6.08%的受访者对“治理有效”等举措“不满意”，有1.47%的受访者对“治理有效”等举措“非常不满意”。由此可见，乡村振兴战略实施以来，甘肃省乡村治理方面取得了一定成效，乡村治理及组织建设影响着广大农民群众对乡村建设的满意程度。这也进一步说明甘肃省要在全面推进乡村振兴战略、坚持提高村民参与度和加强政务村务公开之外，更要完善乡村治理思路，加强基层组织建设、培育村民主体意识、倡导多元主体治理、建立长效管理机制成为农村实现治理现代化的重要保障（见表8）。

表8 民众对“治理有效”（加强自治、法治、德治，建设平安乡村）的满意度

单位：人，%

选项	人数	比例
非常满意	173	31.86
基本满意	329	60.59
不满意	33	6.08
非常不满意	8	1.47

三　结论与问题分析

（一）民众对全面推进乡村振兴的主要期待

问卷调查显示，民众对全面推进乡村振兴战略的期待主要集中在农民增收、社会保障、义务教育均等化、优化人居环境和增加就业等几个方面（见表9）。所以，甘肃省在做好脱贫攻坚与乡村振兴有效衔接的同时，要加强城镇和乡村互动协作，从产业、人才、生态、文化、组织等方面推进乡村振兴。

表9 在乡村振兴的发展过程中民众最关心的改革内容统计

单位：人，%

选项	人数	比例
农民增收	450	82.87
村集体经济发展	275	50.64
社会保障	405	74.59
增加就业	327	60.22
城乡一体化	300	55.25
优化人居环境	331	60.96
培育新兴产业	254	46.78
农村基础设施建设	286	52.67
公共服务均等化	314	57.83
义务教育均等化	359	66.11

1. 期待通过全面推进乡村振兴战略，促进经济进一步发展，以此带动农民收入进一步增加

调查显示，有超过1/3的受访者对目前农村经济发展情况不满意。如农产品销售渠道的畅通程度，有33.08%的受访者表示不满意；对过去一年收入增长情况的调查中，有47.12%的受访者表示不满意；受访者中对农村发展旅游业带来的收入情况，选择不满意的占比为40.82%；对所在村的银行的便利及相关金融政策表示不满意的受访者达39.74%（见图1）。

2. 期待通过全面推进乡村振兴战略，进一步保障民生，促进社会保障制度的健全和完善

在就业、教育、医疗、文体、养老、农村人口有序向城镇转移以及人民群众收入水平提高等方面提出具体设计，使经济发展规划与民生保障的制度设计相契合，在规划的引领之下，确保和促进民生工作措施得到有效贯彻落实，推进民生保障事业全面进步。在调查走访过程中，农村社会发展中还存在农民群众满意度较低的情况，如有34.83%的受访者对政府给予农业生产及农产品销售的支持力度不满意；有29.76%的受访者对农村现行最低生活保障政策及实施情况不满意；有26.29%的受访者对目前当地精准扶贫政策的推进和实施不满意等（见表10）。

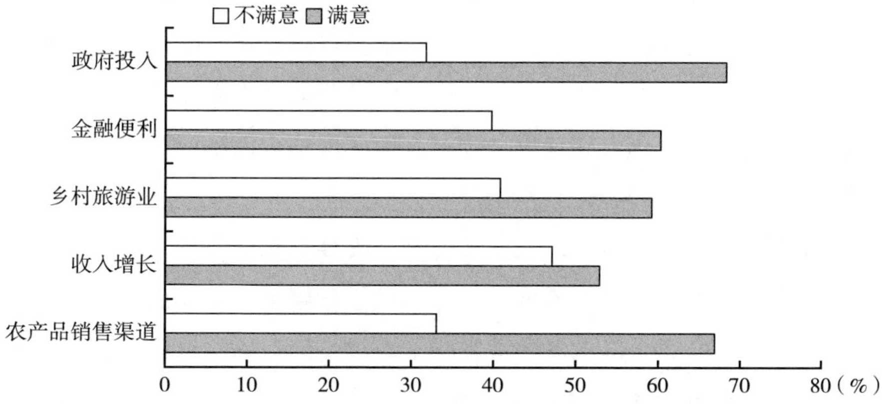

图 1　民众对农村经济发展的评价情况

表 10　民众对农村各项社会事业的满意程度统计

单位：%

类型	非常满意	满意	一般	不满意	非常不满意
农村公共交通、出行	35.24	28.51	22.46	10.79	3
居住房屋及住房条件	26.59	33.93	22.69	12.43	4.36
子女入学受教育情况	33.49	32.32	17.85	11.02	5.32
农村社会治安	27.39	29.35	20.48	14.19	8.59
农业生产及农产品销售	14.52	23.9	26.75	19.11	15.72
农村最低生活保障政策及实施	17.69	22.41	30.14	16.37	13.39
精准扶贫的推进和实施	23.2	22.02	28.49	17.53	8.76

3. 期待进一步提升农村教育水平

民众对农村教育质量整体满意度一般，超过 30% 的受访者觉得子女受教育情况一般或对现状表示不满，这说明甘肃省农村教育质量尚未达到良好水平。今后，甘肃省需要在学生上学的便利程度、中小学的升学率以及教学水平与教学设施等方面再加大关注度。要进一步提升农村中小学的升学率，将优化教育均等化环境和加强教育基础设施建设放在重要位置。

4. 期待继续有更多积极的就业政策，实现更高质量和更充分的就业

就业是民生之本、稳定之基。调查中有 60% 的民众非常关注就业问题，

期待政府能够为大学毕业生、农村劳动力、退役军人、就业困难人员等重点群体提供更多的就业创业途径和渠道。在新型城镇化建设中，家政、安保等岗位应预先设置，解决好城市失业人员和农村劳动力进入相关行业。

5. 期待进一步优化人居环境，农村人居环境是全面推进乡村振兴过程中民众较为关注的一个重要环节

甘肃省农村分布范围广，农村污染物、废弃物无法实现集中处理，针对农村环境的专业监管机构不健全，生态建设任务繁重，工作面广，工作难度大，缺乏统一的标准，这不仅严重影响了农村生活环境质量的改善，也制约了“三农”经济和生态环境的可持续发展。在农民群众对农村生态建设满意度情况的调查中发现，60%以上的受访者对当地的生态环境、饮用水安全、空气质量、垃圾回收处理等较为满意，但也有46.98%的受访者认为农村生态建设的宣传力度不够，宣传手段单一，宣传流于形式（见表11）。

表11　民众对农村生态建设的满意程度统计

单位：%

类型	非常满意	满意	一般	不满意	非常不满意
居住地生态环境总体情况	37.25	30.11	16.32	8.57	7.75
空气质量及空气污染治理	40.09	23.62	23.29	8.06	4.94
水源及饮用水水质	43.27	21.09	24.12	7.38	4.14
土地流失及土地沙漠化改善	27.65	32.78	18.98	13.29	7.3
垃圾回收及处理	34.88	27.77	16.42	12.9	8.03
生态环境建设的力度	20.14	34.54	20.72	16.85	7.75
生态环境建设的宣传	7.84	12.64	32.54	26.16	20.82

（二）甘肃省在全面推进乡村振兴进程中存在的短板

1. 农业发展相对落后，专业化程度不高

近年来，全省不断调整三大产业结构，逐步推进农业供给侧结构性改革，农业产业结构进一步得到优化，农业产值持续增加，优势农业、特色农业进一步发展。通过重点特色农产品种植、技术引进、种粮补贴等，不断整

合农业资源，最大限度地提高农业资源的利用率。但是受到土地贫瘠、气候差异等不利因素的影响，农业生产水平提升缓慢。同时，甘肃省农业劳动力明显不足，劳动力专业化水平不高，农业生产经营效率低下，农业生产收入偏低，严重影响了农民群众从事农业种植的积极性，无法满足现代农业生产的要求。

2. 基础设施薄弱，生态建设任重道远

由于甘肃农村的基础设施薄弱，缺乏资金和专业人才，农业现代化程度较低，第二、三产业发展不协调，耕地迟迟未得到开发。为减少对城镇的污染，工业项目逐渐向农村转移，对农村居住环境破坏较大。与此同时，部分农村由于地处偏远，信息闭塞，农民受教育程度较低，生态保护宣传面不够广，农民环境保护意识淡薄，为追求经济效益滥用农药化肥和地膜等对生态造成极大的破坏。生态政策得不到足够的重视、落实不到位。特别是近两年来，一些乡镇把工作的重心集中在了脱贫攻坚方面，盲目追求经济效益，忽视了对环境保护的重视，试图以破坏环境为代价换取短期的经济增长，目关短浅。甘肃省农村分布范围广，农村污染物、废弃物无法实现集中处理，针对农村环境的专业监管机构不健全，生态建设任务繁重，工作面广，工作难度大，缺乏统一的标准。

3. 文化建设、精神文明建设有待加强

甘肃省文化资源丰富，但发掘利用率不高，文化事业发展较为缓慢，精神文明建设的方式缺乏创新。有些地方尤其是偏远农村地区精神文明建设方式过于陈旧，流于表面，只是在墙上写标语，在村委会挂横幅，摆几个宣传展板，工作缺乏主动性，标语遍地却看不到成效。一些农村各要素之间协同配合少，没有很好地利用传统媒体与网络媒体的优势，利用新颖有效的渠道增强农民对精神文明建设的认知度，影响了农民的主动性和认同性，同时也很大程度上影响了当地精神文明建设的成效。由于城乡发展不协调，一些地方思想觉悟较低，为了发展经济过于重视发展而忽视精神文明建设。被动等待国家精准扶贫和各项政策扶持，经济社会被扶持起来，却丧失了精神上的追求。

4. 基层组织建设仍需加强

在农村人口流失这一现实下，甘肃省农村基层党组织依然存在对外出务工党员管理不全面的问题。进城打工的党员由于工作原因无法参加正常的组织生活，削弱着农村基层党组织建设的效力。农村基层党员年龄结构不合理问题依然存在，老龄化问题严重，大多数年龄较大的党员学历较低，学习能力也略显不足，对于政策的领会也不够深入，工作能力低下。农村基层党员队伍老龄化、干部队伍工作能力低下束缚着农村基层党建工作和服务工作的发挥，影响着农村基层党组织的工作效率。有些农村基层党员干部工作方法和思想意识没有转变，宣传思路和方法上缺乏创新，没有深入理解政策理论与基层精神文明建设工作的关系，对农村党员进行直接的理论灌输，导致农村党员厌烦情绪的产生，使相关理论学习流于形式，最终造成基层党员在思想政治建设与理论学习中长期得不到深入，削弱了农村基层党员工作效率和积极性。

5. 人才政策有待加强完善

近年来，甘肃省各行业人才流失严重。一些地方重视经济效益，忽略了人才效益，没有将人才的管理服务工作放在重要位置上。特别是对农村人才建设的资金投入和精力投入均不足，导致农村人才缺失、工作消极等现象。没有建立相应的管理体制，在人才管理、职称评定、继续教育等方面缺乏完整的体系。人才市场体系也不健全，没有精准掌握人才的需求和动态供给情况，在政策制定、人才培养、结构调整等方面针对性弱、指导性不强，降低了人才资源的配置效果。同时，对人才的日常管理机制不完善，没有形成以市场需求为导向的管理培养方法，管理服务工作覆盖面不全。

四　对策与建议

（一）以产业振兴推动农村经济进一步发展

政府应持续加大对新型农业经济的扶持力度，给予充分的优惠政策，搭建公共服务平台，实施公平公正的管理与运行制度，避免生产要素分配不均的现象。特别是要加强对农村一二三产业融合发展的监管，拓宽信息收集渠道和建设资金投资渠道，通过吸纳各领域投资实现农村现代化建设的多元化参与。利用龙头企业的资本和信誉，借鉴发达地区、知名企业的先进管理与销售经验，调动各企业发挥聚集效应，大力度支持融合型示范园区建设，促进农产品与特色文化及旅游市场的有机融合。

农民群众的获得感直接来源于农村经济发展和劳动收入。通过乡村振兴战略的实施，使农民群众的钱袋子鼓起来，他们的获得感就自然而然得到提升。因此，提升农产品加工的科技水平，严格把控农产品质量，打造农产品加工从原料到初级产品再到高技术产品的产销链条，才能激活农产品的产业链，努力拓宽产销渠道，农民才会增收。政府应积极引导各类农产品市场化、网络化，积极支持特色农产品交易平台的建设，充分利用网络进行线上线下共同经营共同获利，拓宽农产品交易渠道。整合农业产业资源，加强高校与农业生产企业的合作，提升农产品的科技含量。

（二）以人才振兴为动力推动农村经济强劲发展

依据新时代的要求，把培育新型农民作为促进农业经济发展的强大动力，增加对新型农民的技能培训，提高农民的生产力，扩大农民的就业渠道，增加农民的经济收入。同时将农村社会精神文明建设与农民的教育培训相结合，让农民从思想上认识到提高自身文化素养和从业技能与提高经济收入、促进农村社会文明的发展与进步息息相关，进而促使农民自觉主动地接受先进知识，主动学习现代农业生产技术，更好地投身于乡村振兴战略并从中受益。

大力引进高层次人才，建立职称评审绿色通道。引导优秀高校毕业生回甘肃创业就业。要以推进学科建设作为高层次人才建设的突破口，搭建重点学科平台，持续性增加国家重点学科固定资产总额，通过完善学科体系和专业结构，减少人才流失，促进专业技术人员总数增加，加强人才培养。要借助“一带一路”倡议和甘肃产业化战略布局，积极加强与国内发达地区在相关业务领域的合作，积极促进甘肃省内的企事业单位在专业领域与各国开展交流合作。

（三）以文化振兴促进社会文明程度的进一步提高

文化建设是甘肃全面建成小康社会的短板，甘肃与经济发达省份之间存在明显差距。实现文化高质量发展，必须通过开展文化惠民活动，打通“最后一公里”提升群众获得感。针对公共文化服务城乡发展不平衡的问题，实施公共文化基础设施补齐短板工程，创新提升服务效能，推动优质公共文化资源向欠发达地区和基层倾斜。要加快推动文化事业、文化产业和旅游业深度融合发展，打造国民经济支柱性产业。随着乡村经济的迅速发展，对乡村文化服务给予重视。持续对文化设施建设加大投入，重视硬件设备的维护、引进和更新，增加对文化人才的工资补贴，加强文化信息宣传工作等。以群众便利、文化惠民为准则不断完善乡村文化设施布局规划。乡村振兴战略提出要调整产业结构，实现要素最优配置，实现以可持续发展为导向的供给机制，保证文化资源的供需均衡。要确保文化资源的正确合理配置，为群众提供多样化的文化服务平台。

要结合地域特色和红色旅游资源，传承发展和提升农耕文明，对农民进行思想道德文明教育。充分利用农村传统民俗文化活动，丰富先进文化内涵。要大力加强农村教育，提升农村学前教育水平，着力加强农村基础教育投入。加强对留守儿童的教育关爱保护以及贫困家庭儿童的教育保障工作。对农民群众进行以“乡村振兴战略”发展理念为主要内容的思想教育活动，并将其融入社会主义核心价值观教育之中。在进行价值观教育的同时，要为广大农民群众提供更多的人文关怀，进而形成和谐幸福的农村社会风气。

（四）以生态振兴推动农村人居环境建设

农民群众的安逸感直接来源于居住地的人居环境，生态建设是优化人居环境的切入点。通过乡村振兴战略的推动，使农村人居环境彻底改善，农民群众才能够安居乐业。因此，要不断完善农村生态建设管理机制，合理调配资源再利用，实现农村垃圾持久有效整治。提高环境与公共卫生突发事件应急处置能力。进行多种绿化行动和生态修复工作，保护生态体系的稳定性。加快建立生态补偿机制，以可持续发展作为坚守生态底线的根本依据，将生态建设与基层党组织工作职能相挂钩，从上到下切实落实生态文明建设任务。扎实改善农村地区的人居环境，让农民群众切实感受到农村生态文明带来的宜居环境。要全面提升农民的生态文明意识，树立正确的生态发展观，继承和发展传统文化，大力支持民俗文化，以生态文化为重要载体，开展以生态文明观为主题的农村生态文化建设。

打造黄河流域高效生态农业示范区。加强与沿黄省（区）在农牧业领域、水资源领域的交流合作，与陕西联合建设绿色生态安全农业示范区，联合开发特色旅游目的地，共建黄河现代产业合作示范带，开展沿黄地区生态保护和高质量发展工作。争取国家部署的重大任务在甘肃落地实施，包括在生态保护和修复方面、在黄河长久安澜方面、在产业转型升级方面、在保护弘扬黄河文化方面，重点实施黄河国家文化公园等文旅项目。加大生态文明建设宣传，通过加强教育，让民众对破坏生态的问题引起高度重视，增强农民环保意识。

（五）以组织振兴推进乡村治理体系不断完善

基层党组织是实施乡村振兴战略的主心骨，要发挥好基层党组织战斗堡垒作用。党的基层组织也是最直接与农民群众打交道的群体。基层组织工作做得好，农民群众心里就踏实。因此，要完善基层民主决策制度，遇到问题、难点时能做到好商量、多商量，让农民多了解、多参与，避免在政策决策过程中出现独断专行的现象，让决策具有理性和科学性。充分利用好每一次民主生活会，让广大基层党员带动农民树立起讲政治、讲立场、讲原则的意识。通过多途径选拔人才，提升组织班子能力，重点从有技术、有知识的打工回乡青年、退伍军人等群体中挑选，充实干部队伍建设，尤其要将具有一定知识水平、科学管理能力、群众基础较好和思想上进的农村精英选拔出来担任村支部书记。吸收一些文化程度高、政治素质好、工作能力强的优秀青年入党，让他们成为农村民主参与的榜样。

农村基层党员要加强学习，加强为人民群众服务的意识。要认识到农村基层党员干部深入理论学习的意义。必须奠定坚定理想信念的基础，坚持正确的思想，提高综合素质，克服能力不足的危险，团结广大农民打赢脱贫攻坚战，实现乡村振兴的目标。扎实推进精准扶贫，以农业产业发展促进农村劳动力就业，完善社会保障体系防止农民返贫，让农民获得实惠。切实推进实施农村脱贫攻坚的具体工程，实现农民真脱贫和农村社会全面富裕，要更进一步贯彻和落实党和政府的各项惠农政策，以教育和技术支撑引导农民增收创收，增加农民收入，让乡村振兴下农业社会发展更加具有活力，以实现乡村的全面振兴。

B.4

民众对甘肃生态环境保护与高质量发展的认知和建议

段翠清*

摘　要： 生态环境保护与高质量发展是“十四五”时期发展的重要内容。民众作为此项任务的直接受益者和参与者，对生态环境保护与高质量发展的认知深度和参与程度，直接关系到生态环境保护与高质量发展的推进速度和建设成效。调查结果显示，民众对甘肃生态环境保护治理的成效、高质量发展的政策措施具有一定程度的认知，在日常生活中能够主动参与环保公益活动，践行绿色生活的习惯。但是，总体上还存在民众对此方面的认知深度和对绿色发展专业知识掌握不足、参与和支持环保活动的意识和行动还不够自觉、绿色生活习惯涉及的范围比较单一等问题，需要在今后的工作中通过多种办法对民众进行引导和改进。

关键词： 甘肃民众　生态环境　高质量发展

“生态环境持续改善，生态安全屏障更加牢固，城乡人居环境明显改善”是“十四五”时期经济社会发展主要目标的重要内容。[①] 生态环境保护与高质量发展在本质与目标上具有相互一致性，生态环境保护是高质量发展

* 段翠清，甘肃省社会科学院副研究员，主要研究方向为生态经济学、环境科学。

① 参见《中华人民共和国国民经济和社会发展第十四个五年规划和2035年远景目标纲要》。

的基础与保障，高质量发展是生态环境得以更好保护的前提，二者相辅相成。生态环境保护与高质量发展离不开民众的参与和支持，而满足人民日益增长的物质文化需求又是高质量发展的终极目标。因此，民众对生态环境保护与高质量发展的认知程度和参与程度直接影响着生态环境保护治理和高质量发展的建设成效。甘肃作为我国重要的生态屏障保护区，如何引导民众积极主动参与到生态环境保护与高质量发展的工作中来，显得尤为重要。本文通过问卷调查的方式，对民众对生态环境保护与高质量发展的认知深度和实践方式进行了深入了解，以便为下一步相关政策方案的制定提供有力的参考信息。

一 被访者基本情况

2021 年，调研组对本次舆情调查使用问卷星，以网络调研的方式进行，本次调研共回收有效问卷 543 份。其中，男性人数 329 人（占比 60.59%），女性人数 214 人（占比 39.41%）。问卷调查范围主要涉及兰州、白银、天水、张掖等市及所辖县。被访对象涵盖了汉、回、藏等民族群众，其中汉族人数 524 人（占比 96.5%）、回族人数 11 人（占比 2.03%）、藏族人数 5 人（占比 0.92%）、其他民族人数 3 人（占比 0.55%），被访对象的职业范围包括国家与社会管理者阶层 41 人（占比 7.55%）、经理人员阶层 36 人（占比 6.63%）、私营企业主阶层 13 人（占比 2.39%）、专业技术人员阶层 95 人（占比 17.5%）、办事人员阶层 47 人（占比 8.66%）、个体工商户阶层 21 人（占比 3.87%）、商业服务业员工阶层 30 人（占比 5.52%）、工人阶层 99 人（占比 18.23%）、农业劳动者阶层 83 人（占比 15.29%）、自由职业者阶层（占比 14.36%）共十大阶层，其中中共党员 206 人（占比 37.94%）、无党派人士 14 人（占比 2.58%）、民主党派人士 2 人（占比 0.37%）、群众 321 人（占比 59.12%）。被访民众包括从小学及以下到大专及以上学历的城市、县城、乡镇、农村等各个地区的民众。被访人员年龄构成及居住地情况见图 1 和图 2。

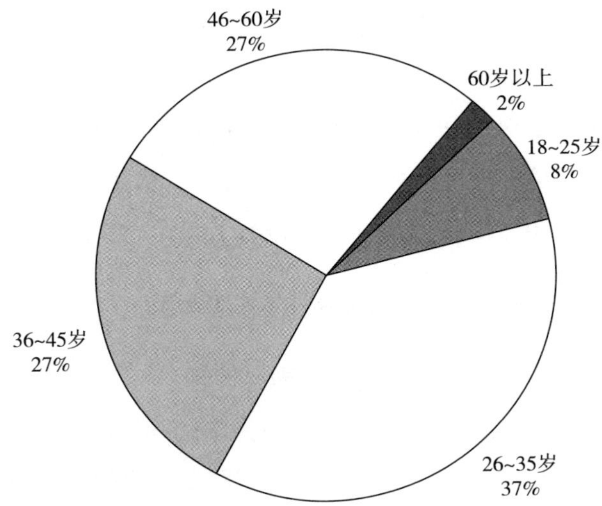

图 1　被访人员年龄构成情况

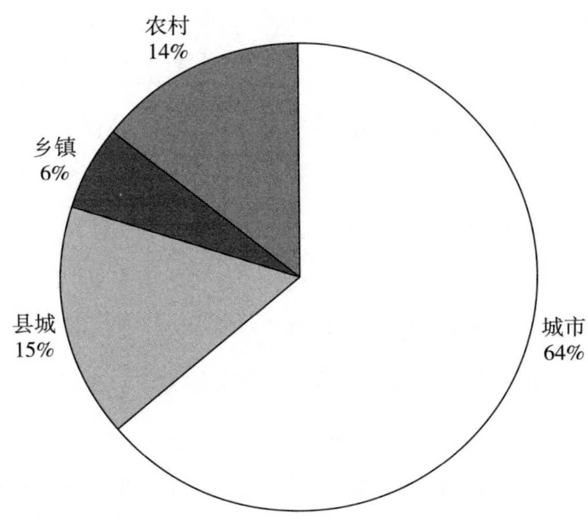

图 2　被访人员居住地情况

二　问卷调查分析

本次调查主要针对民众对甘肃生态环境保护关注程度、环保公益事业的参与程度、生态环境保护自我实践情况、生态环境满意度情况等在生态环境保护与高质量发展中与民众息息相关的问题进行了调研，主要调研结果如下。

（一）民众对甘肃生态环境保护的关注程度

1. 生态环境问题依旧是民众关心的热点问题之一

生态环境保护与高质量发展息息相关、密不可分。尤其是在欠发达地区，生态环境保护问题成为区域经济社会高质量发展的根本潜力和资本。甘肃地处国家生态安全屏障保护区，保护生态环境与经济高质量发展同等重要。经过近年来的宣传和推广以及各项生态文明建设工程的实施，民众对生态环境问题也越来越关注、越来越重视。本次调研显示，有59.67%的被访民众比较关心甘肃省生态环境问题，仅次于教育问题和住房问题，排在第3位，甚至超越了与民众切身利益相关的医疗、养老、食品安全、社会保障以及公共卫生防疫等问题，成为甘肃民众最关心的社会热点问题之一。说明近年来，随着生态文明示范区建设、国家生态安全屏障区保护工程、祁连山重点生态环境整治、黄河流域治理保护、大气污染检测和治理等一系列生态文明建设工程的实施和宣传推广，民众对生态环境越来越关注，越来越将它变成自身工作和生活中不可或缺的一部分。

2. 有八成以上的被访民众认为所在地区的环境状况与两年前相比有所好转

民众对自己周边生态环境变化的感知度是检测生态环境保护成效最直接的方式之一。本次调查显示，有42.54%的被访民众认为所在地区的环境状况与两年前相比有明显好转；有49.54%的被访民众认为所在地区的环境状况与两年前相比只是有所好转，但变化不明显；有6.81%的被访民众认为所在地区的环境状况与两年前相比没有什么变化；还有1.1%的被访民众认为所在地区的环境状况与两年前相比有所恶化，没有被访民众认为所在地区的环境状况与两年前相比有明显的恶化（见图 3）。

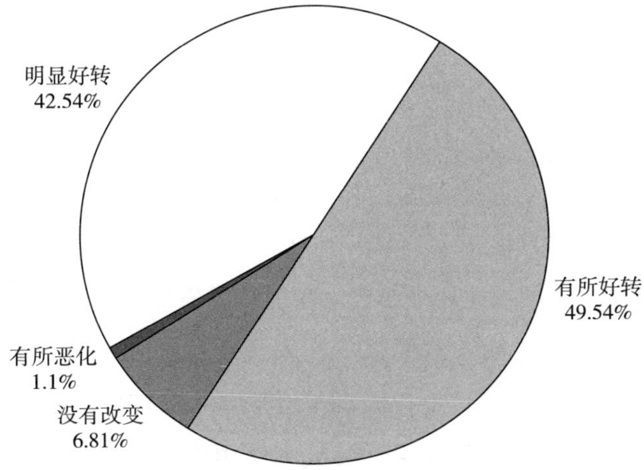

图 3　民众对自己周边生态环境变化的感知度

近年来，在国家生态文明建设的大力号召下，甘肃省也积极重视生态环境保护和治理工程，践行“绿水青山就是金山银山”的理念。先后在大气污染防治、水土流失治理、土壤重金属污染检测和治理、荒漠化防治等方面出台一系列政策措施，使居民的生态环境有了一定的改变。据统计，甘肃目前所建设的河西祁连山内陆河生态安全屏障、南部秦巴山地区长江上游生态安全屏障、甘南高原地区黄河上游生态安全屏障、陇东陇中地区黄土高原生态安全屏障和中部沿黄河地区生态走廊已初具规模。2020 年，甘肃省退化、沙化、盐碱化草原治理率达到 51%，湿地面积稳定在 169. 39 万公顷左右，治理水土流失面积 9. 09 万平方公里，草原植被盖度超过 52%。黑河流域东居延海实现连续 15 年不干涸，石羊河下游民勤青土湖水面扩大至 26. 7 平方公里，干涸消失近 300 年的疏勒河终端湖“哈拉奇”水域重现。[①] 这些生态

① 《擦亮绿色发展的生态底色——全省生态文明建设综述》，http：//gsnmb. gansudaily. com. cn/system/2021/01/25/030262066. shtml。

环境建设的成效也惠及了甘肃各地区的民众，使他们能够真真切切地感受到自己周围生态环境质量明显提升，生活环境明显好转。

（二）民众对环保公益事业参与度情况调查

民众对环境保护公益事业的参与程度作为衡量民众对生态环境认知程度高低的一项重要指标，可以有效地反映民众在深层意识当中对生态环境保护和高质量发展重要性的理解程度，有效和深刻的理解才能转化为行动，自觉投身于环境保护使者的队伍中，从一名感知者转变成为一名践行者。

1. 只有三成左右的被访民众会经常参加环保公益活动

环保类公益活动的涵盖范围很广，大到由国家和政府、企业组织的如地球主题日、水环境保护日，以及每年世界环境日举办的各类主题活动，小到平时的节约用电、垃圾分类、尽量不使用一次性购物袋和饭盒等这些在民众日常生活中触手可及的生活方式和生活习惯。作为一类公益活动，民众是否参与其中完全是出于一种自发行为，取决于自身对环境保护的认识程度。本次调研显示，当被问及“您是否参加过环保公益活动?”时，有29.83%的被访民众表示自己会经常参加环保公益活动，有65.38%的被访民众表示自己很少参加环保公益活动，还有4.79%的被访民众表示自己从不参加此类活动（见图4）。近年来，随着国家生态文明建设步伐的加快，无论是各级政府还是各类环保基金会、环保协会，都会不定期地举办各类环保主题活动和会议，比如一年一度的世界地球日活动、世界森林日活动、世界气象日活动、绿色出行倡议，提倡和督促人们从自身做起，积极参与到环保公益活动中来。甘肃近年来也积极引导民众参与各类环保公益活动，通过创建绿色生态文明城市、绿色示范学校、绿色示范社区、生态环境治理以及环保主题和作品征集等多个层次、多个方面的环保公益活动并鼓励民众积极参与其中。但是，从本次调查情况看，民众经常参与环保公益活动的自觉性并不是很高，甚至还有些被访民众从不参与其中，这要引起各级政府相关部门的重视。

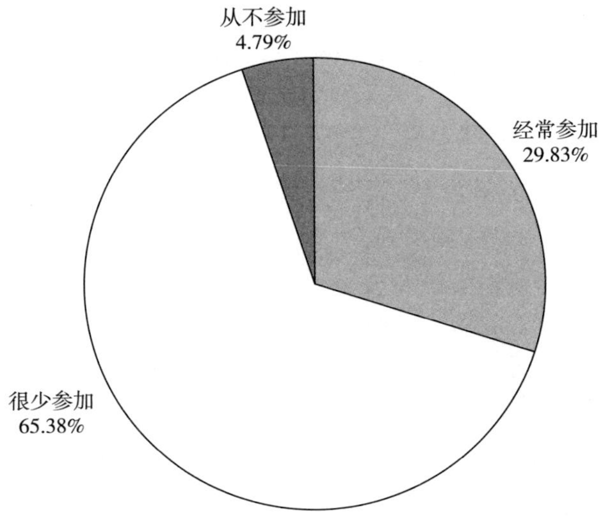

图4　民众参与环保公益活动的情况

2. 只有近三成的被访民众愿意捐款并参加志愿团体环保活动

近年来，由志愿者团体发起的环保活动层出不绝，其逐渐成为环保公益活动的主要发起者和主要实践者。通过公开招募组建各类志愿小分队，定期开展生态环境保护宣传推广、节约家园、文明生活、美丽城市、环境治理等方面的环保公益活动。这类组织团体大多没有经费来源，是一种自发性倡议活动。本次调研专门对民众对环保志愿团体的支持和活动参与程度进行了调研，结果显示，有 36.1% 的被访民众表示当某志愿团体举行环保活动时，如果条件允许会为其捐款并积极参加环保志愿活动；有 3.68% 的被访民众表示只会为环保志愿团体捐款，但不会参加环保志愿活动；有 58.56% 的被访民众表示在条件允许的情况下只会参加环保志愿活动而不会为其捐款；还有 1.66% 的被访民众表示既不会捐款也不会参加环保志愿活动，持有一种不理会的态度（见图 5）。志愿团体的组建和维系虽然较政府、企业组织组建成本低，不会受更多的体制机制管理约束，但是一个管理规范、维系持久的志愿团队，也需要一定的人力和物力做支撑，才能更好地组织有意义的环保活动，才能吸引更多的志愿者加入。有了更多志愿者在财力和人力方面的支持，才能促进志愿团体的不断壮大和促使其影响力不断提升。简言之，志愿团体组织和志愿者之间是相互支撑、相互促进、相互成长的关系，对于公益环保事业的发展，二者缺一不可。

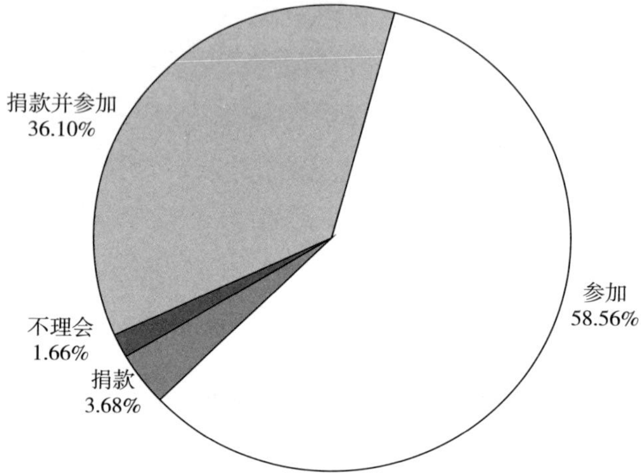

图5 民众对环保志愿团体的认知和支持程度

（三）民众对生态环境保护自我实践情况的调查

民众对生态环境的保护和高质量发展最直接的体现就是在自己的生活中养成绿色、低碳、节约的良好生活习惯，从自己身边的小事做起，从点点滴滴做起，只有广大民众投身于节约资源、保护环境的实际行动中，生态资源消耗量才会在根本上得到遏制，才能进一步助推甘肃经济社会的高质量发展的进度，生态文明建设的步伐才会逐步加快。

1. 有七成以上的被访民众表示自己对垃圾分类收集有不同程度的困难

据统计，我国每年会产生10亿余吨垃圾，其中有近一半是生活垃圾，如何对这些生活垃圾进行高效处理直接关系到我国经济社会高质量发展的水平。将垃圾进行分类收集和处理，可以有效提升垃圾资源的再利用价值和经济价值，减少垃圾处理过程中所产生的运输、分类等经济成本，节约资源，变废为宝，促进我国经济社会的高质量发展。在美国、日本、德国等国外发达国家，垃圾分类已经实施了很多年，并有一套相对较为完善的制度和管理办法。我国于2019年在上海率先实施垃圾分类收集和管理，到2020年，我国又将垃圾分类试点城市扩展至46个，甘肃兰州也在其中。本次调查结果显示，有13.08%的被访民众表示自己对垃圾进行分类收集困难较多；有57.09%的被访民众表示自己对垃圾进行分类收集有一定的困难；只有29.83%的被访民众表示自己对垃圾进行分类收集没有什么困难（见图6）。我国其实早在20世纪50年代就提出过垃圾分类的概念，只是迫于经济社会发展水平、国民素养水平等因素的制约，并没有付诸实际行动。近年来，我国在47个城市逐步开始垃圾分类试点工作，民众对垃圾分类的概念并不陌生，但是对于如何在生活中对垃圾进行分类收集和投放确实存在一定的困难。在本次调查过程中，民众对垃圾分类困难最多的是如何分类，分类标准具体怎样区分，以及对平时投掷垃圾习惯的改变等方面，这在后续的垃圾分类宣传和制度实施上需要进一步加强。

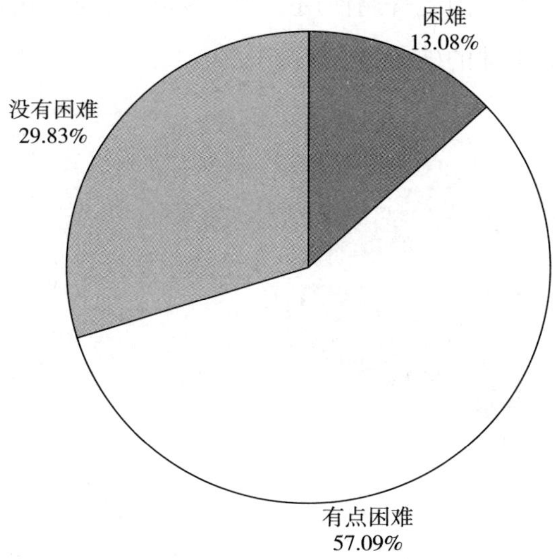

图6　民众对垃圾分类收集的态度

2. 有九成以上的民众会使用一次性生活用品

一次性生活用品主要指仅能使用一次的物品。主要包括一次性塑料袋、一次性筷子、一次性饭盒、一次性拖鞋、一次性杯子、一次性纸巾等涉及人们生活各个方面的生活必需品。随着生产工艺的进步和外卖等新型服务行业的兴起，这些一次性产品的生产成本不断降低，生产工艺不断提升，加上人们生活节奏的加快和生活水平的提高，一次性产品带来的方便、快捷等优势增加了人们使用一次性物品的倾向性。据统计，我国每人每天要使用近 40 张餐巾纸，一家小吃店平均每天要使用 200 多双一次性筷子。在本次调查中，当被询问到民众对一次性生活用品的使用情况时，有 26.34% 的被访民众表示自己会经常性地使用一次性生活用品；有 70.72% 的被访民众表示自己会偶尔使用一次性生活用品；只有 2.94% 的被访民众表示自己从来不会使用一次性生活用品。整体情况看，在所有被访的民众中，有 97.06% 的民众在生活中会或多或少地使用一次性生活用品，基本上达到了一个普遍使用的状况。一次性用品多是由塑料制成，难以降解，其消耗的多是树木、石油等这些不可再生资源，因此普遍使用一次性物品会给我国的生态环境造成极大的负担，带来毁灭性的破坏（见图 7）。

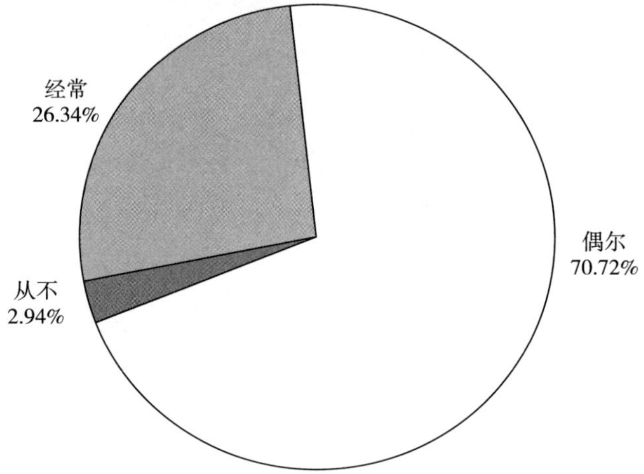

图 7　民众对一次性生活用品的使用情况

（四）民众对周边生态环境满意度情况的调查

随着党的十八大提出生态文明建设以来，全国上下掀起了建设生态文明的热潮。2013 年以来，甘肃省政府坚持贯彻“八个着力”要求，积极推进国家生态安全屏障综合试验区，努力打造生态安全、生态经济、生态文化的甘肃模式，生态文明建设工作取得初步进展。本次调研中也对民众对自己生活地区的环境质量进行了相关调查，具体如下。

1. 交通阻塞和噪声扰民是民众反映最多的环境问题

生态环境的保护和改善是生态文明建设的重要组成部分和基本任务，优美的生态环境是民众享受生态文明建设成果最直观的感受。党的十八大的召开，将生态文明建设列入“五位一体”发展战略，政府越来越重视生态环境的保护和修复工作。近年来，甘肃省出台多种政策办法、齐抓共管致力于甘肃省生态环境的整治，取得了一定的成绩和效果。本次调查显示，当被问及“您对办公或居住区环境最不满意的方面是哪些?”时，有 54.51% 的被访民众选择了噪声、振动扰民；有 57.83% 的被访民众选择了交通阻塞；有 41.25% 的被访民众选择了空气污染；有 40.88% 的被访民众选择了自来水水质不合格；还有 7% 的被访民众选择了其他方面的环境问题，比如垃圾污染、土壤污染、辐射污染、光化学污染、食品安全等各个方面（见图 8）。但是，从总体情况来看，民众最关心反映最多的还是涉及空气污染、交通堵塞、噪声、水污染等问题。随着工业化进程的加快和经济社会的发展，越来越多的环境污染问题影响着人们的日常生活，被认为是当下全球面临的三大危机之一。民众工作节奏的加快和生活水平的提升，使家用汽车成为城市生活的必备品，但是城市基础设施的建设进度和水平跟不上民众生活发展的需要，这也造成了民众上下班交通异常堵塞的问题，而大量汽车尾气的排放和城市工业化的发展也导致空气质量的下降，工业污水的排放导致居民生活用水质量的下降，这一系列问题也成为政府和民众亟须配合和解决的问题。

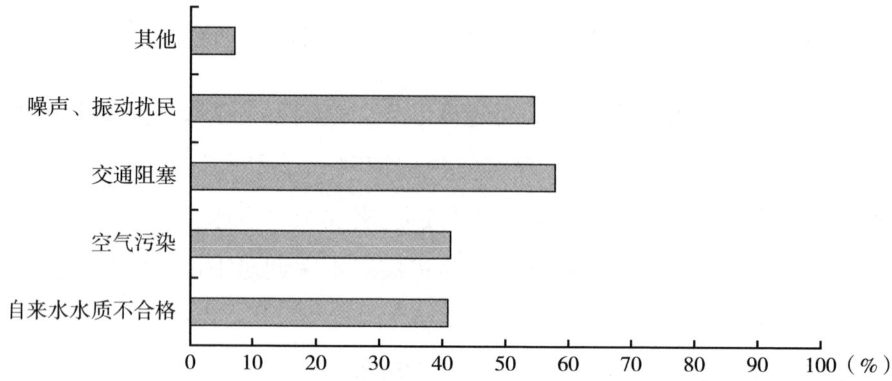

图8　民众对周边生态环境状况的态度

2. 固体废弃物污染和空气污染是民众认为最主要的环境污染问题

随着工业化的发展，以植被减少、水土流失、空气污染、土壤污染、水质污染、固体废弃物污染等为代表的一系列环境问题在甘肃地区频繁发生，严重影响了居民的生活和身体健康。民众作为生态环境的受益者和具体保护者，他们对周边生态环境污染状况的认识程度和践行保护环境的行为自觉度对甘肃地区进行生态环境保护治理，从而促进经济社会高质量发展有直接的促进作用。在本次调查中，一次性筷子和塑料袋使用过度、随手乱扔垃圾现象严重、居民生活垃圾堆积、建筑工地扬尘和噪声、汽车尾气排放严重、水电资源浪费严重、工厂污水与黑烟、随意破坏花草树木等环境破坏现象是当下环境污染现象中发生较多的问题，分别占到被访民众的78.82%、72.19%、70.53%、57.27%、54.88%、51.57%、39.96%、37.75%。说明民众已经能够较好地认识到当下自身生活习惯对环境造成的负担在不断加重，这对后期鼓励和促使民众自觉改变生活习惯、自觉参与环保行动有着极大的促进作用（见图9）。

（五）民众对绿色发展的认知程度

绿色发展是以效率、和谐、持续为目标的经济增长和社会发展方式，是高质量发展最直接的体现方式。当今世界，绿色发展已经成为一个重要趋

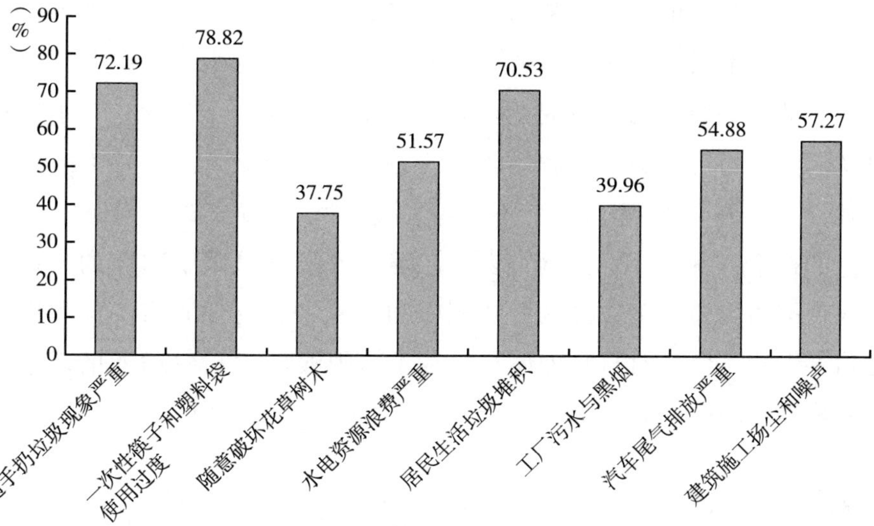

图 9　民众对周边生态环境问题的态度

势，许多国家把发展绿色产业作为推动经济结构调整的重要举措，突出绿色的理念和内涵。[①] 绿色发展不仅需要国家改变发展模式、调整产业结构、转变经济增长方式，同时还需要增强民众的环境保护意识，从实际生活中改变生活陋习，践行绿色生活。

1. 有五成左右的民众对“碳中和”有了解

“碳中和”是 2021 年两会期间针对我国政府践行绿色发展理念而提出的一项重点任务，力求使人为排放的二氧化碳量与绿色植物吸收的二氧化碳量达到一定数量的平衡，从而减少地球大气层中二氧化碳的含量，减缓地球变暖的趋势。在本次调查中，当被问及“您对‘碳中和’这种新型的环保形式及其相关政策的了解程度?”时，有 13.41% 的被访民众表示对“碳中和”的相关政策理解得比较透彻，也知道自身如何在生活中去改变一些不环保的生活习惯；有 47.51% 的被访民众表示对“碳中

① https://baike.baidu.com/item/%E7%BB%BF%E8%89%B2%E5%8F%91%E5%B1%95/4118929?fr=aladdin.

和”的相关政策的内容大概有一些了解，做不到深入透彻的理解，对自己践行绿色生活方式还比较迷茫；还有25.61%的被访民众表示对“碳中和”的相关政策内容只是听说过，知道有这样一个概念，至于和自己的日常生活是否有关联，根本没有考虑过；甚至还有13.47%的被访民众对“碳中和”的概念完全不了解，有些民众甚至没有听说过“碳中和”的概念（见图10）。调查表明，随着国家对“碳中和”的宣传和一系列政策的实施，多数民众对“碳中和”这一概念还是有不同程度的知晓和了解的，但是对自身如何在日常生活中践行“碳中和”的理念还有进一步提升的空间。

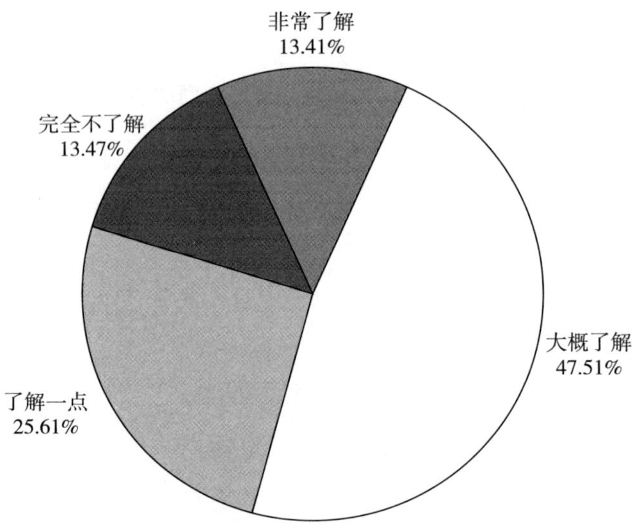

图10　民众对“碳中和”相关政策的了解程度

2. 仍有三成以上的民众会选择驾驶或者乘坐私家车出行

民众对日常工作或生活出行方式的选择倾向性是国家践行绿色发展理念过程中与民众最有关联度的政策之一。在本次调查中，当被问及“如果条件允许，您更喜欢的出行方式是什么?”时，有57.03%的被访民众表示会选择步行；有53.41%的被访民众表示会选择骑自行车；有36.41%的被访民众表示会选择乘坐公共交通工具；有 10.50% 的被访民众表示会选择打车；有 36.89% 的被访民众表示会选择驾驶私家车；还有 0.92% 的被访民众表示会选择摩托车等其他方式（见图 11）。当下，随着人们生活水平的提高和生活节奏的加快，私家车成为每个居民或者家庭必备的生活用品，也是民众经常选择的出行工具之一。从本次调查结果也可以看出，仍然有三成以上的民众会选择私家车作为主要的出行方式。

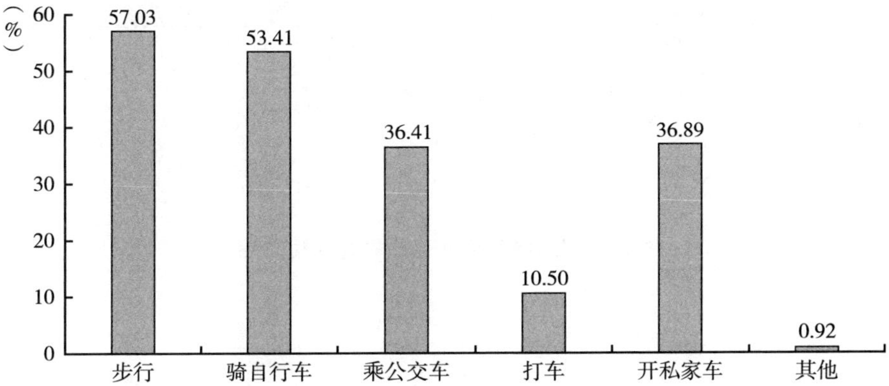

图 11　民众出行方式的选择倾向性

3. 节约用电是民众最常用的绿色生活习惯

倡导绿色生活、践行绿色行为是我国生态文明建设的必然要求，在本次调研中，当问及“您在平时的生活中有哪些绿色习惯?”时，分别有 79.93% 的被访民众选择了使用节能灯泡；有 89.13% 的被访民众选择了随手关灯；有 51.93% 的被访民众选择不使电器处于待机状态；有 38.49% 的被访民众表示在平时的生活中会循环使用至少 30% 家庭废旧物品；有 40.15% 的被访民众选择了在平时的生活中会使用太阳能热水器；有 58.93% 的被访民众表示在日常生活中会习惯使用淋浴而非盆浴；有 35.91% 的被访民众表示会主动购买和使用无磷洗涤剂；有 39.59% 的被访民众表示自己平时在家使用或购买冰箱、空调等电器时会使用无氟产品（见图 12）。

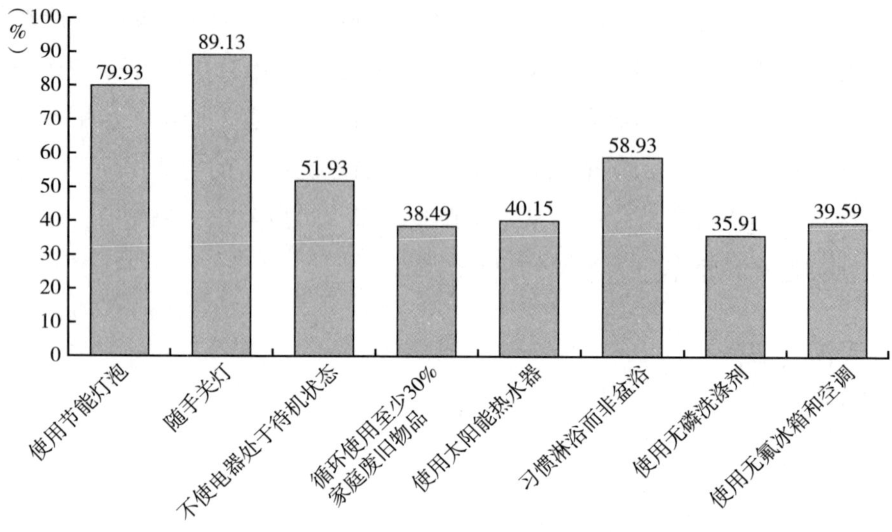

图 12　民众绿色生活习惯的选择倾向性

三　存在的问题及不足

（一）民众对生态环境保护和高质量发展之间的关系认知结构失衡

在本次调查中，无论是对“碳中和”概念和相关政策的了解，还是对环保志愿行动的参与度，以及民众自身在日常生活中践行绿色生活的自觉度等方面，虽然显示民众在整体上对生态环境保护与高质量发展之间相关的政策措施有一定程度的了解，但是对这些绿色发展相关政策和自身行动真正深入了解和联系的民众并不多，只占到 10% ~20%，而且在这些对绿色发展相关政策比较了解的民众当中，年龄在 26 ~35 岁的被访民众占到四成以上，年龄在 36 ~45 岁的被访民众占到五成以上；从文化程度上看，大专及以上学历的被访民众占到八成以上；从职业阶层分布来看，国家和社会管理者占到被访民众的四成以上，经理人员、专业技术人员占到被访民众的三成以上。调查结果表明，真正对生态环境保护与高质量发展之间相互关系有深入了解并能够践行到自身日常生活实践中的民众多集中在知识结构层次相对较高的国家与社会管理者、专业技术人员等职业当中，而在占国家人口大部分比例的农业劳动者、工人、商业服务业员工等对绿色发展的了解程度和践行自觉度都不够深入。

（二）民众对环保行动的参与实践程度不够深入

生态环境保护与高质量发展离不开民众的参与，这种参与不只是遵守各类法规政策，还要自觉投身于生态环境保护的大军中，从自身做起，自觉践行各类环保行为。但是，本次调查结果显示，只有不到三成的被访民众会经常参加环保公益活动，在自身条件允许的情况下，只有不到四成的被访民众会自觉为环保志愿团体捐款并参加环保公益活动，几乎没有人不会使用一次性生活用品。环保公益活动作为最能直接反映民众生态环境保护参与程度的一项活动，对我国经济社会进入高质量发展阶段具有强大的推动作用。但是，从本次调查结果来看，民众对环保公益活动的参与热情程度和自觉践行程度都不是很积极。近年来，通过各类方式的宣传和政策措施的影响，民众在潜意识中对生态环境保护与治理的重要性有了不同程度的提升，但是这种存在于潜意识中的认知度并没有完全转化为行动上的主动性，也没有完全转化为生活中的自觉性，“保护环境，人人有责”的真正内涵与价值意义并没有在广大民众身上完全体现出来。

（三）民众对生态环境保护与高质量发展相关方面专业知识的了解程度还有一定的差距

民众对生态环境保护和高质量发展的认知程度不能仅仅停留在不能乱砍滥伐、禁止工业污水排放、退耕还林等这些广泛的国家层面政策方针的认知情况上，只有提升民众自我参与度的认知，在日常生活中时刻践行“保护环境，人人有责”的理念，才能真正实现生态环境保护的高质量发展。在本次调查中，民众对目前涉及自我生活方面的环境保护认知还不够深入和专业，比如在垃圾分类方面，有七成以上的被访民众表示在垃圾分类的具体标准和方法上存在困难，不能更精确地将垃圾进行分类存放，只有不到两成的被访民众对“碳中和”这样的新型环保行动有一定深度的了解，五成以上的民众在平时的生活中最常遵循的绿色习惯只是随手关灯、使用节能灯泡、使用淋浴等这些容易做到的行为，而对于使用循环废旧物品、使用无磷洗涤剂、正确使用节水型水具、节约粮食等需要一定环保知识作为支撑的绿色生活方式，民众在日常生活中遵循起来相对还比较困难。

四　对策建议

如何提升民众对生态环境保护与高质量发展的深刻认知，真正从自我做起，保护生态环境，这既需要引导民众在提升自我认知方面下功夫，也需要督促政府相关部门制定出有效的措施，正确处理好保护生态环境与促进经济发展之间的相互关系。本文根据本次调查情况，对提升民众生态环境保护与高质量发展的认知提出以下建议。

（一）加大政府宣传力度，提升宣传方式的多样性，使民众对生态环境保护和高质量发展真正有一个深入系统的认知

近年来，虽然政府通过媒体、报纸、杂志、专题教育、宣传片等多种方式对生态环境保护进行了多方面的宣传，但是真正通过接受专题教育、民众之间相互交流等方式来获取和理解生态环境保护知识的民众并不多。这就需要政府针对民众文化程度、工作环境的不同，设计不同形式的宣传方式，让民众熟知经济发展的内涵和重要性。也只有民众将生态环境保护和高质量发展的意义和内涵理解得足够深入，才能自觉和有效地在生活和工作中约束自身行为，进而推动生态环境保护和高质量发展的建设步伐。

（二）加强社会环境治理体制建设，提升民众环保行动主动参与度

生态环境保护与经济社会的高质量发展相辅相成，都离不开民众的实践

参与，他们既是受益者，又是具体保护者。因此如何提升民众对生态环境保护自觉参与度对生态文明建设和我国经济社会高质量发展至关重要。一要提升环保公益活动的主题特色性和多样性，要在城市和农村同步开展符合当地居民文化素养的环保主题活动。二要将民众对于环保行动的要求与政府或者志愿团体组织的活动方式、形式结合起来，避免形式主义的发生。三是提升社会环境信任度，利用新媒体平台发起倡议，形成具有感召力的社会网络组织，提升民众的环境关心度，增加民众参与环保行动的机会。

（三）提升民众绿色生活环境质量，打造绿色美好新生活

绿色生活方式作为一种人与自然美好和谐的生存状态，是我国生态文明建设的终极目标。打造全民绿色生活方式是一项综合的生态系统工程，要综合考虑人与大气、水域、土壤、固体废弃物、森林植被等各个系统之间的协调配合和平衡共生。一要在全社会不断强化绿色生活理念，使民众从思想上真正认识到自我生活方式的改变对生态环境和经济社会高质量发展的影响和价值。二要主推绿色发展，逐渐形成以绿色产业为主要驱动力的经济增长方式。当下，随着各类生态环境问题的出现和不可再生资源的逐渐枯竭，产业结转型调整势在必得。要不断加强绿色科技创新，推动绿色产业、循环经济不断发展。三要积极引导广大民众将绿色生活向常态化、内在化、大众化和专业化方向发展，改变之前铺张浪费的低效生活方式，将绿色生活方式的理念从萌芽状态向纵深方向转变。

参考文献

张宪昌、刘学侠：《习近平新时代高质量发展观的辩证思维》，《山东社会科学》2021 年第 9 期。

孙青、张爱丰：《如何深刻理解“推动绿色发展，促进人与自然和谐共生”》，《党课参考》2020 年第 Z2 期。

王俊：《生态环境保护推动高质量发展的路径机制分析》，《资源节约与环保》2020

年第12期。

周宏春：《改善生态环境质量是高质量发展的题中之义》，《环境教育》2021年第1期。

魏东：《推动生态文明建设实现新进步》，《中国生态文明》2020年第6期。

B.5
民众对延迟退休政策的评价与期待

刘徽翰　魏　玉*

摘　要： “渐进式延迟退休政策”的出台是大势所趋，而且极有可能会尽快落地。面对这一影响全社会成员切身利益的重大政策，甘肃民众对此基本持理性、客观、平和的认知与态度。相比于“延迟退休”带来的工作时间延长等直接影响，民众更关心劳动过程（职业生涯）中的劳动条件保障和劳动权益保障。不同职业群体和不同年龄段的交叉分析进一步细化了对民众态度的认识。根据调查所知，政府在政策制定推行的过程中要注意公共性与专业性的结合，做到科学、民主决策；在政策宣传和舆论引导方面，要全面精准、耐心细致，相信民众的基本判断力和心理承受力。

关键词： 甘肃民众　延迟退休政策　民众认知　评价与期待

“延迟退休”（Delayed Retirement）是社会公众高度关注的重要议题之一。从西方发达国家的历史经验来看，延迟退休是伴随着工业化和市场经济及劳动力结构性变化不断深化、加速而出现的一种重要政策应对方式。延迟退休涉及一国经济发展、社会保障、产业结构调整、人口发展乃至社会稳定等各个方面，对民众个体而言则意味着工作年限延长、养老待遇变化、社会参与、劳动力替代及家庭个人生活策略调整等多方面的挑战，可谓“牵一发而动全

* 刘徽翰，甘肃省社会科学院社会学研究所助理研究员，主要研究方向为社会问题与社会治理；魏玉，高级经济师，供职于中国农业银行甘肃省分行人力资源部，主要研究方向为人力资源管理。

身”。国家“十四五”规划和2035年远景目标纲要提出，综合考虑人均预期寿命提高、人口老龄化趋势加快、受教育年限增加、劳动力结构变化等因素，将按照小步调整、弹性实施、分类推进、统筹兼顾等原则，逐步延迟法定退休年龄，促进人力资源充分利用。对于这样一个关系着全社会的重大制度改革，特别是涉及全体劳动者切身利益的问题，政策出台需要慎之又慎。

现阶段实行的退休政策，特别是退休待遇因为行业、地区、单位性质不同而呈现较大差异多年来已经广受争议，那么如果新出台的延迟退休政策是不是会进一步巩固或加大这种差异（不平等）？或者正如某些社会舆论所传播的那样，这种延迟退休政策只会让收入高、工作好的人更加强化他们的就业和岗位优势，并且会在退休后继续拉大与其他群体的收入和待遇差距？

依据2021年两会期间人社部有关领导和相关专家所透露的信息，延迟退休政策已经势在必行并且可能很快就要推出实施。那么，对于这次即将到来的“延迟退休政策”，甘肃民众有哪些评价和期待？他们最为关心这项政策的哪些方面？他们对于这项政策的社会影响有怎样的认识以及他们对这项政策的态度是什么？为此，甘肃省舆情课题组进行了社会调查，并希望能够借此分析总结其中的民众心态和社会因素（基础）。

一　调查对象的基本情况

本次调查对象主要分布在甘肃省内的兰州、白银、定西、张掖、武威、陇南等地级市和所辖县区，总共发放560份问卷（其中纸质问卷260份，网络问卷300份），回收560份，经检查和筛选，有效问卷543份，有效率97%，完全满足统计分析需要。

在543份有效问卷中，男性329人，女性214人，男女性别比为60.59%∶39.41%，相对而言，男性占多数。在民族分布上，汉族为524人，占96.5%，回族11人，藏族5人，其他民族3人。在年龄分布上，18～25岁年龄段的调查对象有44人，占样本量的8.1%；26～35岁年龄段的有199人，占比36.65%；36～45岁年龄段的有144人，占比26.52%；46～60岁年龄段的有 145 人，占比 26.7%；60 岁以上的为 11 人，仅占 2.03%。可见本次调查对象 90% 以上是中青年，其中 26～35 岁年龄段的人数占比最多，而 36～60 岁年龄段的人数相加起来最多，占比超过了调查对象的半数。这些调查对象基本上是参加工作的社会各阶层人士，其中的绝大多数极有可能受到延迟退休政策的实际影响，因此他们的意见对于调查而言有着非常大的价值。从调查对象受教育程度分布上来看，小学及以下的有 34 人，占比为 6.26%；初中文化程度的有 116 人，占比为 21.36%；高中文化程度（其中包括中专、中职）的有 118 人，占比为 21.73%；大专及以上的调查对象最多，有 275 人，占比达到了 50.64%，这个数量和比例有些偏高，很难代表真实社会中的民众受教育程度，但按照一般认识，受教育程度高的人会更加关心国家政策，所以这也保证了调查结果具有更高的可靠性。

在政治面貌分布上，中共党员有 206 人，占比达到了 37.94%；民主党派和无党派人士有 16 人，占比为 2.95%；群众有 321 人，占比 59.12%。在职业分布上，我们一共设置了十个职业类别（也是目前普遍采用的职业分层指标，代表了十个不同的社会阶层），其中国家与社会管理者阶层（行政管理职权的领导干部）有 41 人，占比为 7.55%；经理人员（非业主身份的管理人员）有 36 人，占比为 6.63%；私营企业主 13 人，占比为 2.39%；专业技术人员 95 人，占比为 17.5%；办事人员 47 人，占比 8.66%；个体工商户 21 人，占比 3.87%；商业服务业员工 30 人，占比 5.52%；工人 99 人，占比 18.23%；农业劳动者 83 人，占比 15.29%；自由职业者（包括灵活就业人员）78 人，占比 14.36%。在职业分布上，专业技术人员占比较高，这其中除了普通事业单位的从业人员之外，可能也包括部分具有职业资格证和相应专业技术职称的其他从业人员，反映出职称制度改革的成果，同时也表明就业市场的规范化程度进一步提高，“想就业先拿证”，“要想找到好工作，首先要有竞争力”等就业观念已经得到了广大劳动者的普遍认可。另外，我们在调查中新增了自由职业者这个阶层，也是呼应当下社会发展的趋势，而调查对象中有 78 人选择这个选项，也说明新就业形态从业人员确实具备了一定数量，形成了一定规模。在居住地选项上，居住在城市的有 350 人，占比为

64.46%；居住在县城的有84人，占比15.47%；居住在乡镇和农村（村）的分别有34人、75人，占比分别为6.26%和13.81%。我们可以看到，居住在城镇（城市和县城，可能也包括一部分乡镇，特别是县政府所在的乡镇）当中的调查对象已经占到了总样本量的约80%，这也意味着大多数人在城市就业、居住、生活，这不仅是当今中国发展的真实写照，也代表着未来很长一段时间里的发展方向和趋势，即越来越多的人进入城市寻求更好的就业机会并且努力在城市定居（见表1）。

表1　调查对象基本情况

单位：人，%

类别		人数	占比
性别	男	329	60.59
	女	214	39.41
民族	汉	524	96.5
	回	11	2.03
	藏	5	0.92
	蒙	0	0
	其他	3	0.55
年龄	18～25岁	44	8.1
	26～35岁	199	36.65
	36～45岁	144	26.52
	46～60岁	145	26.7
	60岁以上	11	2.03
文化程度	小学及以下	34	6.26
	初中	116	21.36
	高中	118	21.73
	大专及以上	275	50.64
政治面貌	中国共产党员	206	37.94
	民主党派	2	0.37
	无党派	14	2.58
	群众	321	59.12
居住地	城市	350	64.46
	县城	84	15.47
	乡镇	34	6.26
	农村	75	13.81

续表

类别		人数	占比
职业	国家与社会管理者(行政管理职权的领导干部)	41	7.55
	经理人员(非业主身份的管理人员)	36	6.63
	私营企业主	13	2.39
	专业技术人员	95	17.5
	办事人员	47	8.66
	个体工商户	21	3.87
	商业服务业员工	30	5.52
	工人	99	18.23
	农业劳动者	83	15.29
	自由职业者(包括灵活就业人员)	78	14.36

二　甘肃民众对延迟退休政策的评价与期待

(一)民众对延迟退休政策(以下简称“延退政策”)的基本认知

大多数调查对象对“延退政策”有所了解，其中选择“知道”的有154人，占比28.36%；选择“了解一点”的有326人，占比60.04%；“不知道”和“不关心”的调查对象分别有54人和9人，占比分别为9.94%和1.66%。我们设置这个问题的考虑是，“知道”意味着比较详细全面地了解“渐进式延迟退休政策”及其基本原则：小步调整、弹性实施、分类推进、统筹兼顾等。而“了解一点”意指从各种媒体看到或听说过这个提法，但对具体的政策内容并不是很清楚。由此看出，大多数人对延退政策有所了解，其中相当一部分比较关心并对其有全面的认识，而对此政策不知道或不关心的民众非常少，只占11.6%（见图1）。

关于“延退政策”何时推出的问题，有39.59%的被调查者（215人）选择“五年之内”，有22.84%的被调查者（124人）选择“十年之内”，选择“2035年之前”的人只有35人，占6.45%，而有相当一部分调查对象选择了“不确定”，占比达到31.12%。从调查结果看，有60%以上的民众认

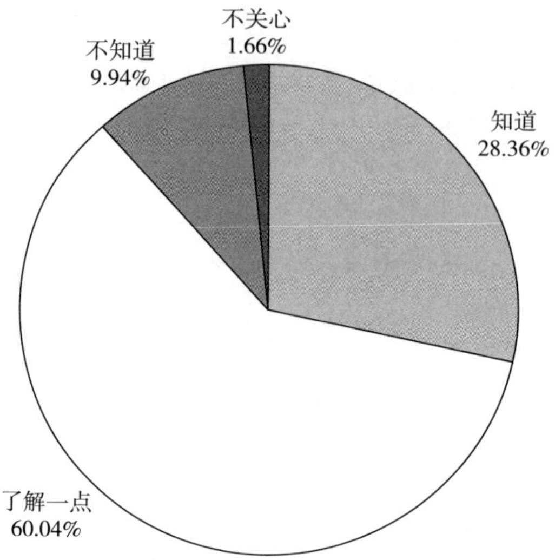

图1　民众对“延退政策”的了解情况

为“延退政策”将于十年之内推出，其中有接近40%的人认为“延退政策”会在五年之内也就是“十四五”期间推出，这也许正是因为国家“十四五”规划当中明确表述了将会实施“延退政策”。而那些选择不确定的民众，大概也是因为有了多次“只闻楼梯响，不见人下来”的经验，所以做出了比较稳妥和继续观望的判断（见图2）。

在对国家为什么要制定实施“延退政策”的问题上，我们打算考察民众对于政策制定出台的客观原因和趋势抱有怎样的认识，因为这在相当程度上也代表着“延退政策”是否具有紧迫性和必要性，因此能够得到大多数社会成员的认可和支持。结果显示，有297人次选择“养老金缺口大”，有421人次选择“人口老龄化严重”，有182人次选择“经济发展压力大”，有203人次选择“社会发展的需要”。调查对象的选择频率显示了人们对于“延退政策”制定实施的社会背景判断，“人口老龄化严重”和“养老金缺口大”是其中最重要的两个原因，这也是多年来职能部门和媒体反复提及并一再强调的主要原因，可见在这个问题的认知上，绝大多数民众保持客观理性的态度，也说明“延退政策”已经具备了相当的社会心理准备。而由

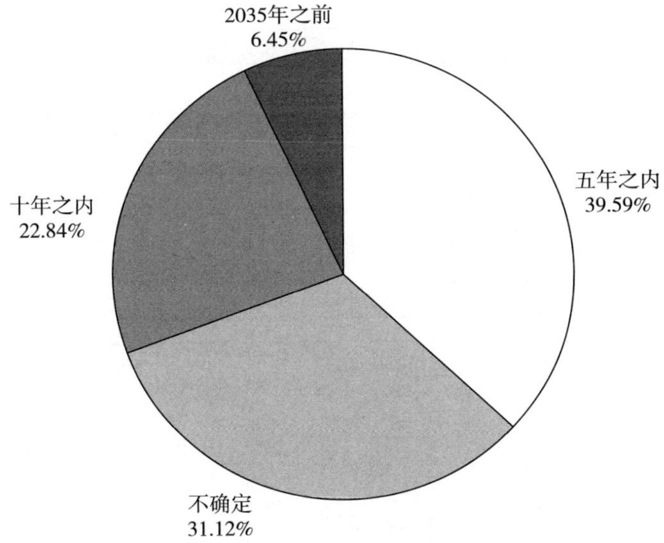

图 2　民众对“延退政策”推出时间的认知

于近几年来中国经济进入“新常态”，转入“更加注重高质量发展”的新阶段以及受新冠肺炎疫情的影响，民众对于经济发展压力增大有了更加直观的认识，于是也相应地认为“延退政策”的紧迫性进一步增强了。还有相当数量的人选择更加中性的“社会发展的需要”，也说明民众对于社会问题，特别是重大政策的关注与认识，已经有了更加成熟的态度（见图 3）。

（二）民众对“延退政策”制定实施及（可能）后果的认知

在这一部分，我们打算进一步了解民众对于“延退政策”一旦实施之后，会带来哪些社会影响或后果，以此来判断民众对于“延退政策”的接受度（至少是心理层面上的）。在“延退政策”会对个人的生活带来何种影响的回答中，有 355 人次选择“退休时间延长”，有 264 人次选择“家庭负担加重”，有 161 人次选择“工作稳定性减弱”，有 142 人次选择“养老金会变少”。跟以往和惯常的印象不同，本以为大多数人会选择“养老金会变少”，结果却显示这个选择是占比最少的一个。大多数人选择了很客观的

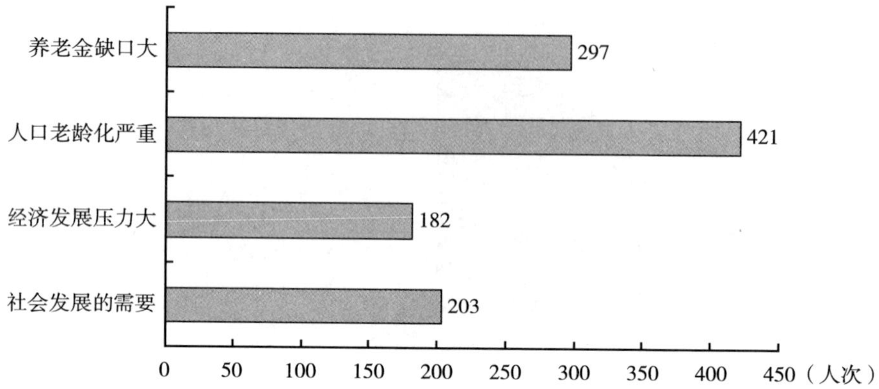

图3　民众对国家制定推出“延退政策”的主要原因的认知

“退休时间延长”，这也是“延退政策”带来的最直接后果。有相当部分调查对象选择“家庭负担加重”，这可能说明人们担心退休时间延长会导致照料家庭的时间会相应减少，本来想着早点退休照顾家庭可能会因为政策影响而继续工作。也有人预期“岗位挤占”现象会越来越激烈，越来越多的年轻人不得不排队等待“老人们”腾出工作岗位，因此还会对其他在职人员的工作稳定性造成冲击。这个问题是民众对于“延退政策”最直接最现实的利益判断，可以看出相对于退休之后的影响，人们其实更关心延长了的工作时间（年限）会给自己带来何种影响（见图4）。

社会舆论对“延退政策”中比较集中的关注点是对政策推出之后会对哪个（些）群体造成不利影响，从而引发特定群体和公众的心理焦虑。我们在调查中也设置了这个问题，目的是想了解民众对于“延退政策”的“利益受损者”作何种判断。调查结果显示，有221人次选择“公务员”，有328人次选择“国有企事业单位工作人员”，有243人次选择“私营企业员工”，还有212人次选择“灵活就业人员”。上面我们列出了“延退政策”可能带来的不利影响，这些影响包括工作时间延长（法定退休年龄延迟）、养老金变少（拿到正常水平的养老金需要更长的工作年限，或者提前退休就只能接受较少的养老金）、工作岗位变少、工作稳定性减弱、就业难度

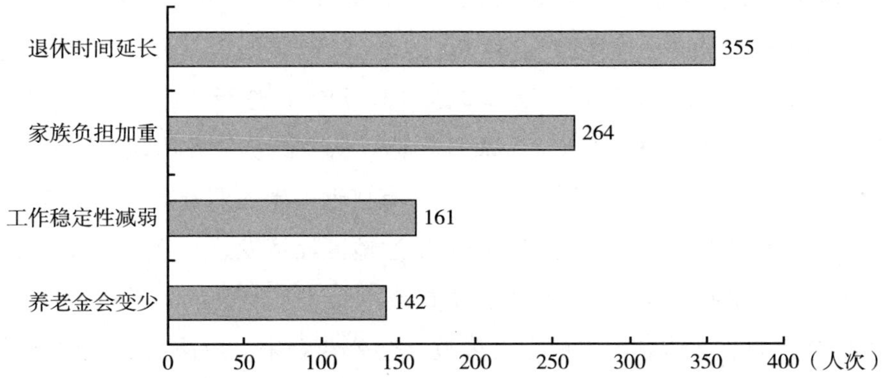

图 4　民众对“延退政策”对个人生活带来的影响的认知

大、家庭生活受到影响等。而哪个群体更有可能遭遇其中的某个（某些）影响，则反映出公众对自身利益和其他群体的定位。根据调查结果，我们初步的推断是因为公务员及国有企业事业单位工作人员大多是具有正式编制的体制内人员，其中大部分为脑力劳动者，因此“延退政策”更有可能先从这些群体开始推行。而私营企业员工和灵活就业人员则担心社保缴费年限延长，从而担心自己的职业稳定性（见图 5）。

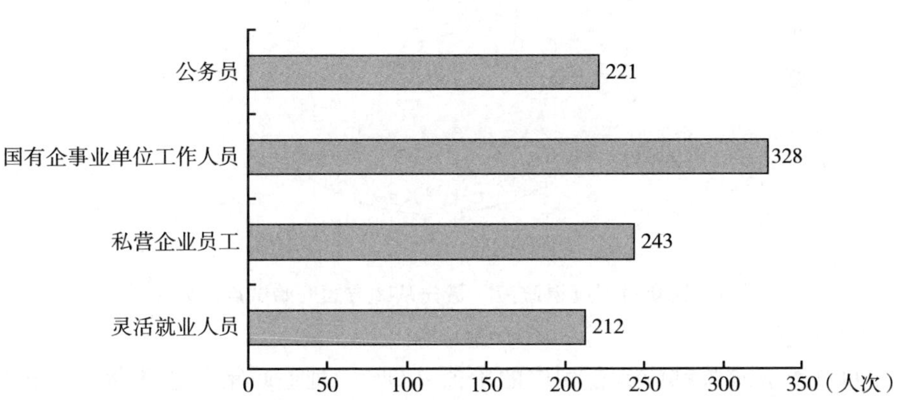

图 5　民众对“延退政策”对某些群体造成不利影响的认知

按照我国多项重大政策实施的历史经验推断，“延退政策”很可能会选择部分试点地区或行业进行先行试点，然后再进一步推广。在“延退政策”

应该从哪些方面（群体）开始进行试点这个问题中，有 64 人（11.79%）选择“延迟女性劳动者退休年龄”，有 183 人（33.7%）选择“延迟公务员、企事业单位工作人员退休年龄”，有 232 人（42.73%）选择“经济发达地区”，只有 30 人（5.52%）和 34 人（6.26%）选择从“经济欠发达地区”和“普通劳动者”开始进行“延退政策”试点。有接近一半的调查对象认为应该先从经济发达地区开始试点，这主要因为发达地区经济发达，公共服务体系健全，重要的是财政状况良好，更能够负担或承受“延退政策”带来的经济压力和社会影响。而体制内人员在大多数社会公众看来，应该是“延退政策”首先要实施的对象，又或者是最先享受该政策的“当然群体”（见图 6）。

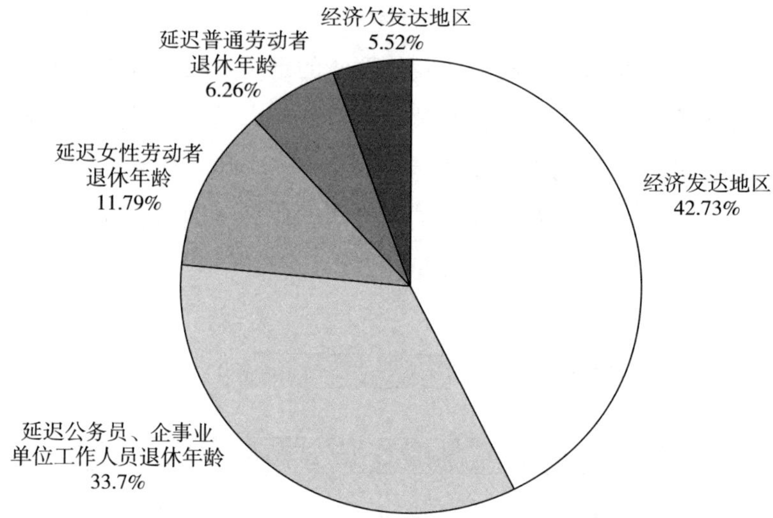

图 6　民众对“延退政策”最先从哪方面开始试点的认知

每项重大政策都应具备相应的价值基础，“延退政策”也不例外。正确的、符合社会主流认识和意愿的政策价值有利于社会公众更好地认识和接受政策。在推行“延退政策”最需要重视的（价值）是什么这一选择中，有 236 人（43.46%）选择了“公平性”，有 95 人（17.5%）选择了“稳定性”，有 86 人（15.84%）选择了“可持续性”，还有 126 人（23.2%）选择了

“科学性”。“延退政策”争议多年的一个焦点就是“公平性”，这个“公平性”既有不同群体退休待遇是否公平的含义，也有政策影响或者说政策后果是否能够“平等承担”的意思。长期事实存在的“二元化”职业待遇和社会评价是民众对“体制”的一切认识和评价的最重要来源。“体制内外”是天差地别的境遇，在绝大多数人看来，社会精英主要集中在体制内。还有重要的一点是，几乎所有的政策都是由体制内人士（决策者、行政官员）制定的，而这些人恰恰受政策影响最小或者享受政策红利最多。接近一半的调查对象选择“公平性”作为“延退政策”的价值基础，需要政策制定者高度重视和认真对待。还有部分人选择“科学性”，也从另一角度说明民众对于国家政策的“科学决策”有了更充分的认识和更多的期待（见图7）。

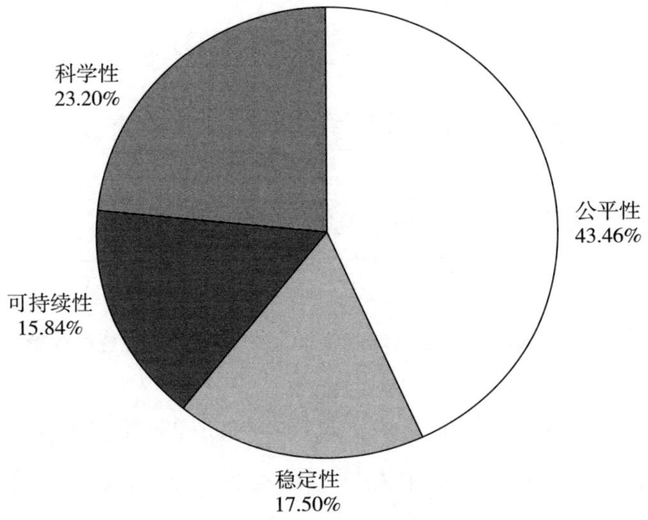

图7　民众认为推行“延退政策”最需要重视的方面

政策制定是一个集“民主、科学、专业”等多种要素于一体的过程，其中“民主”关乎政策的合法性，考察是否具备足够的民意基础和符合绝大多数社会公众的意愿。“科学”关乎政策的合理化和可行性程度，一个“拍脑袋”甚至是“拍胸脯”的激情式决策往往会带来极为严重的社会后果。“专业”更多的是关注政策制定过程中的“质量控制”，政策的公共性是决定政策的“政治属性”，而专业性则决定了政策的“质量和品质”。在这个问题中，有469人次选择“要广泛征求民意，集思广益”，有280人次选择“邀请相关专家全面深入研究”，有360人次选择“国家有关部门要慎重决策”，有251人次选择“要充分借鉴其他国家的有益经验”，这些选择基本上涵盖了目前国家重大政策制定过程中的主要因素。从中可以看出，民众最为关心的是政策的“合法性”和“重要性”，因此更希望政策制定能够尽可能地全面深入广泛征求社会意见，也希望有关部门能够慎重决策，我们认为这些都反映出公众对于国家与社会的责任心（见图8）。

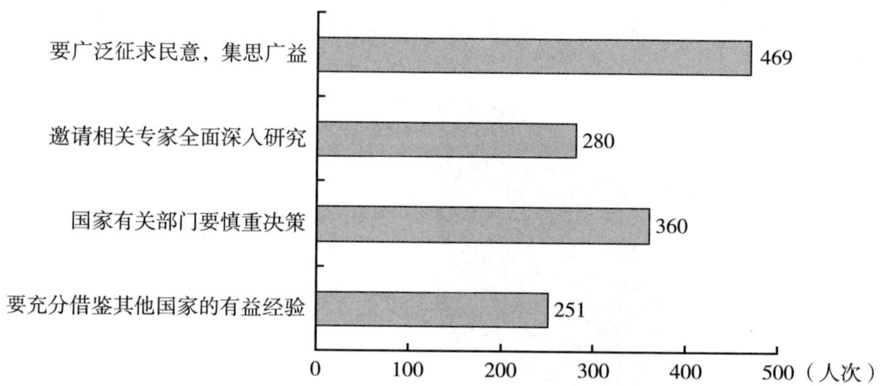

图8　民众认为制定“延退政策”的过程应该注意的内容

政策制定需要多种因素的支持，政策执行同样需要多种保障因素，这关系到政策的生命周期和真实效果发挥。在实行“延退政策”关键的保障措施是什么这个问题上，有405人次选择“劳动者养老金待遇要公平”，有312人次选择“劳动者劳动条件有保障”，有338人次选择“劳动者劳动权益有保障”，还有303人次选择“要有充足的就业岗位”。从调查结果看，广大劳动者依然最关心“公平”问题，当然这个公平不是绝对意义上的完全一致，而是不同群体按照一定原则的合理分配，比如“按劳分配，多劳多得”，在讲究正当竞争、提倡效率的同时适当照顾“弱势群体”等。保障劳动者的劳动条件和劳动权益并不是专门针对“延退政策”产生的，而是长期以来广大劳动者在工作过程和职业选择中最看重和最关心的因素之一，也是职能部门最应下大力气加强和完善的重点环节。毕竟对劳动者而言，工作不仅仅是为了收入，还有更重要的体面与尊严（见图9）。

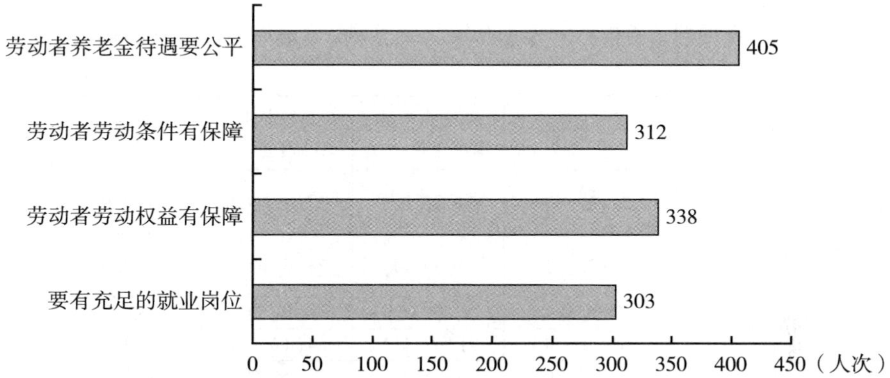

图9 民众认为实行“延退政策”关键的保障措施

（三）不同年龄段和职业群体对“延退政策”的态度

在这一部分，我们通过将不同年龄段和不同职业人群与几个核心问题做交叉分析，进而对不同群体在相同问题上的选择做对比分析。这几个核心问题包括“延退政策”会对哪些人造成不利影响?“延退政策”会对个人生活带来何种影响?以及个人对“延退政策”持什么态度?

在不同职业群体对“延退政策”会对哪些群体造成不利影响这个问题的回答里，结果很清晰地显示不同职业的被调查者都认为“延退政策”会对自己（所在的职业群体）带来不利影响。而所有职业群体都倾向于认为“延退政策”会对国有企事业单位工作人员带来不利影响，私营企业员工和灵活就业人员受到的不利影响也比较集中。相对而言，认为公务员会遭遇不利影响的选择累计最少（见表2）。而在不同年龄段的被调查者看来，他们仍然认为国有企事业单位工作人员会受到不利影响。其中26～35岁和36～45岁以及46～60岁这三个年龄段对不同职业群体都给出了比较高的“风险分配”。18～25岁年龄段的被调查者对所有选项都给出超过50%的选择，其中认为体制外人员会比体制内人员受到不利影响的比例稍高一点。而在60岁以上的被调查者看来，除了公务员以外，其他三类群体受到不利影响的可能都很大，其中灵活就业人员的可能性最大（见表2、表3）。

表2　不同职业群体对“延退政策”会对哪些人造成不利影响的看法

单位：人次，%

职业	公务员	国有企事业单位工作人员	私营企业员工	灵活就业人员	小计
国家与社会管理者（行政管理职权的领导干部）	27(65.85)	23(56.10)	17(41.46)	18(43.90)	41
经理人员（非业主身份的管理人员）	12(33.33)	25(69.44)	23(63.89)	12(33.33)	36
私营企业主	5(38.46)	5(38.46)	8(61.54)	7(53.85)	13
专业技术人员	55(40.74)	91(67.41)	64(47.41)	46(34.07)	135
办事人员	18(38.30)	26(55.32)	21(44.68)	19(40.43)	47
个体工商户	7(33.33)	10(47.62)	10(47.62)	11(52.38)	21
商业服务业员工	16(53.33)	20(66.67)	13(43.33)	10(33.33)	30
工人	31(31.31)	73(73.74)	37(37.37)	38(38.38)	99
农业劳动者	22(51.16)	21(48.84)	12(27.91)	12(27.91)	43
自由职业者（包括灵活就业人员）	28(35.90)	34(43.59)	38(48.72)	39(50)	78

注：括号内为占比，后同。

表3　不同年龄段群体对“延退政策”会对哪些人造成不利影响的看法

单位：人次，%

年龄	公务员	国有企事业单位工作人员	私营企业员工	灵活就业人员	小计
18~25岁	22(50)	24(54.55)	25(56.82)	25(56.82)	44
26~35岁	91(45.73)	118(59.30)	87(43.72)	70(35.18)	199
36~45岁	59(40.97)	91(63.19)	60(41.67)	48(33.33)	144
46~60岁	46(31.72)	90(62.07)	66(45.52)	63(43.45)	145
60岁以上	3(27.27)	5(45.45)	5(45.45)	6(54.55)	11

在不同职业群体对“延退政策”对个人的生活会带来何种影响这个问题中，各个职业群体几乎是依照选项排序进行了一次选择，也就是按照“退休时间延长”“家庭负担加重”“工作稳定性减弱”“养老金会变少”四

个选项由高到低进行了选择。这也符合一般公众对于“延退政策”的正常认识路径，从最直观的印象逐步过渡到深入全面的再认识，进而有一部分人能够进行分析比较。从年龄段分布的情况看，也基本符合这个特点（见表4、表5）。需要强调的是，毕竟我们是对公众的“预测”、“意愿”和“判断”进行调查，因为“延退政策”的必要性、紧迫性不论怎样重要，怎样急迫，目前仍然处于“酝酿和制定中”这个阶段。政策一天不落地，所有针对其的看法、认识、预测和评价都是一种“社会想象”，这种想象在很大程度上会显得比较肤浅、比较直接。只有政策真正开始实施一段时间之后，回过头再去看，那时候公众的态度和感受就会变得更加深入、更加多样化。

表4　不同职业群体对“延退政策”对个人的生活会带来何种影响的交叉分析

单位：人次，%

职业	退休时间延长	家庭负担加重	工作稳定性减弱	养老金会变少	小计
国家与社会管理者（行政管理职权的领导干部）	29(70.73)	20(48.78)	9(21.95)	9(21.95)	41
经理人员（非业主身份的管理人员）	27(75)	13(36.11)	10(27.78)	11(30.56)	36
私营企业主	5(38.46)	5(38.46)	5(38.46)	2(15.38)	13
专业技术人员	106(78.52)	57(42.22)	35(25.93)	33(24.44)	135
办事人员	31(65.96)	26(55.32)	17(36.17)	13(27.66)	47
个体工商户	9(42.86)	10(47.62)	7(33.33)	3(14.29)	21
商业服务业员工	23(76.67)	11(36.67)	5(16.67)	9(30)	30
工人	62(62.63)	69(69.70)	40(40.40)	33(33.33)	99
农业劳动者	18(41.86)	16(37.21)	12(27.91)	14(32.56)	43
自由职业者（包括灵活就业人员）	45(57.69)	37(47.44)	21(26.92)	15(19.23)	78

表5　不同年龄段群体对“延退政策”对个人生活会带来何种影响的交叉分析

单位：人次，%

年龄	退休时间延长	家庭负担加重	工作稳定性减弱	养老金会变少	小计
18～25岁	25(56.82)	20(45.45)	8(18.18)	11(25)	44
26～35岁	124(62.31)	111(55.78)	69(34.67)	64(32.16)	199
36～45岁	104(72.22)	65(45.14)	46(31.94)	38(26.39)	144
46～60岁	98(67.59)	62(42.76)	34(23.45)	27(18.62)	145
60岁以上	4(36.36)	6(54.55)	4(36.36)	2(18.18)	11

理论上，因为职业不同，公众对于“延退政策”的态度会呈现较为明显的差异。从分析结果看，国家与社会管理者、私营企业主、个体工商户、农业劳动者选择“欢迎并期待”的人数多于其他选项，所占比例也高于其他群体，这也是符合客观实际的一种意愿表达。国家与社会管理者自然是国家政策的重要支持者和优先示范群体，客观上工作稳定，福利待遇更具可持续性，身体状况能够满足延长退休时间之后的绝大多数日常工作。而私营企业主和农业劳动者则是对“延迟退休”最不敏感的群体，这与他们的日常工作特点密不可分：工作时间不固定、自己决定工作节奏、繁忙与空闲基本上比较固定（淡季旺季、农忙农闲），工作压力明显小于其他群体。而从年龄分布来看，可谓“少年不识愁滋味”，18~25岁年龄段群体选择“欢迎并期待”的比例显著高于其他年龄段人群。从我们划分的26~60岁这三个年龄段群体的选择来看，大部分调查对象对“延退政策”表示不太支持，其中也有相当比例的人群认为现阶段还不好评价自己对“延退政策”的态度，因为毕竟这还属于“未来的可能”（见表6、表7）。

表6　不同职业群体对“延退政策”所持的个人态度

单位：人次，%

职业	欢迎并期待	不太支持	不支持但只能接受	说不清	小计
国家与社会管理者（行政管理职权的领导干部）	16(39.02)	13(31.71)	8(19.51)	4(9.76)	41
经理人员（非业主身份的管理人员）	5(13.89)	14(38.89)	11(30.56)	6(16.67)	36
私营企业主	4(30.77)	3(23.08)	3(23.08)	3(23.08)	13
专业技术人员	34(25.19)	42(31.11)	43(31.85)	16(11.85)	135
办事人员	12(25.53)	19(40.43)	12(25.53)	4(8.51)	47
个体工商户	11(52.38)	3(14.29)	4(19.05)	3(14.29)	21
商业服务业员工	6(20)	10(33.33)	6(20)	8(26.67)	30
工人	11(11.11)	41(41.41)	29(29.29)	18(18.18)	99
农业劳动者	17(39.53)	2(4.65)	8(18.60)	16(37.21)	43
自由职业者（包括灵活就业人员）	21(26.92)	20(25.64)	13(16.67)	24(30.77)	78

表 7　不同年龄段群体对“延退政策”所持的个人态度

单位：人次，%

年龄	欢迎并期待	不太支持	不支持但只能接受	说不清	小计
18～25 岁	17(38.64)	11(25)	5(11.36)	11(25)	44
26～35 岁	50(25.13)	61(30.65)	46(23.12)	42(21.11)	199
36～45 岁	41(28.47)	44(30.56)	35(24.31)	24(16.67)	144
46～60 岁	26(17.93)	46(31.72)	49(33.79)	24(16.55)	145
60 岁以上	3(27.27)	5(45.45)	2(18.18)	1(9.09)	11

（四）民众对于“延退政策”的总体态度

这个问题属于“见真章”和“亮底牌”，上述所有的问题都提到了公众对于“延退政策”的多种看法和期待，现在都要归结到最终的态度上来，那就是个人是否接受“延退政策”。结果毫不出人意料，跟大多有关“延退政策”公众意愿的研究所显示的一样，只有 25.23% 的调查对象选择“欢迎并期待”，有 30.76% 和 25.23% 的被调查者分别选择了“不太支持”和“不支持但只能接受”这两个选择，其实也就是“不支持”，还有 18.78% 的调查对象表示“说不清”（见图 10）。这其中的考量显然与民众个人所在的行业、地区、年龄段高度相关，但是仍然有超过半数的调查对象表达了对于“延退政策”的担心和焦虑。这种担心和焦虑也是我们下一部分分析的重点。

三　民众对“延退政策”认识与评价的社会特征分析

（一）民众对“延退政策”的认识理性客观，态度平和

从调查对象对“延退政策”的一般性认识来看，绝大多数民众能够做到客观理性和全面地认识与评价，这其中既有社会公众长期关注这项关系自己切身利益的重大政策的时间累积效应，也有多年来我国民众对于国家大政方针始终保持“识大体顾大局”的高度认可和支持背后的社会心理基础。

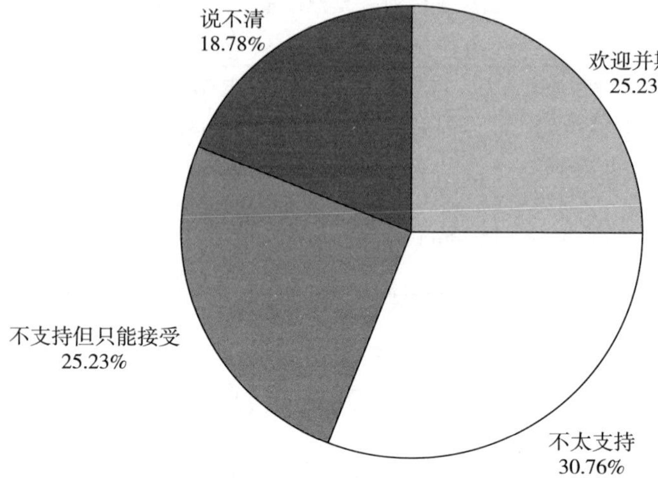

图 10　民众对“延退政策”持有的态度

这是“延退政策”能够顺利出台和平稳实施的民意和民心保障，但这种“民意和民心”保障需要由“民主、专业、科学”的政策制定过程来支撑。现代社会中政府的重大决策和重要政策都非常重视和依赖建立在符合绝大多数民众利益基础之上的专业化与科学化程度，也就是我们通常所说的必须做到“专业性与公共性”有机结合。

（二）民众更看重“公平性”与日常劳动保障

从调查结果看，绝大多数民众更看重“延退政策”制定与实施的“公平性”，这种“公平性”源于对公平正义的社会价值观诉求，也来自对劳动过程和劳动成果分配的公平性诉求。这个公平不是绝对意义上的“平均主义或人人有份”，而是基于一定价值原则上的公平合理与分配正义。与延迟退休年龄或工作年限变长带来的影响相比，民众更多地期望能够在劳动过程和职业生涯中加强对劳动者的劳动保障和权益保障，这两个因素是劳动者职业尊严与工作价值的重要来源，同时也能够在很大程度上中和工作时间延长所造成的负面影响。

（三）民众对“延退政策”的态度取决于自身利益

从调查结果看，大部分民众对“延退政策”表示了“不太支持”或者“不支持但只能接受”的态度，但同时也明白“延退政策”的出台与实施将是一个不可避免的事实，而且很多人认为该政策将会在五年或十年之内推出。这个“事实”现在还未到来，因此我们说目前所有关于“延退政策”的猜测、评价与分析本质上都是一种“社会想象”。但是这种“社会想象”又充分反映了劳动者基于自身处境做出判断的社会现实性因素。当今社会已经形成了基于不同职业的不同阶层和利益群体，不同群体之间的利益分化日益明显，公众对于同一政策的实施后果所带来的社会影响有不同认识，认为自己受到的政策影响要大于其他群体，倾向于认为自身利益受损将大于其他群体，这就是前面提到的多数民众“担心和焦虑”的原因。但同时绝大多数公众又有追求和维护社会公平的价值诉求，有对国家和政府保持高度信任的社会共识，这些都是决策部门应该重视的社会心理。

四　民众意愿对“延退政策”的启示和建议

一是要高度重视、慎重对待民众心理。相关部门要因应时代发展，照顾民众诉求，特别是在进行关系全社会成员切身利益的重大政策制定时，要广泛征求民意，深入基层充分了解不同地区、不同行业劳动者的真实意愿。始终坚持“以人民为中心”的发展理念，坚持“公平正义”的价值，坚持保护和发展普通劳动者合法权益，为所有劳动者创造更有尊严、更加体面、更有保障的社会条件和环境。

二是进一步做好“延退政策”的实施与保障细节工作。“延退政策”包含总体意见与实施细则，相对于指导性、原则性较强的总体意见，对于社会公众而言，更直接也更管用的是实施细则。“延迟退休”涉及面广，其与现行人事、劳动、社保政策的有效衔接是政策制定与实施的重中之重，也是难中之难。各个地区、各个行业都将要依据国家的指导意见制定本地区、本行业的实施细则，在此过程中，要坚持一般与特殊相融合、原则性与灵活性相结合、分类实施与逐步推进相统筹、社会利益与个人利益相统一的做法。

三是进一步做好“延退政策”的宣传工作。民众对党和政府以及国家大政方针的高度信任、高度支持与高度理解是做好一切工作的社会心理基础，也是我国特色制度的独特优势。相关部门要进一步开展形式多样、广泛深入的宣传动员和政策预热工作。要注重不同群体的心理特点和利益关切，通过多媒体平台，采用耐心细致的说理式、分析式宣传方式，鼓励相关专家撰写通俗易懂的普及文章，把政策的影响范围和程度说清说透，尽可能消除民众的焦虑心理与担忧情绪。坚决防范和打击借机贩卖焦虑、制造社会对立的“造谣式传播”，为政策制定和出台营造良好的社会氛围。

群众认知篇

Mass Cognition

B.6

农民群众对村级换届选举的反响与建议

魏学宏*

摘　要： 村委会换届选举历经多次，选举政策不断完善，选举程序逐步严格规范，农村基层民主政治建设获得明显发展。本文通过问卷调查了解到被访者能积极参与换届选举，总体上认可换届后在任的村委会主要成员，认为选举制相对较好，赞成村党组织书记与村主任“一肩挑”。但也存在农村外出人口较多，影响换届参选率；选举工作宣传不到位，培训力度不强；选举程序执行不严格，存在短、平、快现象等问题。建议从加强党对农村换届选举工作的领导，早谋划扎实做好各项准备工作，加强村“两委”后备干部的培养和选拔，提高待遇，村干部公职化，做好换届宣传工作等方面做好农村换届选举工作。

关键词： 甘肃　农民群众　村级　换届选举

---

* 魏学宏，甘肃省社会科学院决策咨询研究所研究员，主要研究方向为美学、信息与文化。

村“两委”是贯彻落实党中央各项决策部署的堡垒阵地，是畅通联系服务群众的桥梁，选好配强村“两委”班子，对于提高农村基层党组织的战斗力、凝聚力、创造力，巩固党在农村的执政地位具有重要意义。做好村“两委”换届选举工作是贯彻落实新时代党的建设总体要求和新时代党的组织路线的具体体现，是巩固脱贫攻坚成果、实施乡村振兴战略、实现“十四五”良好开局的一次重要实践，是乘势而上开启全面建设社会主义现代化国家新征程中建设坚强组织的保证工作。

2020 年 11 月，甘肃省启动行政村“两委”换届选举工作，各乡镇党委、政府高度重视，切实提高政治站位，成立了换届工作领导小组，以强烈的政治责任感、使命感，扎实开展了前期准备、及时动员部署、认真组织实施、周密研判人事安排等各项工作，严格依法依规推进村（社区）换届选举工作，并顺利圆满完成换届选举工作。此次村“两委”换届选举工作质量，直接关系到今后 5 年乃至更长时间乡村振兴工作的推进以及农村的改革、发展和稳定。那么，农民群众对这一次村级换届选举的反响如何？对此，课题组作了调查访谈。

一　调查的基本情况

（一）村委换届选举后主要村干部任职情况抽样调查

为了了解村级换届选举之后主要村干部实际任职的具体情况，课题组专门设计调查表，从性别、年龄、文化程度、是否本村人、是否大学生村干部（村官）、是否镇干部、是否一肩挑等 7 个方面设计问卷，深入天水、定西、平凉、庆阳、武威、嘉峪关，对选举产生的村党组织书记、村委会主任具体任职情况进行了调查。具体调查情况是：16 个乡镇所辖 168 个行政村，村党组织书记、村委会主任共 192 人，其中女干部 29 人，男干部 163 人；村党组织书记和村委会主任年龄在 45 岁以上的有 71 人；文化程度为小学的有 4 人，初中有 14 人，高中有 60 人，大学（大专）有 112 人；村干部不是本村人的有72人，7个村的村党组织书记由大学生村官担任，65个村的村党组织书记由镇政府干部担任，137个村子是村干部“一肩挑”，8个行政村配备了专职化党组织书记。其中配备的专职化党组织书记，是甘肃省2019年以来，为加强软弱涣散村基层党组织建设，根据党内有关工作条例和中央有关规定，选聘的热爱农村工作的优秀大学毕业生。配备的专职化党组织书记，他们的身份、工资、职级等同于乡镇事业编干部，他们到村任职对于优化无合适党组织书记人选村的干部队伍结构、培养打造高素质带头人队伍有重要意义。

（二）调查对象情况

调研组在天水、定西、平凉、庆阳、嘉峪关发放418份问卷，收回392份问卷，有效问卷366份，问卷的有效率是93.37%，所有问卷数据经SPSS软件处理，本研究结合在部分县（区）的访谈情况对相关问题进行分析。

本次调研中，课题组调研地点主要是村委会，到场的被访对象从性别结构看，62.84%的男性，37.16%的女性。调查对象的年龄、身份和学历分布见表1、表2、表3。

表1　被调查对象年龄分布情况

单位：人，%

年龄	30岁及以下	31~40岁	41~50岁	51岁及以上
人数	56	112	138	60
比例	15.30	30.6	37.7	16.39

表2　被调查对象身份分布情况

单位：人，%

身份	“两委”干部	普通党员	普通群众
人数	64	110	192
比例	17.49	30.05	52.46

表3 被调查对象学历分布情况

单位：人，%

文化程度	大专及以上	高中(中专、中技)	初中及以下
人数	102	132	132
比例	27.87	36.07	36.07

从表3数据看，文化程度为大专及以上的比例还是比较高的，这主要是因为现场组织者村干部参加了问卷调查，而一些村干部本身就是乡镇干部，由此显示调查对象文化程度整体比较高。

二 调研问卷数据分析

（一）近七成的被访者参与换届选举的态度为积极

问及“您认为村民参与换届选举的积极性如何?”，69.95%的被访者选择了“积极”，25.68%的被访者选择了“一般”，1.64%的被访者选择了“不积极”，2.73%的被访者选择了“很淡漠”（见图1）。

做好村民的思想工作，提高他们参与选举的积极性是保障换届选举成功的基础和前提。虽然许多村民经历了多次村委换届选举工作，但对村委换届选举的重要性认识不够深入，没有充分认识到自己在换届选举中应该享有的权利。因而，有三成的被访者参与选举的态度表现为一般。

（二）超八成的被访者对村级换届选举相关的政策法规比较熟悉

问及“您了解村级换届选举相关的政策法规吗?”，40.98%的被访者选择了“非常熟悉”，41.53%的被访者选择了“比较了解”，12.57%的被访者选择了“听说过”，4.92%的被访者选择了“不知道”（见图2）。

这是一个基本调查问题。课题组在完成问卷过程中，基本上就是同村村民坐在一起在课题组的引导下完成问卷，参加调查的对象基本上是熟人、邻居，从课题组前期的访谈来看，村民对与村级换届选举相关的《中华人民

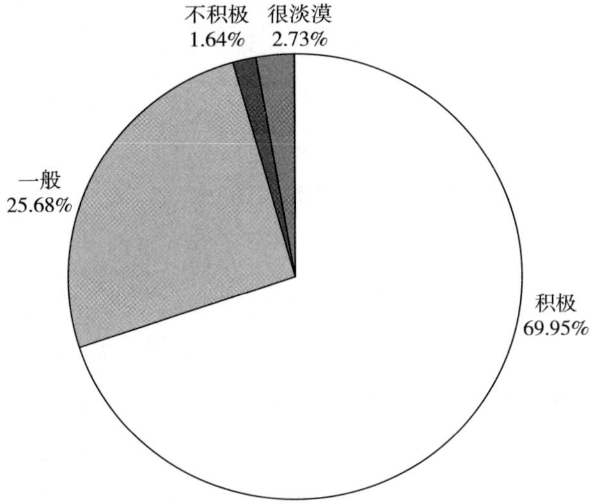

图 1　被访对象认为村民参与换届选举的不同态度比例

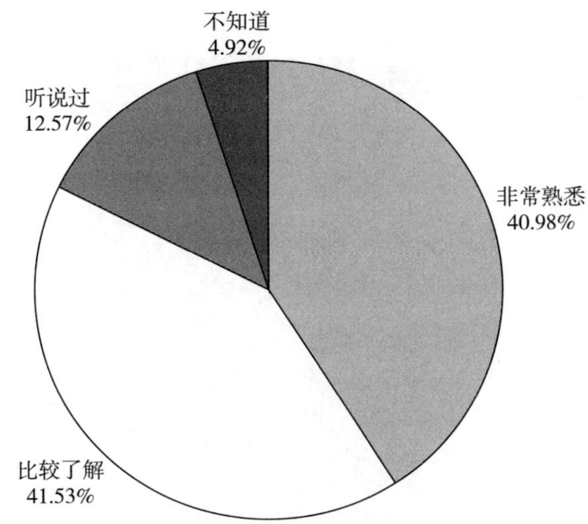

图 2　被访者对村级换届选举相关政策法规熟悉程度的比例

共和国村民委员会组织法》《甘肃省村民委员会选举办法》《甘肃省村级干部管理办法》《甘肃省村（社区）“两委”换届政策》以及中央、省、市、县发布的规范性文件了解得不是很多。尽管他们对选举政策法规不了解，但是担心别人说自己啥也不知道，而被人瞧不起，一部分调查对象就“不懂装懂”，违心地选择了自己非常熟悉、比较了解换届选举相关的政策法规。村民的心态在一定程度上反映了村民当前需要的一种自尊和实质上内心的自卑。因而，数据显示，超八成的村民对村级换届选举相关的政策法规比较了解，实际上村民对相关选举制度、政策的认知、熟悉情况比调查结果显示的可能要低一些。村“两委”换届是基层组织建设的大事，了解熟悉换届选举的相关政策和法规，对参与者合法实现选举权利和完成选举任务具有重要意义。所以，换届选举前一定要做好相关法律法规、制度政策的宣传工作。

问及“您主要是通过什么渠道了解的村‘两委’换届?”，19.67%的被访者选择了“广播电视”，27.87%的被访者选择了“从领到的宣传材料上”，9.84%的被访者选择了“村委会大喇叭广播”，34.97%的被访者选择了“村务公开栏”，7.65%的被访者选择了“听村里其他人说的”（见图3）。

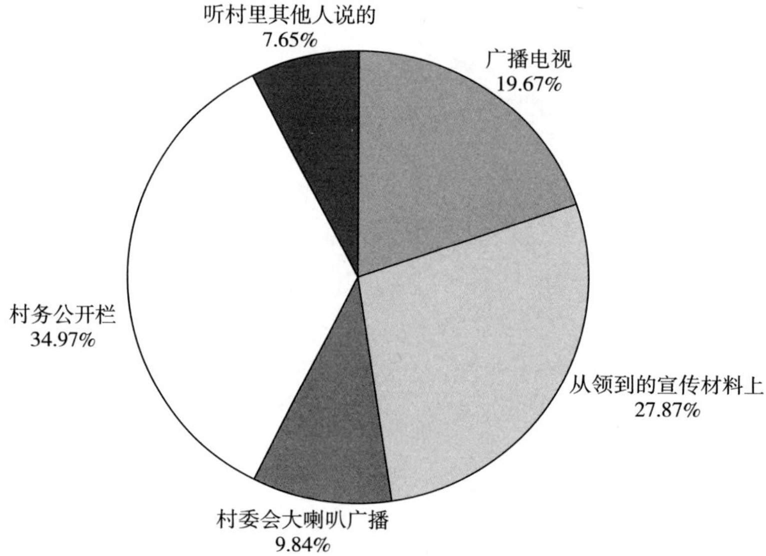

图3　被访者了解村“两委”换届情况的主要渠道的比例

根据课题组了解的情况，在村“两委”换届选举前期，大部分村对村民做了相应的深入宣传工作，如通过村委会大喇叭广播循环往复宣讲相关政策法规，入户派发相关政策传单，通过村民微信群转发选举相关制度文件，在村委会及文化广场张贴宣传海报、悬挂标语横幅，提高党员、群众村级换届的知晓率有利于明确标准、凝聚共识。调查问卷数据显示，有7.65%的被访者了解村‘两委’换届选举是“听村里其他人说的”。通过非官方宣传渠道了解的村“两委”换届情况，信息传递过程中肯定存在失真、失准，由此看村“两委”换届选举宣传效果还是需要加强。

（三）九成以上的被访者认为村级换届选举是民主选举，符合民意

问及“您对村级换届选举的基本认识是什么?”，90.16%的被访者选择了“民主选举、符合民意”，2.19%的被访者选择了“买票拉票、弄虚作假”，1.64%的被访者选择了“政府主导、形式主义”，6.01%的被访者选择了“以上都不是”（见图4）。

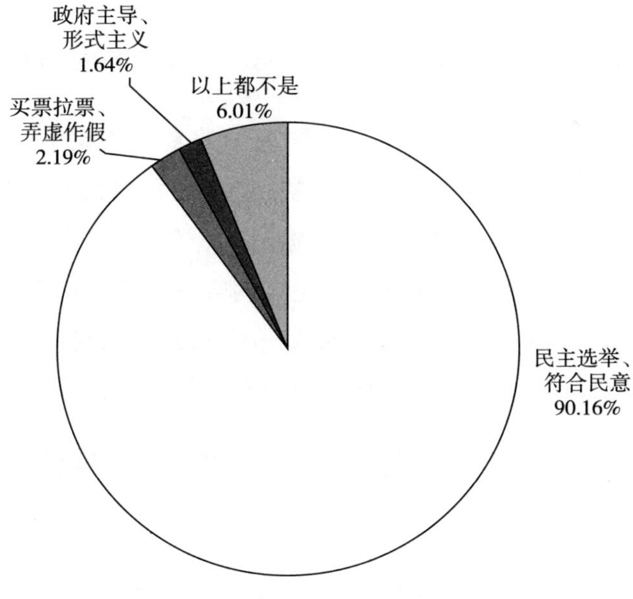

图4　被访者对村级换届选举的基本认识的选择比例

问及“您觉得本村选举是否有贿选、拉票现象?”，2.73%的被访者选择了“很多”，6.56%的被访者选择了“有，很少”，90.71%的被访者选择了“没有”（见图5）。

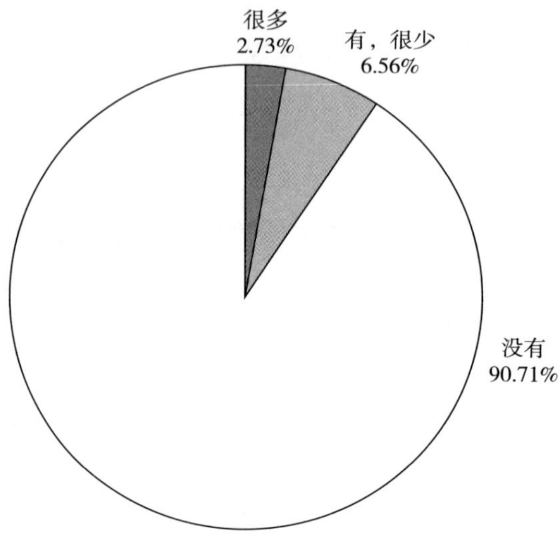

图5　被访者对本村选举是否有贿选、拉票现象的选择比例

调查数据显示，被访者对村级换届选举的基本认识中，选择“买票拉票、弄虚作假”的比例为2.19%，被访者认为本村选举有贿选、拉票现象的比例为9.29%，这两个调查数据说明，候选人拉票、贿选行为在农村换届选举中并没有销声匿迹，而是普遍存在。但同时我们需要看到，这两个问题的正面响应比例都在九成多，这充分说明村级换届选举充分保障了广大党员和群众独立行使自己参加选举的民主权利。

（四）九成多的被访者认为目前村“两委”干部通过选举制产生比较好

问及“您认为目前的村干部选举制和以前的任命制相比，哪个好一点?”，62.84%的被访者选择了“选举制好”，1.09%的被访者选择了“任命制好”，31.15%的被访者选择了“各有好坏，选举制相对好一点”，

2.19%的被访者选择了“各有好坏，任命制相对好一点”，2.73%的被访者选择了“无所谓”（见图6）。

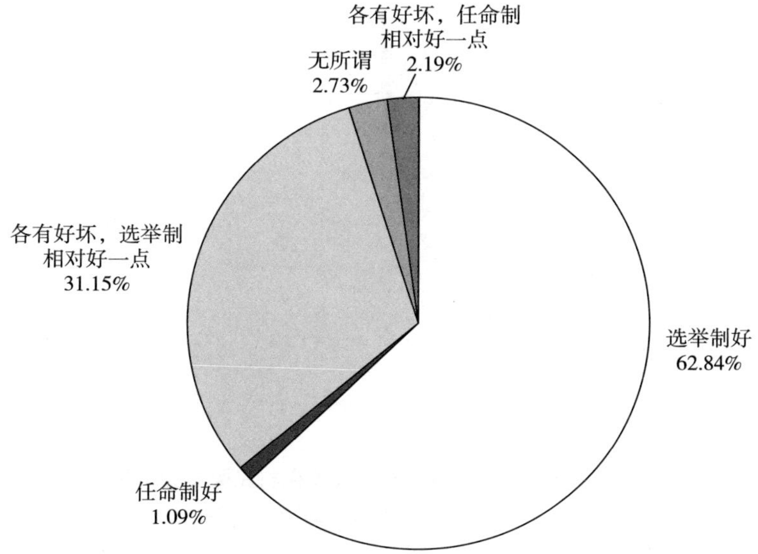

图6　被访者对于目前的村干部选举制和以前的任命制相比的选择比例

调查数据显示，村民基本上认为选举制好或者选举制相对较好，选择项呈现一边倒。这说明经过十几年的实践推动，选举村“两委”工作基本已经深入人心，农民已然接受了选举这种现代民主手段。

（五）九成多的被访者认为镇党委没有不正当干预选举的现象

问及“您觉得镇党委是否有不正当干预选举的现象?”，91.80%的被访者选择了“没有”。0.55%的被访者选择了“很多”，7.65%的被访者选择了“很少”，这一问题选择中仅有1人选择了“很多”，

问及“前任村党支部成员在村民委员会选举中正确发挥作用的情况怎样?”，59.56%的被访者选择了“作用很强”，30.60%的被访者选择了“作用较强”，8.20%的被访者选择了“作用一般”，0.55%的被访者选择了“作用较弱”，1.09%的被访者选择了“没有作用甚至起反作用”（见图7）。

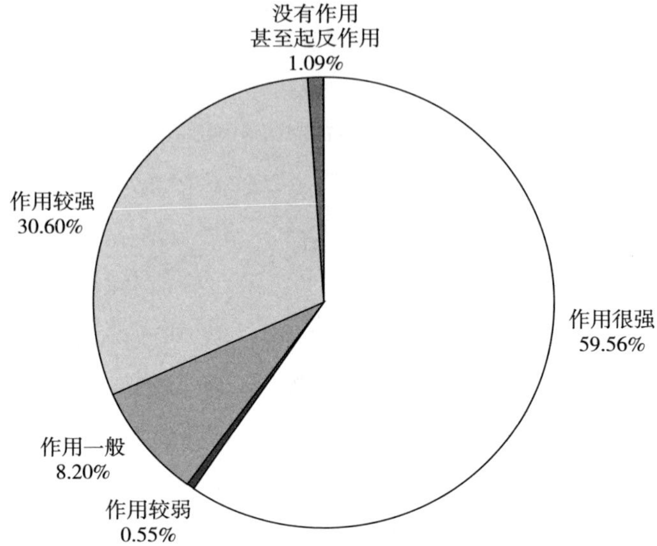

图7　被访者对前任村党支部成员在村民委员会选举中发挥作用情况的选择比例

课题组在座谈调查过程中了解到：一些乡镇党委、政府为了选出符合规定、有能力的人才，也为了以后便于开展工作，在选举前基本确定了目标人选，导致在选举中采用特别介绍的方式来影响参与投票的群众的意愿。但从实际情况看，很多村的村党组织书记的人选在选举前经过县组织部门和乡党委、政府联合摸底筛选，基本人选还是有一定目标范围的。但乡镇党委、政府的做法表现得操之过急，而明显的越位让部分群众觉得乡镇在村“两委”换届过程中有不正当干预选举的现象。

（六）五成的被访者所在村村民委员会正式选举时的划票方式是大会会场秘密写票室

问及“您所在村村民委员会正式选举时的划票方式是下列哪一种?”，50.82%的被访者选择了“大会会场秘密写票室”，31.70%的被访者选择了“划票在很容易被他人看到的公开场合划票”，4.37%的被访者选择了“投票站秘密划票”，13.11%的被访者选择了“流动票箱秘密划票”（见图8）。

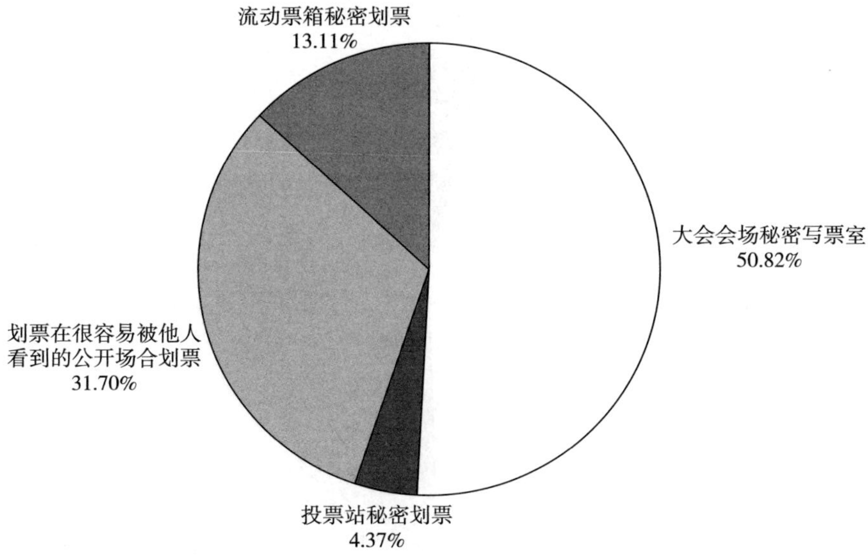

图 8　被访者所在村村民委员会正式选举时的划票方式的选择比例

问及“您认为村级换届选举中候选人的文化程度应该多高?”，3.83%的被访者选择了“初中”，40.98%的被访者选择了“高中及中专”，45.35%的被访者选择了“大专及以上”，9.84%的被访者选择了“无所谓”（见图9）。

（七）近九成的被访者赞成村党组织书记与村主任“一肩挑”

问及“您赞成村党组织书记与村主任‘一肩挑’（同一个人担任）吗?”，51.37%的被访者选择了“非常赞成”，38.25%的被访者选择了“赞成”，4.92%的被访者选择了“不赞成”，1.09%的被访者选择了“很不赞成”，4.37%的被访者选择了“无所谓”（见图10）。

被访者普遍赞成党组织书记与村主任“一肩挑”（同一个人担任），表示“不赞成”村党组织书记、主任“一肩挑”的人认为，按照当前国家的体制，一般都是村党组织书记说了算的，村主任管理具体的行政事务，也有利于良好的村组织结构梯度的形成。有4.37%的人选择了“无所谓”，没有明确表态，表示具体情况具体分析。

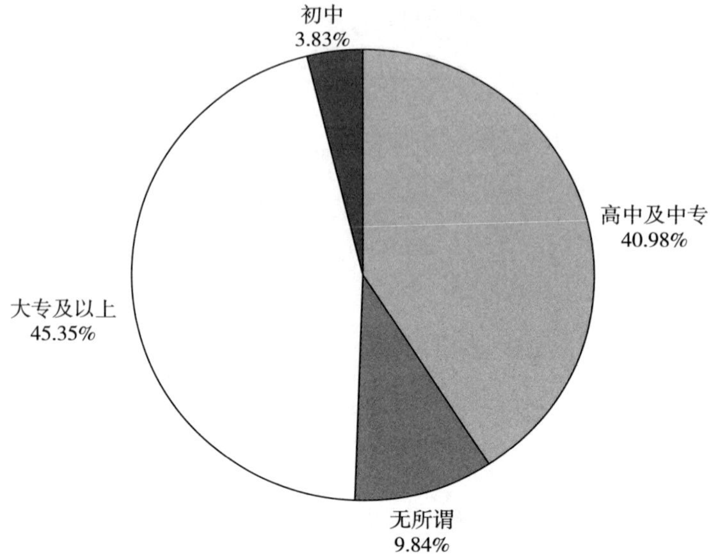

图 9　被访者对村级换届选举中候选人应该具有的文化程度的选择比例

（八）八成多的被访者认为换届选举中面临的最主要的问题是外出人员太多，选不出合适的人

问及"您认为村委会换届选举中面临的最主要的问题是什么？（多选题）"，在 366 份问卷中，选择人数超过一半的有两项，选择了"外出人员太多，选不出合适的人"的人数占第 1 位，占比为 84. 15%；被访者有 186 人选择了"选举动员不够，投票率低"，人数占第 2 位，占比为 50. 81%。"家族、宗族势力影响选举"选择人数占第 3 位，占比为 13. 66%；选择"选举结果与村民意愿不一致"的占比为 5. 46%；选择"个别村霸非法操纵选举"的占比为 2. 73%；选择"镇政府干预意图过于强烈"的占比为 0. 55%；选择"其他"的占比为 8. 20%（见图 11）。

调查问卷数据显示，宗派势力干扰竞选等一些不正当的行为难以消除，不同宗派、家族之间的矛盾直接影响选举结果。双方争面子，为了让代表自己家族、宗派利益的代表人当选，明争暗斗，通过许诺答应给

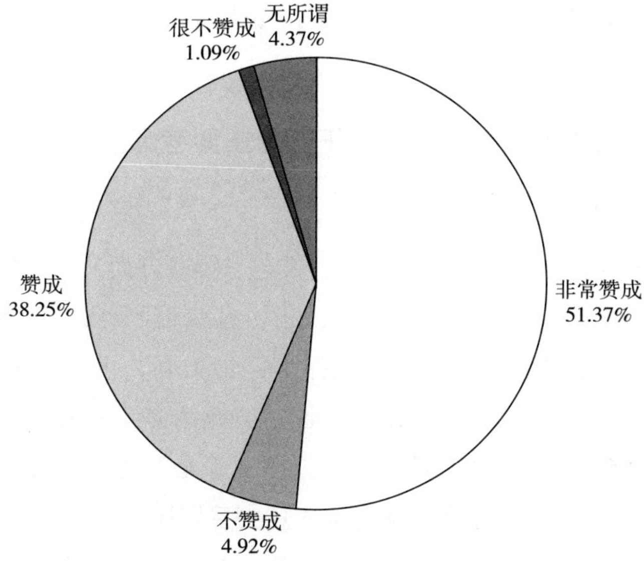

图 10　被访者赞成村党组织书记与村主任“一肩挑”（同一个人担任）的选择比例

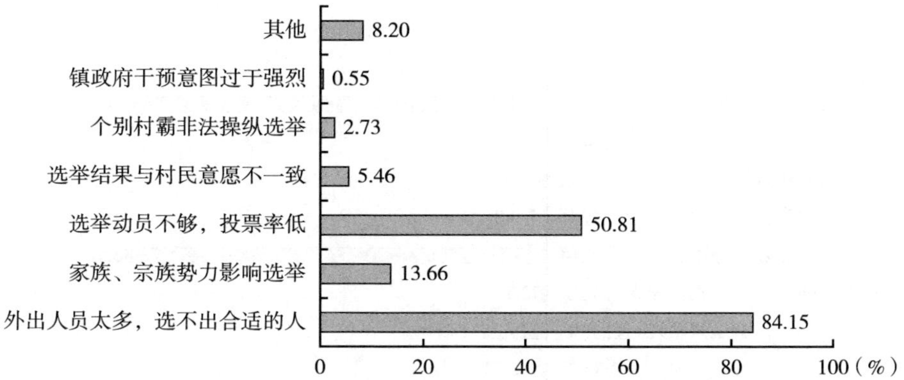

图 11　被访者对村委会换届选举中面临的最主要问题的选择比例

好处、请吃请喝等方式拉选票。有的候选人考虑自己可能当选不了，就撺掇本族部分村民在选举中“搞事情”，让别人也别想干，少部分群众选民立场不坚定，易被别人拉拢。为了有效防止宗派、家族势力干扰，操纵选举工作，必须做好选民的宣传教育工作，教育他们增强自主意识和民主法制意识，珍惜选举权利，让大家公认品行好、真心实意为村民服务的人当选。

（九）近九成的被访者选举村干部时主要考虑人品好，办事公正，有威信

问及“您在投票选举村干部时，主要考虑哪些方面？（多选题）”，被访者中有 324 人选择了“人品好，办事公正，有威信”，占比为 88.52%，占比排在第 1 位；被访者中有 306 人选择了“能力强，可以带领村民脱贫致富”，占比为 83.61%，占比排在第 2 位；选择“是不是我所在自然村的”的占比为 13.66%，占比排在第 3 位；选择了“是不是我（家）的同宗或亲戚”的占比为 2.73%；选择“与我（家）关系好坏”与“竞选期间是不是给我（家）好处了”的人数相同，占比都是 2.73%；选择了“候选人承诺当选后给我（家）好处”的占比为 3.28%；选择了“以前照顾过我（家），知恩图报”的占比为 1.64%；选择了“害怕被打击报复”的占比为 1.09%（见图 12）。

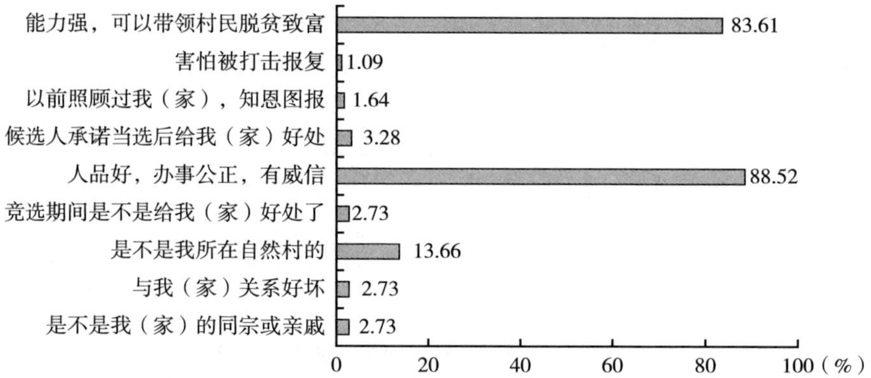

图 12　被访者认为在投票选举村干部时主要考虑的方面的选择比例

问及“您认为村级换届选举中候选人最应该具备哪样素质？”，43.17%的被访者选择了“有较强组织能力和办事能力”，27.32% 的被访者选择了“有较强的发展集体经济、带领群众致富的能力”，20.22% 的被访者选择了

“廉洁自律、有公心、大局意识强、威信高”，9.29%的被访者选择了“善与人团结协作、协调共事”（见图13）。

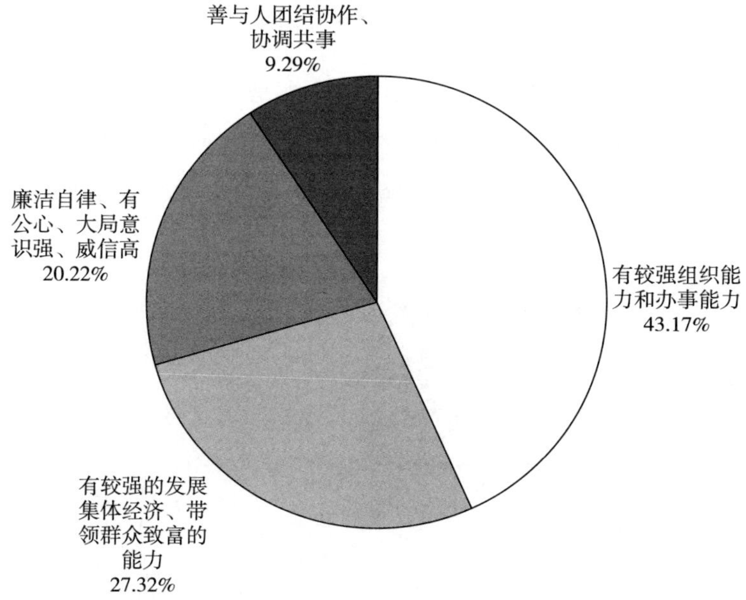

图13　被访者认为村级换届选举中候选人最应该具备的素质选择比例

调查数据显示，农民衷心希望通过依法行使民主权利，真正选出人品好，办事公正，有威信的村干部，选出好的当家人，这就要求县级组织部门，乡镇党委、政府把好村“两委”成员的综合素质关。在选人用人标准上引导村民把德才兼备、遵纪守法、真心热心为村民服务的人提名为候选人。2017年，习近平总书记在徐州考察时说，“农村要发展好，很重要的一点就是要有好班子和好带头人”。老话也说得好：“要想火车跑得快，全靠车头带。”在农村，一个村工作干得好不好，经济发展得快不快，与村干部的素质高低、工作能力大小有直接关系，最重要的还是村干部要为群众着想，村里富裕了，村干部不为百姓办实事也不行，品行再好、能力再大都没有用，最关键的是村干部要为大家多办好事、多办实事，解决实际问题，带领村民共同致富。所以，四成多的被访者认为村级换届选举中候选人最应该具备的素质是村干部“有较强组织能力和办事能力”，八成多的被访者投票选举村干部时，主要考虑“能力强，可以带领村民脱贫致富”。

（十）近九成的被访者对换届选举产生的村委会主要成员满意

问及“目前，您对村委会主要成员满意度是多少?”，67.21%的被访者选择了“满意”，20.77%的被访者选择了“比较满意”，2.73%的被访者选择了“不满意”，9.29%的被访者选择了“很不满意”（见图14）。

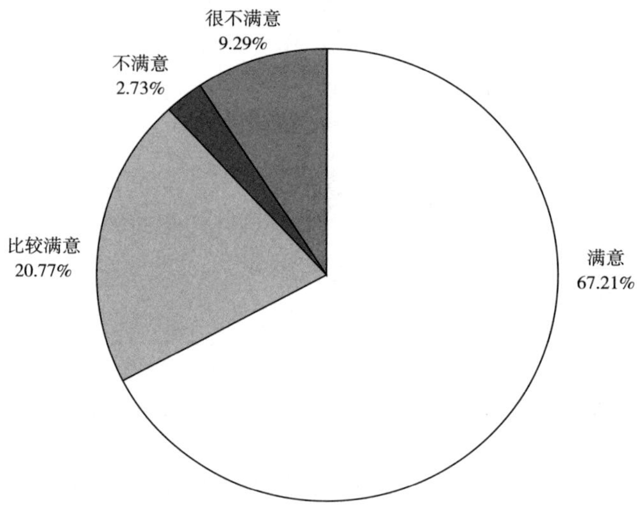

图14　被访者对目前村委会主要成员满意度的选择比例

通过换届，甘肃省村党组织书记平均年龄降至38.4岁，高中及以上学历占98.2%，大专以上学历占65.1%，村党组织书记、村委会主任“一肩挑”比例达到91.2%。[①] 调查数据显示，近九成的被访者对当前在任的村委会主要成员表示满意。这充分表明新一轮村级换届选举是成功的，是新时期在农村全面加强党的领导、充分发扬民主权利、大力弘扬法治精神的结果，为推动巩固脱贫成果与乡村振兴有效衔接提供了坚强的组织保证。

① 《新班子新作为新气象》，《甘肃日报》2021年4月8日。

三 结论与分析

（一）农村外出人口较多，影响选举的公正性

外出人员人数太多、比例过大对村级民主换届选举工作的影响主要是两个方面，一是给选举过程中的操作带来很大的不便和潜在的风险。在外务工人员委托他人投票，根据秘密写票的原则，被委托人是否依照委托人的意愿或意志写票投票就完全是天知地知的事情。而且委托投票的人员较多，空巢老人、留守儿童都不符合选民条件，就会直接影响参选率。二是村里有本事的人外出务工、经商使一些村最后的选举结果不尽如人意。一些村符合选举条件的有文化、有能力的青壮年劳力基本上常年在外务工经商，不愿回村参加选举，这样就很难选出德才兼备的“领头雁”。

（二）选举工作宣传不到位，影响参加换届选举者的积极性

从课题组的调查看，此次换届选举还是有各种问题出现，这与换届选举前的宣传不到位、培训力度不强有很大关系。如果宣传深入人心，引导深入细致，党员、群众对相关法律法规理解透彻，起码党员群众参与选举的积极性是比较高的，但调查数据显示有近三成的被访者参与选举的态度是“一般”。很多村民认为村级换届选举就是参加投票选村干部，只要自己不参选就没有别的名堂，这种认识导致部分村民对参与换届选举的热情一般，影响参加换届选举者的积极性。

（三）选举程序执行不严格，存在选举环节程序不规范现象

严格依法依规执行选举程序，“阳光操作”选举工作才能赢得党员、群众的信赖和支持。换届选举的各个环节按照规定都要坚持依法办事和发扬民主相结合，实际选举过程中，工作程序还是存在不够规范的地方，求快心理存在。如问及正式选举时的划票方式是哪一种？有 31.70% 的被访者选择了

“划票在很容易被他人看到的公开场合划票”，这从侧面说明没有设立秘密划票处，换届选举环节程序不规范。

（四）学历和年龄的硬性规定使村“两委”候选人难以确定

2021 年农村换届选举村要求村“两委”干部需要具备高中及以上文化程度，特殊的情况需要报上级审批。同时原则上要求，新提名的村党组织书记、村主任及其他“两委”成员，年龄最大不能超过 45 岁。如果村干部脚踏实地做事，得到村民的一致认可，并且有一定威望，继续提名的村党组织书记任职年龄可放宽到 50 周岁以下，如需连任，年龄在 55 周岁以上要报上级批准。年龄大有望继续提名村党组织书记的人，目前基本上文化程度偏低，高中及以上文化程度的几乎没有。当前农村党员队伍年龄老化严重，留在村里年龄、学历符合当村党组织书记的年轻人又不是党员。所以，学历和年龄规定就把很大部分人挡在了准入门槛外。

（五）普遍赞同村党组织书记与村主任“一肩挑”

2018 年 9 月，中共中央、国务院印发的《国家乡村振兴战略规划（2018～2022年）》提出：“大力推进村党组织书记通过法定程序担任村民委员会主任和集体经济组织、农民合作组织负责人，推行村‘两委’班子成员交叉任职”，2019 年 1 月，中共中央印发的《中国共产党农村基层组织工作条例》第六章第 19 条规定：“村党组织书记应当通过法定程序担任村民委员会主任和村级集体经济组织、合作经济组织负责人，村‘两委’班子成员应当交叉任职。”2019 年中央 1 号文件《中共中央国务院关于坚持农业农村优先发展做好“三农”工作的若干意见》明确提出，“全面推行村党组织书记通过法定程序担任村委会主任，推行村‘两委’班子成员交叉任职”。在村级换届选举人事安排层面，推出的村党组织书记、村主任“一肩挑”（同一个人担任）政策，得到了绝大多数人的赞成。群众普遍认为“一肩挑”虽然会给村党组织书记带来更多的工作负担，但再不会发生因村党组织书记、村主任意见不一致闹矛盾内耗，保证了决策统一，有利于村里工作更好地开展。

四　对策建议

（一）加强党对农村换届选举工作的领导

加强党对农村换届选举工作的领导，是我们党的执政地位决定的，也是做好各级集中换届选举工作多年积累的宝贵经验。村（居）“两委”换届选举必须加强党的领导，这是党管农村工作、进一步推进农村改革发展的政治保证。县乡（镇）党委组织部门切实选好配强村党组织，村党组织在村“两委”选举中要积极主动发挥领导作用，认真贯彻党的换届选举方针和政策，切实做到履行法律程序，公平公正地完成换届选举工作。乡镇党委、政府真正发挥好对村“两委”选举工作的领导作用和调控作用，在选人用人上旗帜鲜明、严格组织原则，引导群众把公道正派、素质高、组织能力强、有群众威信、热心为村民服务的村民选进村级组织中。

（二）早谋划扎实做好各项准备工作

成立由县级组织部门人员牵头，乡镇主要领导干部参加的调研组，深入村子开展换届工作的谈心谈话工作，摸清村党组织班子状况、干部表现、党群思想现状、发展所需、后备干部储备情况以及干扰矛盾、势力等情况，制定预案，为换届顺利推进夯实基础。坚持政策规定和实际情况相结合，“一村一策”制定村党组织换届选举工作具体方案，采用座谈会、视频会、专题学习以及编发《村党组织换届工作流程图》等多种方式，对组织选举工作的人员进行专门培训，业务指导到位，做到应知应会，保障在实际选举操作中程序规范不出错、执行政策无偏差。

（三）加强村“两委”后备干部的培养和选拔

县级组织工作需要加强村“两委”后备干部的培养和选拔，建立村

“两委”主要后备干部选拔、培养制度，避免换届选举时人选的青黄不接。首先是拓宽选拔渠道。从现任的村“两委”干部、村文书、乡镇后备干部、村里致富能手、退役军人、“三支一扶”等群体中发现优秀青年人选，作为后备干部一个来源。把从农村考上大学的毕业生作为后备干部主要来源，和选拔选调生的程序一样，每年毕业季选拔一批优秀大学生，按照“从哪里来回哪里去”的原则到村委会或乡镇工作，并统一纳入事业编制，有条件的地方进入公务员系列，这样既解决农村村“两委”干部缺乏问题，也解决了一批大学生就业问题。同时继续公开招聘专职化村党组织书记，进一步充实村干部力量，加强农村基层党组织建设。

（四）提高待遇，村干部公职化

要求村干部学历高、年轻化，首先就要考虑给他们什么待遇才能吸引这部分人到村上工作，扎根农村。当前村党组织书记、村委会主任“一肩挑”，年报酬是4.5万元，平均每月是3750元，平均每天是125元，对于外出务工的村民来说，就是在家门口打工最低日工资也有150元，到一些大城市务工日工资都在200元以上，有技术的大工（农村中的能人）基本日工资在350元。村文书一年报酬是3.6万元，村监委主任一年的报酬是9000元。由此很多人宁肯在外面务工，也不愿当村干部。所以，建议村一级与乡镇、县一级一样，村级主要干部由国家正式招录，其身份、工资、职级与乡镇事业编在岗干部相同，各地还可以根据实际岗位情况适当给予一定的补贴，同时从政策理论上考虑改变当前的村民自治委员会，让村委会成为最低一级的行政单位。

（五）做好换届宣传工作，引导选举工作风清气正

抓好换届选举工作中的宣传引导工作至关重要。通过村委会高音喇叭、电子显示屏、宣传栏、村微信群等实现宣传全覆盖，通过宣传选举标语、宣传换届纪律横幅等最直接、最广泛的形式，向广大村民大张旗鼓地宣传，适

时为群众解疑释惑，深入细致地引导群众透彻理解换届选举工作，激发村民参与选举的热情，充分调动村民参与选举的积极性，增强群众的法治观念，增强村民行使民主权利的意识，为实现民主选举奠定坚实正确的舆论导向，努力营造风清气正的换届环境。

B.7
大学生群体对就业创业的感受与建议

张　拓*

摘　要： 大学生群体的就业和创业问题是近年来社会广泛关注的焦点，大学生群体就业和创业的发展形势不仅关系到每个学生的职业前途，还直接影响到经济社会的平稳有序运行。目前甘肃省大学毕业生面临的就业和创业形势日趋严峻，存在就业初期不稳定、创业初期存活率不高、毕业生缺乏正确的自我认知与人生规划等问题。本文在参考已有研究成果的基础上，实地调查了甘肃地区大学毕业生对自身就业和创业的感受和评价，结合大学生就业和创业环境的现状，有针对性地提出优化大学生就业和创业环境的建议及方法。

关键词： 甘肃　大学生　就业　创业

近年来，随着甘肃省社会经济的持续发展，甘肃省高等教育事业迈入了跨越式发展阶段。为适应社会经济的发展需求，高等教育产业化成为各个高校创新发展的趋势和方向，大学生群体的就业状况和就业质量已经逐渐成为高校教学、办学质量的衡量标准，教育部每年都会向社会公布其直属高校毕业生“初次就业率”的统计概况以反映学生的就业及创业情况。课题组在调研中发现，高校对“就业率”与大学生群体对“就业”的认识存在很大

* 张拓，甘肃省社会科学院马克思主义研究所助理研究员，主要研究方向为地方法治及劳动法。

的差异性。从许多高校的角度来看，“有工作”便等于“就业”，但从大学生群体的角度看，工作收入、工作地点等要素会成为大学生群体对“就业”的感知和衡量尺度。也正是基于此，产生了高校“高就业率”与大学生“就业难”两种矛盾现象。[①]

大学生刚步入职场，就面临从“大学生”到“职业人”角色转换的过程。当主体身份发生变化时，单纯依据“就业率”来量化高校大学生的“就业”显然欠缺说服力。[②] 因此，有必要从大学生群体角度，分析大学生就业、创业的现状和问题。

一　调查对象基本情况

为更好地了解甘肃省大学生群体对就业创业的感受与评价，寻找大学生群体就业、创业发展与完善的方向和路径，本课题以甘肃省兰州市安宁区两所高校的大学生为调查对象，采用问卷调查、实地走访及与个别调查对象访谈相结合的研究方法。研究过程中，借鉴文献分析法对相关问题进行理论梳理，问卷调研的数据统计主要通过 SPSS 软件实现。

为使分析结果更为精准，本文采取问卷调查与访谈相结合的方式，提升调研结果精度。大学生自身、高等院校、政府、用人单位和社会环境等各项要素均会对大学生的就业创业选择产生影响，大学生个体也会受这些因素影响，对就业、创业的态度产生差异。因此，本次调查报告的主要参考评价影响因素包括大学生自身素质、院校资质、就业政策、用人单位、工作环境等五类核心问题。调查问卷的题目设置均根据大学生群体就业创业满意度模型进行设置，并以大学生群体对就业创业质量感知为重点，通过政府服务、用人单位、其他服务三方面对前述五个影响因素进行融贯和归纳体现。

---

① 庞芳琪：《大学生就业能力对就业质量的影响》，《湖北开放职业学院学报》2020 年第 23 期。

② 程文义：《就业与创业》，中国电力出版社，2008。

本次调查主要针对西北师范大学和兰州交通大学的本科生进行调查，共发放舆情问卷 310 份，其中西北师范大学发放问卷 160 份，兰州交通大学发放问卷 150 份，收回问卷 270 份，有效问卷 255 份，问卷回收率为 87.1%，有效问卷回收率为 94.4%。被访者中男生为 156 人，占比 61.18%；女生 99 人，占比 38.82%。大一新生 44 人，占被访者总数的 17.25%；大二学生为 63 人，占比 24.71%；大三学生 58 人，占比 22.75%；大四毕业生 90 人，占比 35.29%。按照专业学科门类分类，哲学 19 人，占比 7.45%；文学 45 人，占比 17.65%；法学 56 人，占比 21.96%；理学 38 人，占比 14.90%；工学 63 人，占比 24.71%；其他学科 34 人，占比 13.33%（见表 1）。

表 1　有效调查问卷统计分布情况

单位：人，%

项目	选项
性别	男:156(61.18)②女:99(38.82)
年级	①大一:44(17.25)②大二:63(24.71)③大三:58(22.75)④大四:90(35.29)
学科门类	①哲学:19(7.45)②文学:45(17.65)③法学:56(21.96)④理学:38(14.90)⑤工学:63(24.71)⑥其他学科:34(13.33)

注：括号内为占比。

二　大学生群体就业创业现状

我国自 1977 年恢复高考后，大学生人数持续上涨，国家实行的是毕业生统包统分的就业制度；从 1996 年起，国家和毕业生开始了双向选择，到 1998 年就已基本取消毕业生分配制度，70% 的毕业生都能自主择业；从 1999 年开始，各大高校实行扩招，高等教育进入普及阶段，大学毕业生的就业问题成为社会关注的焦点。2021 年毕业生总数已经达到 909 万人（见图 1），预计我国 2022 年毕业生总数将突破 1000 万大关。

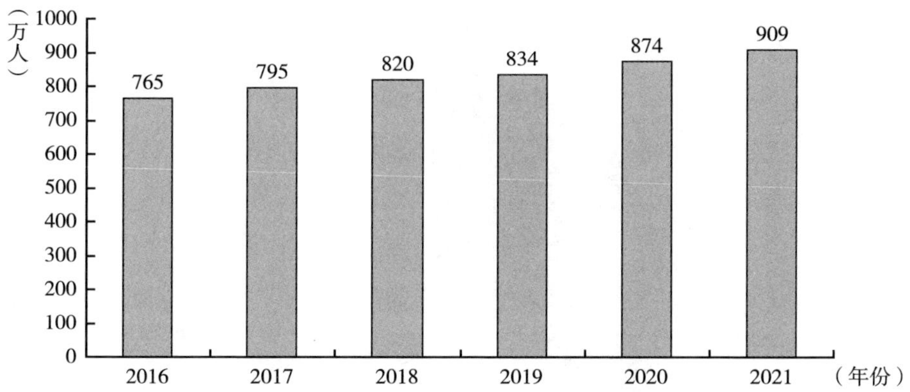

图 1　2016～2021 年全国高校毕业生人数统计

资料来源：http：//www. moe. gov. cn/jyb_ xwfb/xw_ zt/moe_ 357/2021/2021_ zt08/hd/yw/202105/t20210531_ 534363. html。

（一）超六成的受访者认为目前大学生就业创业形势较为严峻，对就业创业的地域选择更倾向于东部地区

问卷调查发现，被访者对目前的就业和创业形势并不乐观，有 66.37% 的被访者认为就业形势困难，14.47% 的被访者认为目前的就业形势基本在可控范围内，只有 6.42% 的被访者认为就业并不是很困难，也有 12.74% 的被访者表示对当下的就业形势不太了解（见图 2）。可以看出，大学生群体对就业所持担忧和迷茫的态度较为明显，就业压力较大。从大学生群体角度来看，不论是就业还是创业，其对职业道路大多持悲观态度，这或许与当下我国就业创业的总体环境有关。随着高校扩招，高校毕业生群体规模随之扩大，从宏观上讲，就是庞大的就业群体与有限的就业创业选择之间的矛盾。

从被访者对就业创业地域的倾向选择可以看出，有 65.23% 的受访者选择经济更为发达的东部地区；由于经济、地理位置等区位因素影响，选择在中西部地区就业创业的人数较少，选择中部地区的占被访者人数的 18.47%；选择西部地区的占被访者人数的 16.30%（见表 2）。调查中发现，大多数被访者

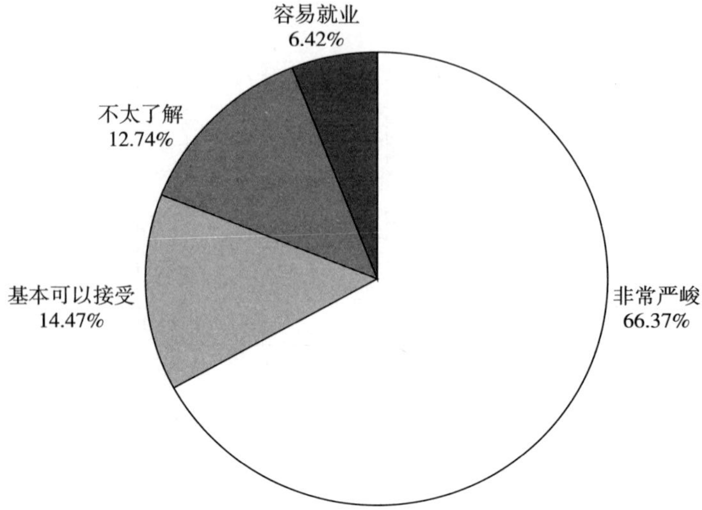

图 2　被访者对大学毕业生就业形势的评价

会选择在东南沿海地区及一线城市的高校读研和继续深造，由此看出，经济发展水平对于大学生群体就业创业的地域选择几乎成为首要考虑因素。

表 2　被访者对就业地域的选择

单位：%

项目	东部地区	中部地区	西部地区
占比	65. 23	18. 47	16. 30

东南沿海地区已逐渐成为大学生群体就业创业的第一选择。在“您选择东部地区就业创业的最主要原因”的问卷中，有 112 位被访者认为东部地区经济发达且薪资远高于中西部城市，占被访者人数的 43. 92%；94 位被访者认为该地区作为政治、文化枢纽，就业创业发展前景好，占比 36. 86%；29 位被访者认为东部地区就业创业更适合自身专业方向，占比 11. 37%；7. 85% 的受访者选择“乡土情结”（见图 3）。也正是基于大学生群体在就业创业时地域选择时的“体面”，大学生群体就业创业在地域选择上呈现一种“畸形”，即以一线城市为主的东部城市就业压力居高不下，而

中西部的三线甚至二线及中小城市对大学毕业生求贤若渴。这种畸形的就业地域选择也直接导致地区发展不平衡进一步加深。而大学生群体对就业创业区域的选择也从侧面反映出两个方面问题：一是中西部地区就业创业政策扶持缺乏，二是大学生群体对就业创业的认知存在片面化和主观虚荣化的倾向，对自身专业、就业以及职业的定位具有局限性。

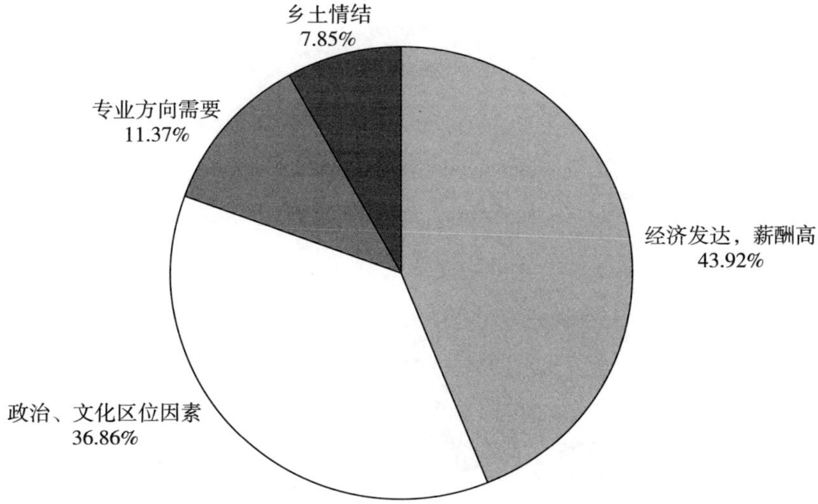

图 3　被访者选择东部地区就业创业的最主要原因

（二）超过六成的受访者在择业选择方面倾向于国家机关及企事业单位

问卷调查显示，超过六成的受访者更愿意去国家机关或企事业单位从业，其中选择去国家机关工作的占 34.39%，选择去企事业单位工作的占 32.28%，选择毕业后继续深造读研的占 19.04%，选择去民营企业的占 14.29%（见图 4）。国家机关或企事业单位在大学生择业选择上遥遥领先，造成这种现象的原因主要有两方面，一方面是大学生就业的主观心理倾向出现误区，在就业选择上有观念性的偏差，需要高校的就业心理引导和纠正；另一方面是民营企业自身的吸引力不足。

在调查中我们发现，当前我国大学生就业形势整体可控，但在内外环境的共同作用下，就业形势依然严峻。大学生的就业选择呈现多点开花的局面，选择深造的人数逐年增多，这也顺应社会经济发展对于高层次人才需求增多的现状；民营企业日渐成为大学毕业生就业的第一选择；体制内的工作吸引力在下降；选择创业的人数基本保持稳定。①

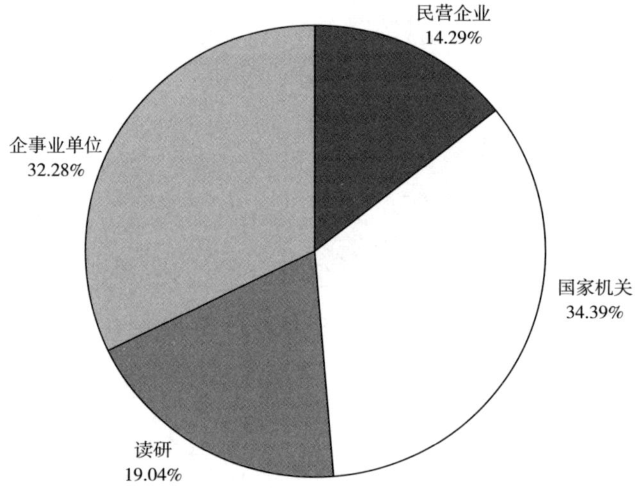

图 4　被访问者就业选择的倾向性

（三）被访者认为良好的创业市场环境和充足的资金投入是影响大学生创业成功的主要因素

在当前就业压力严峻的情况下，自主创业成为诸多大学毕业生的选择，大学生自主创业已经由一种概念转为实践，且创业可以带动多人就业，形成创业促进就业、就业推动创业的良好局面。从大学生自身条件来看，大学生创业有其先天的优势，大学生接受能力较强，善于发明和创造，适应市场变化能力较强，有实现创新创业的基本功底；从政策支持层面来看，学校里专

① 陈新达、桂舟：《大学生创新创业》，清华大学出版社，2018。

业知识的学习，创业教育的引领，各种政策的扶持，都为大学生创业提供了有力支持和有效帮助；从市场发展层面来看，大学生创业为市场注入了资源，提供了就业岗位，促进了中小企业发展，加快了行业的转型升级，有利于激活市场内在活力。

在“您认为影响创业成功的主要因素有哪些”的调查问卷中，200 位被访者选择了良好的市场环境，占被访者总数的 78.43%；认为充足的创业资金是影响大学生创业成功的主要因素的被访者为 188 人，占比 73.73%；选择社会及家庭的支持的人数为 147 人，占比 57.65%；选择完善的创业计划的人数为 139 人，占比 54.51%；选择其他因素的人数为 114 人，占比 44.71%（见图 5）。

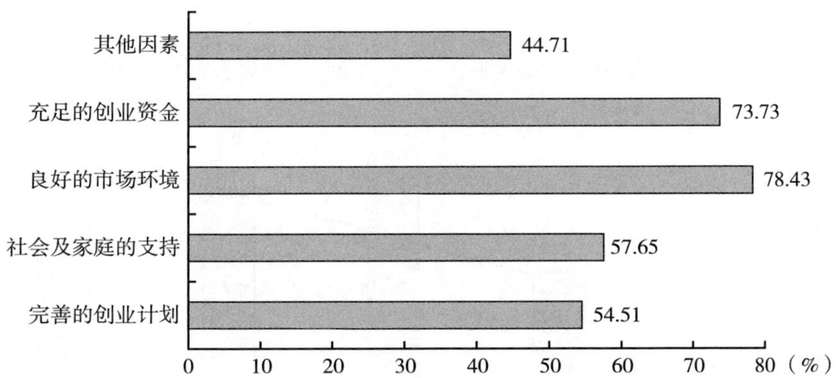

图 5　被访者认为影响创业成功的主要因素

近年来，大学生独立创业集中的领域主要在中小学教育、网络运营、综合社会治理、百货商店零售和电子商务。上述行业的特点是市场饱和度高，竞争激烈，但大多数大学生创业者能力水平不足，缺乏充足的社会经验，对外界环境缺乏敏感性，风险抵抗性低，很容易在创业萌芽阶段失败。对于刚毕业并进入社会的大学生来说，筹集和使用的资金非常有限，许多创业者依靠家庭资金作为主要投资来源，缺少市场资本的注入和支持。

（四）被访者认为目前就业创业政策的扶持缺少针对性，政策制度的规范化运行有待提升

在本次调查中，以非常满意（9～10分）、比较满意（8～9分）、基本满意（7～8分）、一般（6～7分）、不满意/不关心/不了解（6分以下）作为受访者大学生群体对甘肃省大学生群体就业创业政策的感受与评价标准。得到以下数据：20.9%（非常满意9～10分与比较满意8～9分）的大学生对甘肃省当下的就业创业政策保持积极和认可态度，认为当下就业创业政策虽可圈可点，但实质可以更好的占据57%（基本满意7～8分与一般6～7分），还有22.1%（6分以下）的受访者认为就业创业政策缺点明显，这其中也有部分学生称对甘肃省大学生就业创业相关政策不了解（见图6）。

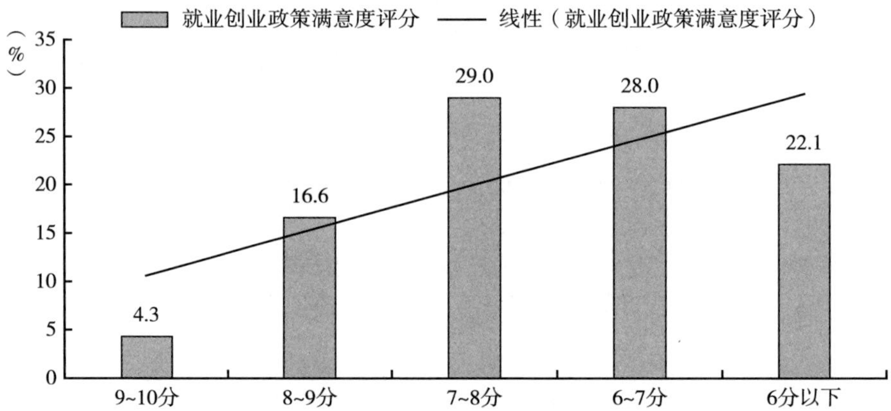

图6　大学生群体对就业创业政策的评价（满意度）

甘肃省针对大学生群体的就业创业出台了各项扶持政策，大力促进大学生群体的就业创业，为甘肃省大学生群体就业创业提供了有力保障和支撑。但是通过上述数据进行深入分析，可以反映出以下几方面的问题。一是甘肃省就业创业政策针对性有所欠缺，大学生群体在就业创业时面临的主要问题在于对职业规划的迷茫和片面化，而过于泛化的就业创业政策无法全面发挥其保障和基础作用，这也成为诸多受访者对甘肃省大学生就业创业政策不清

楚、不了解的原因之一。二是就业创业政策的科学化与合理性有所欠缺，无法适应多变的就业趋势和大学生群体对就业创业的实际需求。

三　大学生就业创业过程中存在的问题

（一）被访者认为就业机制不完善、人才供给与市场需求不一致是导致大学生就业难的主要因素

经过改革开放40多年的发展，我国高等教育呈现欣欣向荣的态势，从目前情况来看，大学生就业形势整体还比较严峻，主要表现在毕业生人数较多，各专业毕业生人数与市场需求的人数不对等，出现本质上的供需矛盾。而这方面的问题主要还是要从学校和学生两方面来解决：学校要及时更新专业设置、课程教学；学生要加强自我认识、专业学习，提前做好人生规划和职业规划。

问卷调查显示，认为就业机制不完善是导致大学生就业难主要原因的被访者为177人，占被访者总数的69.41%；认为人才供给与市场需求不一致的被访者为164人，占比64.31%；选择职业能力不足的被访者为126人，占比49.41%；认为高校就业指导体系不完善的人数为114人，占比44.71%；选择就业后流失率过高的被访者为97人，占比38.04%（见图7）。

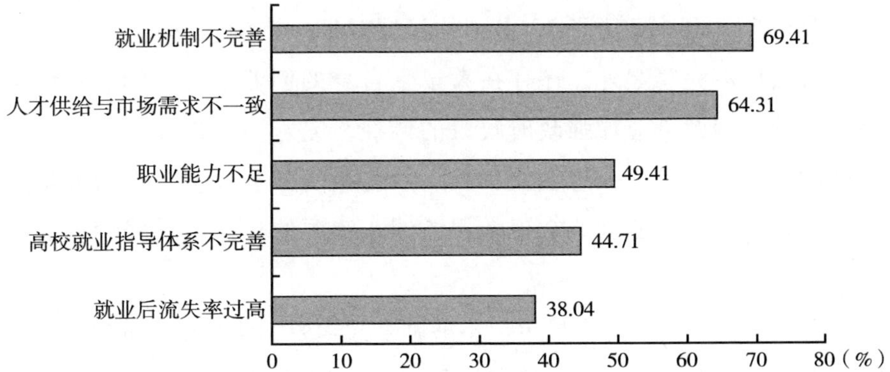

图7　被访者认为导致目前就业困难的主要因素

在调查访谈中，被访者认为大学生群体在就业中应具备的职业素养包括上进心、诚实正直、主动性、责任感、敬业精神、吃苦耐劳等。大学生在就业中须具备的工作能力主要为应变力、协作能力、分析判断能力、思考能力、解决问题能力、独立工作能力、适应力等。但目前高校缺乏系统的就业指导与引领，导致就业要求标准泛化，大学生群体在就业中对自己的能力定位不清。

解决就业机制问题对于解决大学生就业问题有极大的辅助作用。受访者认为就业手续办理复杂、就业门槛不断提升严重影响了大学生的就业效率。单位及企业在招聘中对应聘者学历、专业、年龄、性别、工作经历等条件的逐渐提升，导致大学生无业可就。

大学生群体缺乏职业规划，就业认识不够充分，对自身定位不准确，自我评价不够全面，容易在就业初期产生自我怀疑，累积负面情绪，放弃对自身职业素养的提高。高校缺乏完整的就业指导体系，没有相关的职业技能培训，学生对就业的概念较为模糊，导致大学生在就业市场上竞争力低下，许多高素质人才无法学以致用。

（二）被访者认为行业定位不准确，资金管理能力欠缺是大学生创业初期面临的主要问题

大学生创业在我国仍然处于初级发展阶段，自 1999 年清华大学举行的创业竞赛至今，也才经历了 20 多年的发展时期。当前大学生在创业方面，除了政策法规不完善之外，还存在大学生自身的创业教育、创业意识不够成熟等问题。因此，应加强政府政策的调控，完善高校创业教育，加强创业氛围的营造，形成人人想创业、人人能创业的社会环境。作为大学生创业者，还要加强自身的创业知识学习、创业资源的积累，增强创业的内生动力。

问卷调查显示，认为市场定位不准确是大学生创业初期面临的主要问题的被访者为 212 人，占被访者总数的 83. 14%；选择资金管理能力欠缺的被访者为 180 人，占比 70. 59%；选择政策扶植力度较小的被访者为 133 人，

占比 52. 16%；认为创新能力不足的人数为 109 人，占比 42. 75%；选择其他的被访者为 101 人，占比 39. 61%（见图 8）。

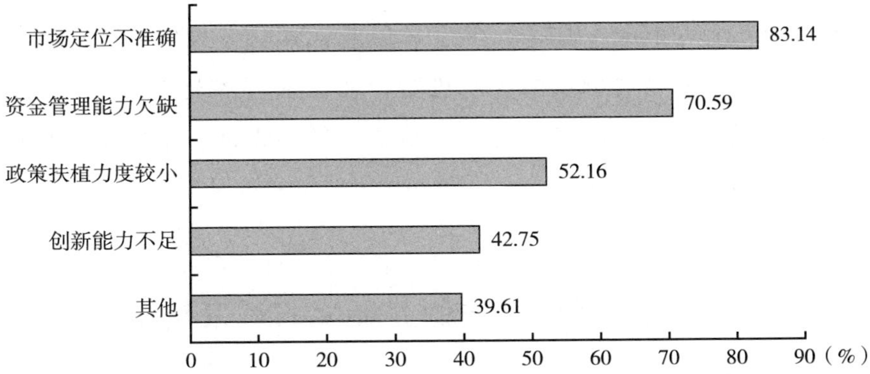

图 8　被访者认为大学生创业初期面临的主要问题

大学生选择创业有很多种原因，但较为常见的主要有两种，一种是有技术，另一种是有想法。创业涉及很多因素，而创业者需要考虑并解决的，主要有行业知识、充分的资源（包括人力和物力）、潜在的市场等。而不管是哪一种创业动机，在创业初期都会面临如下问题。

一是市场定位不准确。没有认真分析自身因素以及自己可以支配哪些社会资源，创业不同于就业，很多问题都需要自己去解决，而首要解决的问题就是市场定位问题，很多创业初期的大学生并不能很好地结合市场环境和自身优势作出正确的定位选择。

二是资金管理能力欠缺。创业活动本身是一项经济活动。创业初期，主要的资金大多来源于家庭的支持，但这并不是有效的、长效的资金补充方式。尽管现在社会上有针对小微企业出台的相关贷款，但是毕竟处于创业初期，盈利水平基本为零，所以贷款无疑是给创业者增加了又一道难题而已。创业初期人员往往不足，更不用提专业的岗位设置。创业者往往是一兼多职，既是开发人员，又是财务人员。

三是政策扶植力度较小。随着李克强总理“大众创业，万众创新”方针的提出，全国各地的大学科技园如雨后春笋，遍地开花。但是依然有很大一部分的创业者无法进园，创业基地仍需不断完善。同时缺乏有效的资金扶持政策以及相应的支持力度。

四是创新能力不足。很多大学生在创业初期具备较好的创业思路以及发展方向，但是随着创业的不断进行，在面临诸多复杂问题时，欠缺对全局的认识和考虑，故步自封，容易陷入经验误区，不能很好地解放思想。

四　优化大学生就业创业环境的对策与建议

（一）高校课程设置合理化

高等教育要紧跟时代步伐，要办出适应社会主义建设的大学。大学课程的设置也应该符合社会对于高等教育人才的需要。据调查，2021 年本科就业历史学、音乐表演、法学连续三届亮“红牌”。

当然，亮红牌并不等于不需要，只是说明招生人数多于市场需求人数，需要适当调整招生规模。高校在课程设置时，应从更高层面统筹考虑，包括学科结构、类型结构、层次结构。将教育方式逐步从“供给导向”向“需求导向”转变。国家应完善专业设置市场调研机制，根据经济发展和劳动力市场的需求情况，及时调整专业设置和招生规模。

其中，高职高专教育应更倾向于职业化教育，应加强理论和实践的结合，增加学生实践的机会，完善教学模式。以“培养目标的应用性，专业设置的职业性，教学过程的实践性”见长。增强办学优势，建设特色学科、特色专业。改变社会对高职高专教育的偏见。①

在专业课程设置之外，也应加强职业规划教育、创业教育等。提前让学生了解职业规划的重要性，减少以后就业的盲目性，避免就业后频繁跳槽现

① 马凯：《对我国高职高专大学生就业现状浅析》，《科技视界》2012 年第 32 期。

象的出现。完善学校的创业教育，培养学生的创新创业精神，为以后创业打好基础。

（二）增加大学生就业“筹码”

当前很多高校会设置毕业门槛，除了基础的课程合格之外，还会附加一些其他条件。诸如，需要通过大学英语四级考试、全国计算机二级考试等。在高职高专学校中，还会要求学生获得相关专业的职业技能证书，也就是说，想要毕业必须拿到相应的职业技能证书才可以。这一要求从某种角度上来说，有利于增强学生的就业竞争力。

当前就业市场的敲门砖，除了学历之外，对于应届生而言，并无更多拿得出手的优势。如果你比别人对专业有更深层次的理解，有较为权威的认定的话，也可以说是你的优势。当然，除了外在的要求约束之外，大学生自身也应该加强专业学习，提前做好人生规划。并不是到了大学，不再像高中那样，有人前前后后地管你，你就放松了。其实，大学教育，培养的是大学生的学习习惯和学习能力，包括社交能力、心理承受能力、钻研能力、创新能力等。①

（三）完善大学生就业服务机制

高校应该进一步完善就业信息网络，为学生提供及时准确的岗位信息，举行大型的招聘活动，邀请与毕业生专业相关的公司企业到学校招聘。政府也应该加强法制建设，把大学生就业服务纳入法制化的轨道，减少随机性。国家教育行政部门应该进行切实有效的人才需求预测，建立一个全国性的人才网络库，为全国的大学生提供就业机会。同时，应该将大学生的就业问题纳入政府部门的考核当中，形成一种良性的管理制度。各地的人才服务中心应该切实履行职责与义务，为求职者提供更为便捷的招聘服务。

---

① 芮晓雯：《我国大学生创业现状分析及建议》，《现代经济信息》2016 年第 21 期。

政府和学校是一方面，社会力量是另一方面。应该完善社会中介机构，拓宽人才流动渠道。社会服务机构主要面向企业，同时也为求职者和企业架起桥梁。当前的网络招聘也是一个不错的补充形式。但是现有的中介机构或是网络招聘参差不齐，缺少管理，各行业主管部门应该加强行业准入，完善人才服务机制，加强对中介机构和网络招聘的管理。

（四）健全大学生创业扶持体系

大学生创业不仅是个人的事情，更是社会进步的内生动力。涉及社会创新能力建设，能够激活相关就业市场，应该受到广泛的重视。创业活动不是一蹴而就的，需要经历一个过程，在这个过程中会遇到很多阻碍，这个时候社会帮扶体系就显得尤为重要了。从当前情况来看，我国高校基本上设立了大学生就业指导中心，但是其中设立了创业指导部门的很少。因此，在高校就业指导中心设立创业指导部门，是对大学生创业教育与指导的首要工作。

针对大学生创业资金短缺的问题，应该增加资金来源渠道，比如政府增加财政投入、设立融资机构、举办带有奖金的创业竞赛、开展公益性的社会捐助以及加强与企业的合作等，以此解决创业资金短缺的难题。

对于大学生创业，可以设立审核立项制。在真正创业之前，学生提出创业方案，由创业指导中心或者社会组织给出建议性的方案、招标性的项目。将这两个方面的创业方案结合立项情况，之后由专业人士来评价，对项目的可行性、成功率进行评估，并为大学生创业者行业选择提供一定的指导意见，从创业初期把好关，排除日后的隐患。

政府在创业政策环境和法制建设方面，应从大学生创业的实际出发，为他们制定或调整更实际、更优惠的政策。清除一切限制创业的体制性障碍，以营造良好的法制环境。同时加快创业基地的建设，在优惠政策方面向初期大学生创业者倾斜。在租金、水电、税收等方面实行相应的优惠措施，从实际上帮助大学生创业者，也将政府的创业政策落到实处。

（五）建立毕业生就业信息网

毕业生很难从社会招聘中获得自己想要的工作，因为应届毕业生初次接触工作，缺乏工作经验，在求职过程中面对有一定工作经验的对手缺乏竞争力。如果他们只靠自己或者学校来获取少量的就业信息往往是不够的。

首先，需要建立专门针对应届毕业生的招聘网站，通过互联网的方式能够在全国各地获得不同公司、不同类型岗位的招聘信息，可以为大学生的就业提供较为全面的信息。

其次，在建立就业信息网时，要做到综合化和多功能化，就业信息平台不仅仅是一个信息发布的网站，还需体现大学生就业技能培训和创业培训等功能，提高其提供信息和服务的及时性和高效性。

（六）加强高校就业引领能力

积极开设就业指导课程或讲座。现在有很多临近毕业的大学生对自己未来的工作没有计划，很大程度上是因为学生与老师在有关就业方面的沟通较少，学校没有及时指出就业的重要性。就业指导课程能够帮助和引导学生按照国家的教育方针、教育模式进行学习，了解职业发展趋势，把握求职技巧，从思想上、能力上为就业做好准备。各大高校应该积极开设就业指导课程或讲座，帮助学生尽早树立正确的就业观，也要让他们在毕业前有就业意识，不要在学校虚度光阴，学会合理制定职业生涯规划。加强就业指导教师团队的建设，就业指导不仅仅是理论上的教学，还需要结合实际操作，例如简历的编写、面试的技巧等。因此要加强对师资团队的培训力度，改善任课教师的知识体系，根据人才市场需求的变化及时调整教学内容，努力提高就业指导水平，帮助学生提升就业质量。

合理设置专业课程，加强理论与实践结合。如今，有一些学校没有合理的专业课程安排，传授给学生的知识和技能领域较为分散，难以形成术业专攻。在课程教学中，错误地将教材内容定义为教学内容，缺乏知识技能相互转化的过程。为了提升大学生的就业质量，合理的专业课程和理论实践结合教学不可忽视。各大高校应该结合如今人才市场行业和我国经济发展的趋势，适当调整专业课程和教学方式。迎合各大岗位需求，及时调整教学内容。

强化实践环节，将理论与实践有机地结合运用。教师既要传授基础知识，还要开展操作技能实训，学生一边学习理论一边进行实践，理论实践相得益彰。理论与实践结合教学不仅能够增加学生的知识深度，也可以增强学生实际操作的能力，让他们不仅"博览群书"，还可以"能文善武"，以此来提高他们的就业竞争力。

（七）加强对大学生就业创业的政策扶持力度

扩大就业规模。首先，在经济结构调整中扩大就业，在统筹城乡结合发展，推进工业化、农业现代化中扩大就业。其次，扶持中小型企业创新创业，中小型企业在我国经济发展中占据了重要的地位，也是大多数高校毕业生的吸纳者，为解决我国就业问题做出了巨大的贡献。虽然中小企业的规模较小，但数量很多，为它们提供特殊的财政政策和融资政策有利于企业的长远发展，为高校毕业生解决当前就业压力提供更多的就业机会，改善就业质量。

改善劳动力市场中的就业歧视现象。"90 后"毕业生正在努力适应社会的大环境，尽管做好了面对挫折的准备，但求职的失败依然对他们造成打击。很多毕业生在求职的过程中遭受过各种各样的歧视，除了性别歧视，还有年龄、地域、相貌、婚姻、宗教信仰等歧视，这对于求职者来说都是不公平的。所以，在完善劳动力市场时，要特别注意避免各岗位的就业歧视，让政府等有关部门加强对劳动力市场的监管，提醒用人单位制定合理的录用条件并对其招聘过程进行监督，让每个人都能得到公平公正的就业机会，为高校毕业生创造一个公平的就业竞争环境。

（八）加强大学生职业素养提升

职业理想是对未来事业的追求和向往。帮助大学生建立可持续和正确的职业理想是大学生职业教育的起点和主要内容。雇主选择雇员时，会从积极性、创新性、团队性、专业性等各方面综合考量，许多职业已经对雇员提出了更高的要求。面对如此严峻的工作环境和自身的挑战，大学生必须遵循拓宽视野的原则，审视现实，正确定位自己在现实生活中的地位。

作为新时代的大学生，在选择职业的过程中要加强竞争意识，相信自身实力，勇敢地通过竞争实现理想和目标。当代大学生必须深化对社会进步和改革深化的竞争机制的理解，加强对竞争的理解，有意识地面对社会现实，改变观念。

参考文献

邹颖、张娜：《民办高校大学生就业竞争力影响因素分析——以西安欧亚学院为例》，《就业与保障》2021 年第 14 期。

庞芳琪：《大学生就业能力对就业质量的影响》，《湖北开放职业学院学报》2020 年第 23 期。

程文义：《就业与创业》，中国电力出版社，2008。

黄时祥、俞智慧：《大学生就业指导》，复旦大学出版社，2016。

陈新达、桂舟：《大学生创新创业》，清华大学出版社，2018。

麦可思研究院：《2019 年中国本科生就业报告》，社会科学文献出版社，2019。

麦可思研究院：《2019 年中国高职高专生就业报告》，社会科学文献出版社，2019。

刘超辉：《浅析大学生离校后就业现状及建议》，《企业科技与发展》2018 年第 4 期。

刘晖、马良、张彩霞：《我国大学生就业问题分析与研究》，中国人力资源开发研究会第九次会员代表大会暨学术研讨会论文集，2006。

姚裕群：《论大学生就业形势与创业问题》，《中国大学生就业》2010 年第 1 期。

张文强：《关于完善大学生就业服务体系的探讨》，《河南社会科学》2007 年第 4 期。

马凯：《对我国高职高专大学生就业现状浅析》，《科技视界》2012 年第 32 期。

芮晓雯:《我国大学生创业现状分析及建议》,《现代经济信息》2016 年第 21 期。

周学增:《大学生创业初期存在的问题及管理对策》,《中国成人教育》2016 年第 8 期。

B.8 基层干部对依法行政的认识与评价

梁海燕*

摘　要： 依法行政是依法治国的核心和关键，基层干部对依法行政的感受和评价能够真实反映依法行政状况，关系法治国家、法治政府、法治社会一体建设的成效。本文从舆情评价的视角，分析基层干部对依法行政的认识和评价，旨在总结经验、发现问题、精准施策。近年来，甘肃省深入推进法治政府建设，深化依法行政，成效显著，亮点纷呈。问卷调查显示，基层干部对依法行政总体评价度高，认为本地依法行政取得较大进展，政府履责、决策制定、行政执法、信息公开等方面有较大改进，反映了甘肃基层依法行政的实践进展，问卷调查也反映出基层在思想认识、行政监督、行政执法、法治信仰等方面仍然存在一些制约依法行政的突出问题，需要从理念、制度、机制等方面创新，构建全方位、多层次的依法行政推进机制，提高依法行政效能，推动依法治国阔步向前。

关键词： 甘肃　基层干部　依法行政　舆情评价　法治建设

党的十八届四中全会通过的《中共中央关于全面推进依法治国若干重大问题的决定》对依法治国作出重大战略部署，将依法行政确定为依法治国的重要任务之一。党的十九大报告强调依法治国、依法执政、依法行政共

* 梁海燕，甘肃省社会科学院决策咨询研究所研究员，主要研究方向为地方法治及法社会学。

同推进是建设社会主义法治国家的重要举措，为依法行政提供了目标遵循。依法行政是政府和各类行政组织及其人员依照法律法规行使国家权力的理性化的过程，内在包含着行政主体必须依法设立、行政权力要依法取得和行使、行政机关要依法承担责任的内容，以达到权责统一，推动建立现代公共行政体制。依法行政是推进依法治国的核心和关键，是政府行使行政权力的基本准则。基层政府是依法行政的“第一道防线”，基层政府是否依法行政，政府工作人员能不能带头守法、用法，直接关系依法行政的质量，关系法治国家、法治政府、法治社会一体建设的进程。为了全面反映甘肃依法行政的新实践、新进展，进一步推进法治甘肃建设，本课题从舆情评价的视角，调查基层干部对依法行政的认识和评价，客观分析依法行政的进展和问题，并针对问题号脉问诊，提出有针对性的对策建议。

一　被访者的基本情况

基层干部是行使国家权力的最末端力量，是行使行政权力、服务人民群众、推进社会治理的主体力量，他们对依法行政的感受和评价能够真实反映依法行政状况，有利于聚焦问题提升全省依法行政水平。为此，课题组以基层干部作为调研对象，调研其对依法行政的认识和评价。2021 年 8 ~ 9 月，课题组在甘肃省兰州市、天水市、金昌市等地进行了问卷调查，辅以座谈、访谈。本次调查共发放问卷 215 份，收回有效问卷 202 份，有效问卷回收率为 93.95%。被访者中行政编制的占 49.01%，事业编制的占 33.66%，工勤编制的占 7.92%，其他占 9.41%，其他主要包括村干部、“三支一扶”干部、临聘干部；综合管理岗位的占 46.53%，专业技术岗位的占 36.14%，行政执法岗位的占 7.43%，其他的占 9.90%。被访者具体情况如表 1 所示。

表 1　被访者的基本情况

单位：人，%

项目		人数	比例
性别	男	125	61.88
	女	77	38.12
年龄	18～25 岁	23	11.39
	26～35 岁	46	22.77
	36～45 岁	85	42.08
	46～60 岁	44	21.78
	60 岁以上	4	1.98
文化程度	高中(职中)以下	12	5.94
	大学专科	59	29.21
	大学本科	117	57.92
	硕士及以上	14	6.63
编制类型	行政编制	99	49.01
	事业编制	68	33.66
	工勤编制	16	7.92
	其他	19	9.41
职位类别	综合管理类	94	46.53
	专业技术类	73	36.14
	行政执法类	15	7.43
	其他	20	9.90

二　基层干部对依法行政的舆情评价

近年来，甘肃省围绕依法治国战略实施，坚持党对依法行政工作的领导，注重法治与改革相统一，深入推进依法行政，在科学民主决策、“放管服”改革、规范执法、政府信息公开、多元矛盾纠纷化解等方面取得一系列理论与实践成果，深化了依法行政基层实践。通过对调查问卷进行统计分析，得出基层干部对依法行政的认识和评价。

（一）依法行政全面推进，被访者对本地依法行政总体评价较高

近年来，甘肃省全面推进依法行政工作，法治政府建设换挡提速，各项

工作成效显著。问卷调查中，问及“您对本地依法行政的总体评价”，25.74%的被访者认为“非常好”，56.44%的被访者认为“比较好”，合计占82.18%（见图1）。问及“本地近年来依法行政工作的进展如何”，55.45%的被访者认为“进展很大”，35.64%的被访者认为“有进展”，合计占91.09%，仅有8.91%的被访者认为“没什么进展”。反映出基层干部对本地依法行政的评价较高。“合法行政、合理行政、程序正当、高效便民、诚实守信、权责统一”是依法行政的基本要求，概言之就是行政机关既不失职，又不越权。问卷调查显示，7.43%的被访者对依法行政的基本要求“非常了解”，59.90%的被访者表示“比较了解”，合计占67.33%，但也有27.72%的被访者表示“一般，知道一些”，4.95%的被访者表示“完全不了解”。可以看出，被访者对依法行政有一定知晓度，但也有相当比例的基层干部对依法行政的基本要求一知半解，制约依法行政的高质量推进。

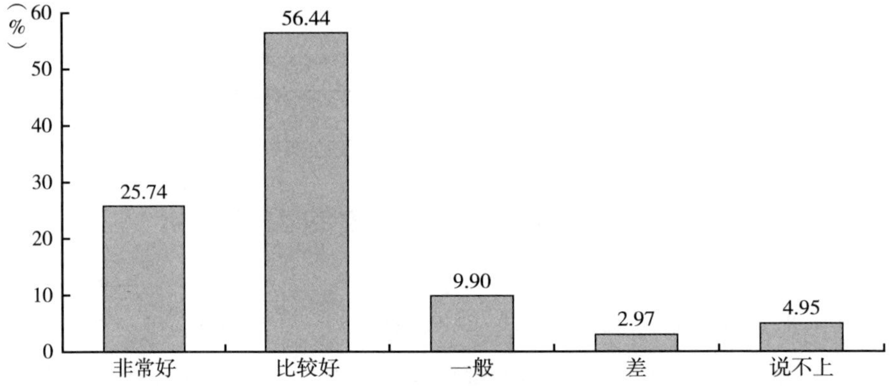

图1 被访者对本地依法行政的总体评价

（二）依法决策机制普遍建立，多数被访者认为本地行政决策科学民主

各地近年来积极完善行政决策机制，普遍建立了合法性审查制度和集体

决策制度，推进行政决策科学民主。大部分被访者认为本地政府在行政决策、制度建设方面能够做到科学民主，能通过听证会、意见征集等方式征求公众意见。问卷调查中，26.73%的被访者对本地行政机关公众参与“非常满意”，47.52%的被访者表示“比较满意”（见图2）。也有被访者表示决策中存在领导主观决断和经验决策的问题，缺乏公众深度参与，有的决策脱离地方实际，决策质量不高。

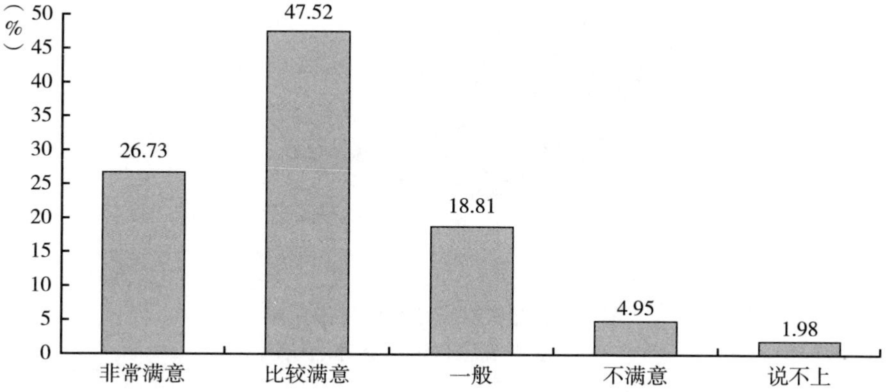

图2　被访者对本地行政机关公众参与的评价

（三）法治教育深入开展，超七成被访者认为当地政府工作人员具有较强的法治素养

法治思维是依法行政的先导，主要包括合法性思维、程序性思维、权利义务思维和公平正义思维。实践中，各地持之以恒抓“关键少数”和干部群众的法治教育，基层政府及其工作人员的法治意识有了很大提升。调查被访者对当地政府工作人员法治观念和法治素养的认识，42.08%的被访者认为“很好”，28.22%的被访者认为“较强”，26.73%的被访者认为“一般”（见图3）。访谈中，多数基层干部认为当地政府及工作人员能够依法办事，也有干部表示基层干部法治素养与依法行政目标之间存在差距，用法能力比较弱。

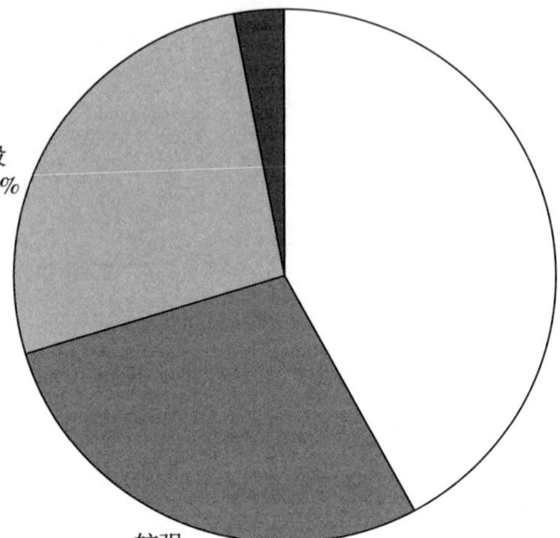

图3 被访者对当地政府工作人员法治观念和法治素养的认识

（四）“放管服”改革不断深化，七成被访者对“放管服”改革和行政审批服务评价较高

甘肃省制定《关于营造法治化营商环境的意见》《法治化营商环境问题投诉举报处理办法》《关于加大财税政策支持力度持续优化营商环境的意见》等，不断优化营商环境法治保障，深入推进“放管服”改革，以“减证”促“简政”，在“刀刃向内”的自我革命上不断探索、主动作为。各地普遍建立“互联网+政务服务”，加快推进“一网通办”“跨省通办”“省内通办”，开展政务服务“好差评”工作，推行“不见面审批”，为企业和群众提供便利，极大提升了政务服务效能。嘉峪关市推行证明事项告知承诺制，用“承诺”取代“红头”，办理证明类事项的效率大幅提升，受到中央依法治国办充分肯定并在全国推广。2020年全省有1394家单位公布告知承诺制事项，平均压缩办理时间1/3

以上[①]。2021 年全省推进“不来即享”提质扩面，高频政务事项实现“跨省通办”“省内通办”。问卷调查中，基层干部对“放管服”改革和行政审批服务的评价较好，22.77%的被访者认为“非常好”，48.02%的被访者认为“比较好”，合计占 70.79%（见图 4）。

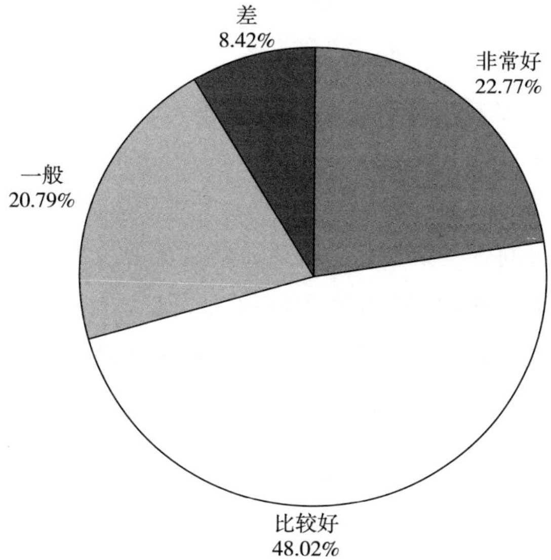

图 4　被访者对当地政府“放管服”改革、行政审批服务的评价

（五）执法制度体系基本建立，规范执法稳步推进，七成被访者支持柔性执法

行政执法主体多、领域广、数量大，只有严格规范文明执法才能维护公平正义、满足群众法治需求、带动全社会遵法守法、树立政府公信力。2016 年，甘肃省制定《甘肃省重大行政执法决定法制审核办法》，2018 年国务院全面推行“三项制度”的指导意见出台后，甘肃省先后出台《甘肃省行政

① 王刚、龚利芳：《以奋进汇聚蓬勃春潮用奉献谱写时代华章——2020 年全面依法治省和司法行政工作回眸》，法治甘肃网，2021 年 2 月 2 日。

执法信息公示办法》《甘肃省行政执法全过程记录办法》，健全了行政执法“三项制度”体系。积极推进综合执法改革，探索行政柔性执法，2020 年率先在全国出台《关于全面推行行政柔性执法进一步优化法治营商环境的指导意见》，规定实行处罚与教育、管理和服务、刚性与柔性并用的手段，引导和促进行政相对人行为合法，实施包容审慎监管，最大限度地保护市场主体和行政相对人的利益。交通、税务、文旅、应急、市场监管等领域积极探索柔性执法，28 家省直部门制定、公布行政处罚“两轻一免”清单 797 条事项，[①] 推进清单落实落地，省司法厅还于 2021 年印发《关于全面推行行政柔性执法优化营商环境的通知》，要求防止和纠正选择性执法、运动式执法、机械化执法等问题，是甘肃不断优化营商环境、提高执法效能的具体举措。调查中，75.74% 的被访者支持柔性执法，认为该项举措让执法既有法度又有温度（见图 5）。此外，各地通过加强执法人员培训、开展联合执法、开展案件评查等工作，提高了执法人员执法能力，推进了严格规范文明执法。

（六）政府信息公开形成常态，近八成被访者认为政府信息公开透明

甘肃省将政务公开作为推进依法行政的重要抓手，加大信息公开协调工作，逐步推进重大民生信息和营商环境信息公开，信息公开规范有序、稳步推进，工作质量不断提升。2020 年印发《关于全面推进基层政务公开标准化规范化工作的实施意见》，对政务公开制度、平台建设、行政决策公众参与机制、基层办事服务公开标准化建设、保障措施等作了具体规定，全省扎实推进政务信息发布及清理工作、规范性文件解读以及新冠肺炎疫情防控信息发布（见图 6）。委托第三方机构对全省政务公开情况进行了评估并发布结果。问卷调查政府信息公开及更新程度，35.15% 的被访者认为公开程度“好，能够定期、及时更新信息”，44.06% 的被访者认为“比较好，能经常

① 王刚、龚利芳：《以奋进汇聚蓬勃春潮用奉献谱写时代华章——2020 年全面依法治省和司法行政工作回眸》，法治甘肃网，2021 年 2 月 2 日。

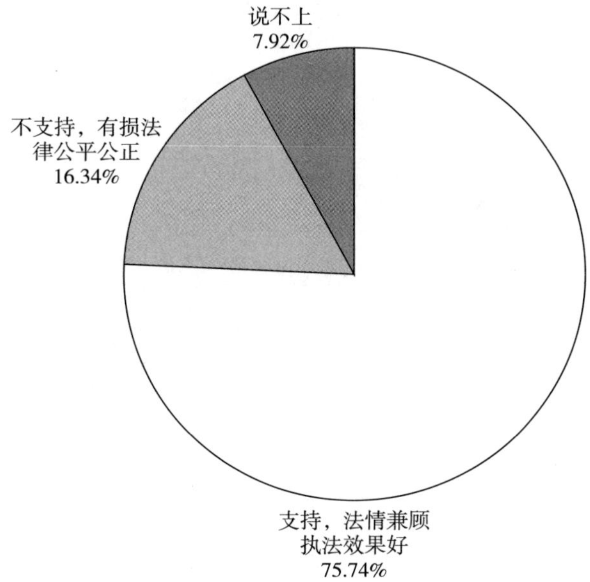

图 5　被访者对柔性执法的支持度

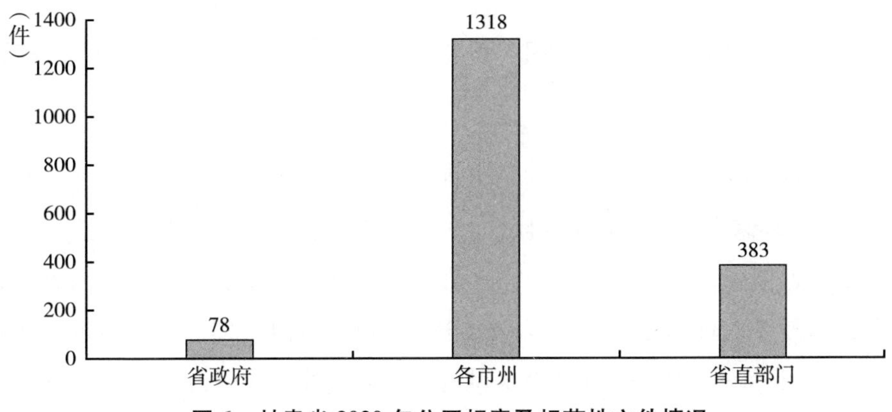

图 6　甘肃省 2020 年公开规章及规范性文件情况

资料来源：《甘肃省信息公开报告》（2020 年），http：//www. gansu. gov. cn/，2021 年 3 月 31 日。

更新信息”，仅有 2. 97% 的被访者认为“差，信息陈旧，基本不更新”（见图 7）。

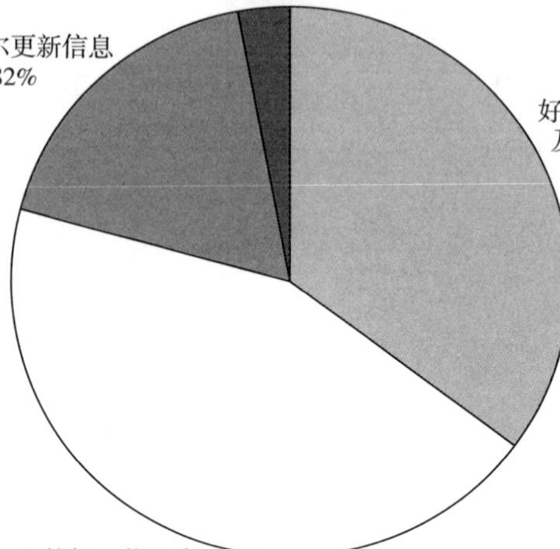

图 7　被访者对政府信息公开及更新程度的评价

（七）权力运行监督制约不断强化，七成被访者认为行政监督有效果

依法行政的核心在于法律的约束性与规范性。《行政复议法》《行政诉讼法》《行政监察法》《国家赔偿法》等法律对政府行政监督、救济作了具体规范。近年来，甘肃省多层次、多形式、多途径地推进依法行政监督体系建设，监督体系日趋完善，各级政府积极推进行政复议体制改革，依法纠正违法或不当行政行为，打造“指尖政务”，加强对小微权力的监督，支持新闻媒体曝光和纠正不当行为，着力构建亲清政商关系，重塑党内政治生态，强化监督保障。2020 年全省依法审结行政复议案件 103 件。[①] 问卷调查中，21.78% 的被访者认为本地接受新闻媒体和社会公众监督“效果很好”，

① 王刚、龚利芳：《以奋进汇聚蓬勃春潮用奉献谱写时代华章——2020 年全面依法治省和司法行政工作回眸》，法治甘肃网，2021 年 2 月 2 日。

51.98%的被访者认为“效果比较好”，合计占73.76%，仅有8.91%的被访者认为“没有效果”（见图8）。调查中问及“您认为对行政机关的行政决策有意见和建议时，反映的渠道是否畅通”，19.80%的被访者认为“很畅通”，65.35%的被访者认为“比较畅通”，合计占85.15%，仅有2.97%的被访者认为“不畅通”，有11.88%的被访者表示“说不上”。

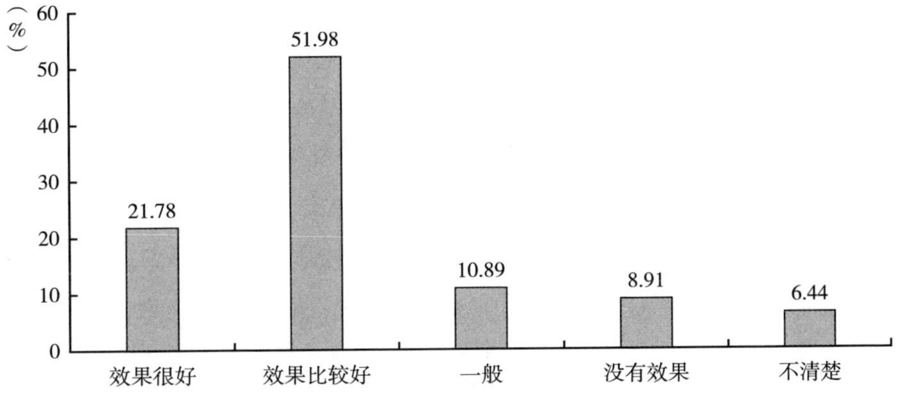

图8 被访者对本地接受新闻媒体或者社会公众监督方面的效果评价

（八）公共法律服务体系和矛盾纠纷化解机制取得新进展，基层干部评价较高

近年来，甘肃省着力推进公共法律服务实体平台、热线平台和网络平台“三台融合”，建成“甘小律”智慧普法平台，庆阳、甘南、武威三市州新建热线分中心，公共法律服务能力不断提升。甘肃省公共法律服务“三网融合”被评为全国智慧司法十大创新案例。各地因地制宜创新“枫桥经验”，将本土实践与现代治理充分融合，自治、法治、德治相结合加大矛盾纠纷化解力度，2020年化解矛盾纠纷14.3万件。陇南市“阳光调解”、平凉市“3345”调解机制、金昌市溯源治理“法官联系点”、张掖市“5+X”调解机制等创新做法，有效化解了矛盾纠纷，极大提高了依法行政效能，受到广大基层干部好评。问及“您认为本地政府推进矛盾纠纷

多元化解机制的成效如何”，76.73%的被访者认为“是，卓有成效”，9.41%的被访者认为“否，收效甚微”，13.86%的被访者表示“不了解”（见图9）。

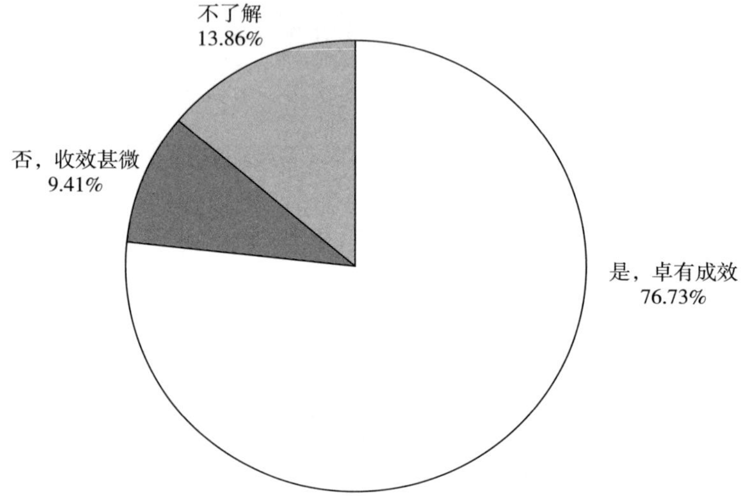

图9　被访者对本地矛盾纠纷多元化解机制成效的评价

三　分析与结论

通过对问卷进行分析，得出以下结论。

（一）依法行政全面推进，基层干部认可度高

近年来，各地围绕法治甘肃建设全力推进依法行政，工作成效显著、亮点纷呈，如省司法厅创新了依法行政“1+4+14+X”工作模式，嘉峪关市入选全国第一批法治政府建设示范市，广大基层干部认可度高。问卷调查中，82.18%的被访者认为本地依法行政“好”或“比较好”；91.09%的被访者认为本地依法行政有进展；70.30%的被访者认为当地政府工作人员具有较强的法治素养，能够依法办事；70.79%的被访者认为“放管服”改革

和行政审批服务成效较好；多数被访者认为执法机关能够规范文明执法，75.74%的被访干部支持柔性执法；73.76%的被访者认为政府接受监督效果“好”或“比较好”；79.21%的被访者对政府信息公开表示满意。这些数据反映出在全面依法治国背景下，甘肃依法行政全面推进，取得较好成效，基层政府及干部行政合法性、合理性观念进一步树立，政策制定能够体现依法行政精神，合法行政、程序至上、权责一致的观念得到增强并落实到实践中，得到广大基层干部的高度评价。

（二）政府职能不断增强，服务型政府逐步推进

依法行政是构建和谐社会的应有之义，内在要求加强服务型政府建设。服务型政府内容包括管理和服务，具有服务属性、权利属性和组织属性的特征。近年来，甘肃各地围绕服务型政府建设，持续推进“放管服”改革，推进统治型政府向服务型政府转变，行政权力的民主、公开、公正和便民性越来越得到重视，在实践中得到体现。访谈发现，基层行政机关普遍认识到“统治型”管理的弊端，积极推进“放管服”改革探索适应新常态的发展，如建立政务服务中心、简化行政程序、建立智慧法律服务平台、清理规范性文件等，基层干部普遍表示政府治理能力有所提升。疫情防控期间，全省统筹疫情防控和法治建设，把疫情防控工作纳入法治建设之中，从立法、执法、司法、守法和法律服务等方面，在全国率先出台《关于依法从重从快办理疫情防控期间市场监督管理违法案件的指导意见》，为市场监管提供法治保障。但是，“放管服”改革仍存在一些堵点、难点问题，如网上政务服务能力不强。据《省级政府和重点城市网上政务服务能力调查评估报告（2020）》，甘肃网上政务服务能力总体指数75.28，排第28位，需加大力度改进。

（三）仍存在突出问题制约依法行政

受经济社会发展、风俗习惯等因素影响，依法行政实践仍然存在一些突出问题。问卷调查显示，受访者认为“监督机制不健全”“行政决策不科学

民主”“政府信息不公开”是依法行政中存在的突出问题，选择比例分别为61.39%、50.50%和49.01%（见图10）。结合问卷及访谈，基层依法行政中存在的主要问题如下。

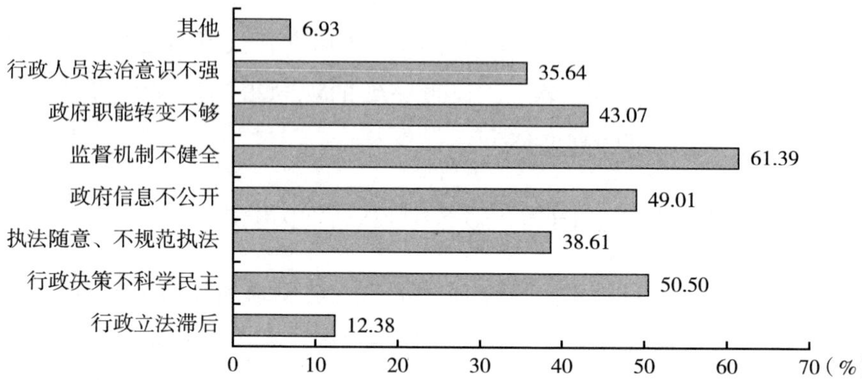

图10　被访者对本地依法行政存在的主要问题的评价

1. 对依法行政的认识不到位

受各地经济社会、风俗习惯、体制机制等因素影响，依法行政存在“上热中温下冷”现象，一些基层地方对依法行政的重要性认识不到位，对什么是依法行政、依法行政的基本要求、如何依法行政认识模糊，主观意愿不强；有的把依法行政当成趋利避害的工具，对自己有用的就用，推进依法行政的责任感不强，不少是按照上级部署、政绩考核压力被动去改善依法行政环境和手段方法，缺乏依法行政的长远规划；依法行政过程中存在不同程度的形式主义、官僚主义问题，行政决策重形式轻落实，公众缺乏深度参与。以法律顾问制度为例，有的单位形成“哑巴顾问”“头衔顾问”，法律顾问深度参与政府决策、风险评估的活动不多。

2. 政府履行职责有越位、错位和缺位现象

依法行政与经济发展水平、市场化程度有着密切关系。实践证明，越是经济发达的地方，社会法治需求越强烈，政府依法行政的自觉性越高，反之则越低。如“以罚代管”、法律顾问的聘用等都有赖于良好的经济基础。从甘肃来看，政府管理模式仍然是自上而下推动政策的运行，在复杂系统下，

这种动力在传递过程中会不断衰减。实践中基层行政体系存在权责失衡，如治理权力上移、治理责任泛化、治理责任下沉等，政府职能转变还不彻底，行政过程中有不同程度的越位、缺位和错位现象，如乡镇政府借“指导”干预村委会自治、行政审批中权力利益的部门化、干部“懒政怠政”。简政放权是政府自我革命的重要环节，但在这一过程中，一些行政执法权下放到基层，但相应的财权、人权并未下放，且由于规划审批、安全监管、环评审批等事项专业性强，基层由于缺乏专业技术人员导致下放事项“接不住”“管不好”，有的甚至再绕回上级政府，制约依法行政各项措施的实施。问卷调查中，33.66%的被访者认为政府在履行职责中“有缺位现象”，18.81%的被访者认为“有错位现象”，11.39%的被访者认为“有越位现象”。

3. 行政执法不够规范

当前，全面深化改革进入攻坚期、深水区，影响社会和谐稳定的因素多发频发，依法行政的环境面临深刻而复杂的变化，执法领域的执法不严格、执法随意、趋利执法、选择执法、执法不作为问题仍然存在，有的为追求行政结果公正而忽视程序正当，如对农村拆迁补偿标准及补助费用发放等信息不公开、选择性公开或公开不全面、不及时，一些重大决策征求公众意见程度不够，损害政府公信力（见图11）。究其原因，是因为缺乏完善的行政执法全过程公开机制和统一的执法信息平台，执法信息公开不到位，法制审核力量不足以及执法人员素质欠缺。

4. 行政监督是依法行政的薄弱环节

近年来，通过党风廉政建设以及“两学一做”、群众路线教育、党史学习教育等活动的开展，党员干部作风极大改善，反腐形成常态化，但滥用职权、以权谋私的现象仍然存在，形式更加隐蔽，如政绩造假、违法履行权利、行政不作为等。一些地方政府监督机制不完善，监督机关职责关系尚未理顺，监督过于分散，媒体和公众监督缺位，且监督更加偏重于对行政行为的事后查错纠偏，缺乏事前及事中的预防，造成监督滞后，损害了政府威信。

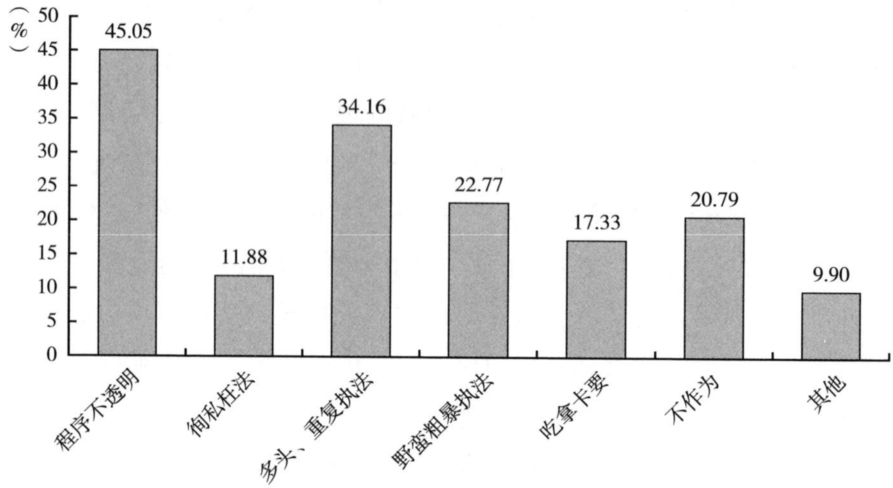

图 11　被访者对行政执法存在问题的评价

5. 法治宣传力度仍需进一步加大

社会转型时期，一些不和谐、不稳定的因素涌现，引发了错综复杂的社会矛盾。问卷调查中，被访者总体肯定本地依法行政成效，同时认为法治宣传还有必要进一步加大。实践中，法治教育形式单一，法治教育与法治实践存在脱节，培训内容与实际工作关系不大，对工作的指导作用不强，一些干部法治素养弱，缺乏用法能力，存在“不会、不愿、不便”的问题；一些群众法治观念淡薄，对基层行政持“无所谓”态度或法律“实用化”倾向，只追求维护自身权利而拒绝履行义务，掣肘基层依法行政。问卷调查“本地法治宣传需要加大吗”，80.20%的被访者认为“需要”，16.83%的被访者认为“不需要”，另有2.97%的被访者表示“说不上”。课题组在相关调查中也发现，在公众维权渠道中，诉诸法律途径的人群比例低，群众对法治的信任度低，阻碍依法行政动力系统的优化。

四　推进甘肃依法行政的对策建议

依法行政是一项系统而复杂的工程，面临多重困难和阻力，必须从观念、制度、组织、监督等方面入手，采取切实有力的措施，提高依法行政水平，一体推进依法治国、依法执政、依法行政。问卷调查中，被访基层干部认为推进依法行政重点应解决的问题有“提高领导干部依法行政能力”“规范行政执法，提高行政效率”“加强对行政行为的监督”（见图 12）。结合被访者的回答，推进甘肃依法行政应从如下方面推进。

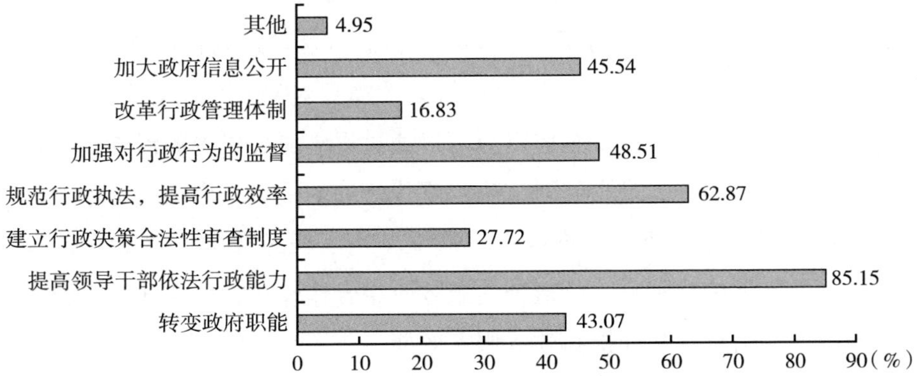

图 12　被访者对推进依法行政的建议

（一）不断完善法律和制度体系

良法是善治的前提。推进甘肃依法行政，制度体系建设是首要条件。立足实践需求，不断完善法律法规，特别是公共服务、疫情防控、乡村振兴、新业态监管等方面的立法，避免法律条文表述与实践脱节带来依法行政难题。以立法为引领，深化制度建设，细化行政权力边界，构建系统完备、科学规范、运行高效的制度体系，定期开展规范性文件的清理，增强行政决策的刚性约束。建立法律法规管理平台，实现国家、省、市三级法律法规库，将法律法规及规范性文件的清理情况及时向社会公布，为依法行政提供制度支撑。基于公权和私权相辅相成，基层行政机关应当找准运用民事方法推动依法行政的着力点，创新性地开展立法、决策等工作，不断提高治理的现代化水平。

（二）深入推进“放管服”改革

推进依法行政，要处理好行政与服务的关系，明确不同层级政府的权责关系，深化简政放权，优化营商服务，建设数字政府，大力推进“互联网+政务服务”，提高群众办事便捷度。由于法律的滞后性与公共行政的灵活多变，在“放管服”改革中不应搞“一刀切”，要鼓励行政机关结合实际需要在符合法律的框架内改革创新，兼顾各方利益，这是提高行政效率的需要，也是避免基层政府因“承接难”而不作为的需要。对于专业性较高的事项如行政审批、环境保护、安全监管等可以通过设立派出机构的形式进行权力下放。围绕社会焦点、难点问题，确定现代治理的重点，借助技术平台，设立移动政务客户端，建立咨询投诉、群众留言、民意收集、普法宣传等栏目，向群众提供精准服务。打造公共服务政企合作模式，由企业提供技术支持，政府上传信息，共同提高政务服务效能。

（三）进一步创新和规范行政执法

基层执法部门应当立足执法规范化的要求，构建系统的执法行为规范，完善行政执法制度保障，让基层执法更明确、更方便。针对权责失衡问题，要从非正式制度层面创新，深化综合执法体制改革，运用治理技术打破权责结构约束，简化行政流程，优化权责配置结构，提高行政行为的精准度。建立健全行政执法监督平台，加强对行政执法人员及辅助人员的监督。处理好合法行政与合理行政的关系，用好自由裁量权，推进柔性执法，实现实质和形式意义上的公平公正，让基层执法有法度、有力度、有温度。

（四）不断强化行政权力监督制约

良好的政治生态与高效的监督有着正相关关系。加强对权力的监督和制约，使政府守法而不违法，确保权力正确行使，是依法行政的关键。问卷调查中，48.51%的被访者认为要“加强对行政行为的监督”。针对行政监督

“漏”“难”“虚”等问题，从内部看，要健全依法决策机制，严格执行重大决策法定程序，健全用权责任追究制度，不断完善问责清单，对监督程序、适用范围等作出规定并向社会公布，作为追责的依据。将基层干部的考核链入权力清单制度，对违反权力清单的干部进行追责。创新监督法治观念，将监督法治与地方特色文化结合，提升监督主体意识。要加强对“关键少数”用权的约束，持续推进党风廉政建设，坚决查处违法违纪案件，形成常态化、全方位的监督。从外部看，要加强制度保障，坚持政府主导的同时，大力开发民间系统，扩大公众参与，形成人大、专门监督机关、社会组织、普通民众、媒介等共同监督的格局，提升监督实效。比如，开展第三方机构对依法行政的评估，多方面、多层次推动基层政府依法行政进程。积极探索监督实效评估制度，科学设定指标，制定具体细则，对监督的效果、效度和效益进行评价。

（五）持续提升干部群众法治意识和能力

法的普及是依法行政的思想基础。只有社会普遍接纳和认同，才能够依法规范行政行为。具体来说，第一，要提高公民法治意识。公民建立法治意识对依法行政具有重大监督作用。要加大法治宣传力度，全面展示依法行政的成就，创新普法形式，细化普法内容，将法治理念融入乡村振兴、社会治理、环境保护等基层工作中，由虚变实，提高普法成效。第二，提升基层干部的法治意识和用法能力。基层干部能不能主动用法治思维考虑问题，用法治方式解决问题，直接关系到依法行政的质量和进程。要处理好“关键少数”和普通干部的关系，抓好领导干部的法治教育，并大力总结宣传典型案例，推崇具有指导性的工作方式和措施，学习东部发达地区、改革开放前沿地区的依法行政经验，让基层干部“有样可学”，增强用法能力，真正将合规性、灵活性落到实处。第三，强化考核评价和正向激励。将依法行政纳入基层干部考核体系，建立切实可行、有可操作性的激励评价机制，对落实法治思维、法治方式较好的，通过精神激励、荣誉、奖金等方式强化激励，并在评优评先、选拔任用等方面优先考虑。

专 题 篇

Special Subjects

B.9
农民群众对推进移风易俗培育文明乡风的感受和评价

李 蓉*

摘 要： 党的十九大报告明确提出“开展移风易俗、弘扬时代新风行动”。文明乡风是农村精神文明建设的核心目标，移风易俗是农村精神文明建设的重要抓手，更是乡村治理中亟须解决的一项重要课题。近年来，甘肃省根据自身实际情况采取了一系列移风易俗的政策措施，取得阶段性成果。但农村婚丧嫁娶大操大办、封建迷信等现象仍然存在，成为甘肃农村发展、文明乡风培育的“短板”。本文以甘肃农村移风易俗情况为研究对象，通过对典型地区移风易俗的实地调研与问卷分析，进一步提出推进甘肃省移风易俗培育文明乡风的对策建议。

关键词： 农民群众 移风易俗 文明乡风 甘肃

* 李蓉，甘肃省社会科学院马克思主义研究所助理研究员。

党的十九大提出了“产业兴旺、生态宜居、乡风文明、治理有效、生活富裕”的乡村振兴战略，为社会主义新农村建设指明了方向。乡风文明建设是实施乡村振兴战略的不竭动力，是全面推进乡村振兴的精神保障。农村经济建设是乡村振兴的基础，经济快速发展要求精神文明与之相配，乡风文明建设有利于塑造与发展市场经济相一致的农民主体意识，只有将广大农民群众的物质与精神生活一起抓，才能为各项事业的发展奠定坚实基础。农村治理有效的建设目标就是乡风文明，乡风文明则是乡村基层有效治理的过程。乡风文明建设有利于加强对广大农民文化知识的教育，有利于农民道德素质的培养以及健康习惯的养成，有利于促进农村社会风气的变革，更有助于巩固脱贫攻坚取得的成果，使农村经济发展得到保障，从而有效推进乡村全面振兴。

近年来，围绕贯彻落实习近平总书记有关移风易俗的重要指示精神，甘肃省各地各有关部门在推动移风易俗方面都拿出了一些务实举措，取得了一定的治理成效。全省各地坚持以美丽乡村建设为主题，将推动移风易俗、树立文明乡风的要求纳入文明村镇测评体系，把反对铺张浪费、天价彩礼、婚丧嫁娶大操大办等作为整治农村陋习的主要内容，不断丰富文明村镇创建内涵，推动形成了文明村镇创评活动与脱贫攻坚深度融合的良好局面。但是，在一些地区，天价彩礼、豪华丧葬、名目繁多的人情礼金以及农村老人“老无所养”等问题仍然存在。这些农村社会不良风气的蔓延，成为广大农民群众的巨大经济与精神负担。为了翔实地了解农民群众对于甘肃全省推动移风易俗工作的感受与评价，本课题以农民群众为主要研究对象，以移风易俗工作为研究的切入点。通过调查走访、问卷分析的方法，较为客观地评判甘肃省农民对于推进移风易俗的感受和评价，以期发掘出甘肃在推进移风易俗培育文明乡风工作中存在的短板，并提出相应的对策建议，为助力脱贫攻坚、推动乡村振兴、共筑美丽乡村提供参考。

一　问卷编制情况

课题组以农民群众为主要调查对象，以问卷和访谈为主要形式，选取了甘肃省内平凉、庆阳、天水、酒泉、甘南等市州，了解甘肃省农村移风易俗的现状，以寻找存在的问题，进而思考解决路径。调研的主要内容涉及以下几个方面：农民群众对乡村振兴战略、乡风文明和移风易俗的了解情况；农民家庭近年来参加或操办红白事的情况；是否发现身边（自身）存在大操大办、铺张浪费等现象；礼金数额、宴席规格等花费是否给农民自身带来巨大压力；村“一约六会”对遏制一些陋习能否起到一定作用；村公共文化基础设施的建设和使用对所在的村开展移风易俗活动是否起到推动作用等。

（一）受访人群总体情况

课题组根据分层随机抽样的方法，选取了6个村镇作为重点区域，以问卷调查为主要形式开展调研工作。调研组累计发放问卷530份，收回有效问卷509份，有效问卷回收率为96.04%。通过对回收的有效问卷进行数据分析，被访者性别比例情况是：男性302人，占59.33%；女性207人，占40.67%。从被访者年龄分布来看，18～25岁的43人，占8.45%；26～35岁的150人，占29.47%；36～45岁的201人，占39.49%；46～60岁的110人，占21.61%；60岁以上的5人，占0.98%。从被访者受教育情况来看，不识字的为2人，占0.39%；小学文化程度的为64人，占12.57%；初中文化程度的为164人，占32.22%；高中（含职高）文化程度的为157人，占30.84%；大专文化程度的为69人，占13.56%；大学本科文化程度的为53人，占10.41%。从被访者的居住地点来看，居住在城区的166人，占32.61%；居住在城郊的88人，占17.29%；居住在农村的255人，占50.10%（见表1）。

表1　被访者基本情况

单位：人，%

调查项目		人数	比例
性别	男	302	59.33
	女	207	40.67

续表

调查项目		人数	比例
年龄	18～25岁	43	8.45
	26～35岁	150	29.47
	36～45岁	201	39.49
	46～60岁	110	21.61
	60岁以上	5	0.98
文化程度	不识字	2	0.39
	小学	64	12.57
	初中	164	32.22
	高中(含职高)	157	30.84
	大专	69	13.56
	大学本科	53	10.41
居住地	城区	166	32.61
	城郊	88	17.29
	农村	255	50.10

资料来源：《甘肃舆情分析与预测（2022）》课题组“农民群众对推进移风易俗培育文明乡风的感受和评价”的问卷统计结果。

（二）受访人群的特征

根据调查问卷数据分析统计，受访农民群众的平均年龄为45.8岁，其中受访的男性占比大于女性，已婚农民占比超过85%；从受教育情况来看，初中和高中（含职高）文化程度的占比居多，并且受访女性的文化程度普遍低于受访男性，女性在乡务农的占比低于男性，具体数据为：207名受访女性中有145名女性为农民，占比70.05%；而302名受访男性中有225名为农民，占比74.50%。受访人群中农民群众的比例均超过70%，能够更加直观有效地反映农民群众的意见和评价（见表2）。

表 2　受访人群人口特征情况

单位：人，%

受访人群	人数	农民	比例
男性	302	225	74. 50
女性	207	145	70. 05

（三）受访人群家庭主要收入来源情况

根据调查数据分析，在受访人群中，绝大多数受访人群以务工收入及农作物种植作为主要收入来源。数据统计可知，受访者中有 40. 12% 以外出务工作为主要收入来源；受访者中 39. 58% 以种植农作物作为主要收入来源；受访者中 14. 29% 以畜牧养殖为主要收入来源；受访者中 4. 31% 以家庭个体经营为主要收入来源；受访者中 1. 7% 完全依靠政府补贴。由此可以判断，大部分受访农民群众的收入以务工收入、农业种植收入为主（见图 1）。

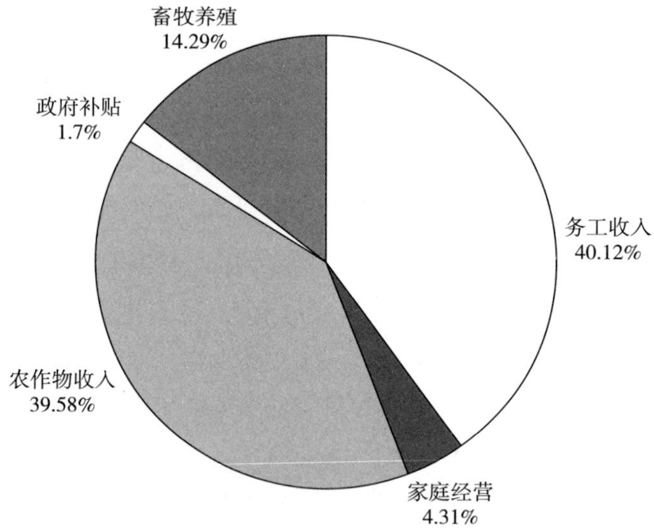

图 1　受访人群家庭收入情况

二　问卷统计与现状分析

（一）农民群众对于推进移风易俗文明乡风建设持肯定态度

数据统计显示：有93.71%的受访者知道推进移风易俗文明乡风建设工作；仅有6.29%的受访者选择不知道（见表3）。有84.09%的受访者表示自己很愿意在实际生活中身体力行地推动移风易俗；有9.23%的受访者选择不确定自己是否参与推进；有6.68%的受访者想要保持传统习俗。这说明此项工作在甘肃全省范围得到了有效开展，并取得了积极成效（见表4）。

表3　农民群众对推进移风易俗文明乡风建设工作的认知情况

单位：人，%

内容	选项	人数	比例
是否知道推进移风易俗文明乡风建设工作	是	477	93.71
	否	32	6.29

表4　农民群众对推进移风易俗文明乡风建设工作的践行情况

单位：人，%

内容	选项	人数	比例
是否践行推进移风易俗文明乡风建设工作	是	428	84.09
	不确定	47	9.23
	否	34	6.68

（二）多数农民群众对于封建迷信持反对态度

数据统计显示：有67.19%的受访者不提倡封建迷信活动；有16.70%的受访者认为封建迷信属于个人爱好，信不信无可厚非；有16.11%的受访者认为封建迷信活动有一定的好处（见表5）。有30.26%的受访者表示封建迷信活动只是一种精神寄托；有31.43%的受访者认为封建迷信是一种地方风俗；有14.15%的受访者认为相信鬼神的存在能够受到保护；有24.17%的受访者认为封建迷信活动纯属娱乐，没有实际意义。这说明由于近年来农民知识文化水平的提高，迷信鬼神的现象得到改善。但在甘肃省农村封建迷信思想由来已久，农民知识和文化有限，无法对现实中遇到的各种困难进行科学理性分析，因此封建思想依旧严重（见表6）。

表5　农民群众对封建迷信活动的态度

单位：人，%

内容	选项	人数	比例
如何看待身边的封建迷信活动	不提倡	342	67.19
	属于个人爱好,信不信无可厚非	85	16.70
	有一定的好处	82	16.11

表6　农民群众对封建迷信活动产生的原因认知

单位：人，%

内容	选项	人数	比例
您认为封建迷信活动产生的原因是什么	精神寄托	154	30.26
	地方风俗	160	31.43
	信奉鬼神能受到保护	72	14.15
	纯属娱乐,没有实际意义	123	24.17

（三）农民群众对于村规民约的认知度和践行度较好

数据统计显示：有34.38%的受访者知道并严格遵守当地的村规民约；有31.24%的受访者知道并能够基本遵守村规民约；有18.27%的受访者知道当地有村规民约，但没有刻意遵守；有16.11%的受访者不知道。这说明2/3的村民知道并能够较好地遵守当地的村规民约，随着甘肃省树立文明乡风工作的稳步开展，大部分农民群众已基本做到“五个熟知”（见表7）。

表 7　农民群众对村规民约的认知和态度

单位：人，%

内容	选项	人数	比例
是否知道并遵守村规民约	知道并严格遵守	175	34.38
	知道并能够基本遵守	159	31.24
	知道，但没有刻意遵守	93	18.27
	不知道	82	16.11

（四）农民群众对于道德模范和乡贤的认可度较高

数据统计显示：有 79.57% 的受访者知道并赞赏当地的道德模范或乡贤；有 20.43% 的受访者不知道（见表 8）。有 19.65% 的受访者认为身边的道德模范和乡贤对自己有极大的激励作用；有 42.44% 的受访者认为身边的道德模范和乡贤有一些积极作用；有 11.98% 的受访者认为道德模范和乡贤对自己的影响带动作用一般；有 25.93% 的受访者认为道德模范和乡贤完全没有作用（见表 9）。这说明接近 2/3 的农民群众比较认可身边的道德模范及乡贤，树立典型榜样能够有效地提升乡村文明程度。

表 8　农民群众对道德模范和乡贤的认可程度

单位：人，%

内容	选项	人数	比例
是否知道并赞赏道德模范和乡贤	是	405	79.57
	否	104	20.43

表 9　农民群众对身边道德模范和乡贤是否发挥作用的态度

单位：人，%

内容	选项	人数	比例
身边道德模范和乡贤是否能够发挥积极作用	非常有用	100	19.65
	比较有用	216	42.44
	一般	61	11.98
	彻底没用	132	25.93

（五）农民群众对于操办婚丧嫁娶的态度趋理性化

数据统计显示：有19.45%的受访者认为婚丧嫁娶等事情就应该办得风光隆重；有45.19%的受访者认为此项开销压力较大，应该量力而行；有35.36%的受访者认为没有必要给自己带来太大的压力，应当一切从简（见表10）。这说明甘肃省农村天价彩礼盛行的问题依然存在，但农民群众对于婚丧嫁娶的操办已趋于理性，仍需加大力度反对铺张浪费、推动移风易俗，树立文明乡风，引导树立勤俭节约的文明新风。

表10　农民群众对操办婚丧嫁娶的态度

单位：人，%

内容	选项	人数	比例
您认为婚丧嫁娶的事情应该怎样操办	风光隆重	99	19.45
	量力而行	230	45.19
	一切从简	180	35.36

三　农民群众的感受与问题分析

（一）农民群众对推进移风易俗文明乡风的感受

1.部分农民群众对移风易俗政策缺乏关注度

通过调查发现，大部分受访者表示对于移风易俗是知道的，但是具体到现实生活中又对移风易俗包含的具体内容了解不多，也不太清楚在推进乡风文明中自己该做什么，不少农民群众对移风易俗很少关注。同时，农民群众对移风易俗建设活动的参与积极性不高，他们认为移风易俗很空泛，跟自己的日常生活没有太多的联系，不如好好“挣钱”来得实在（见表11）。这种思想较普遍，不利于农村移风易俗工作的有效开展。

表 11　农民群众对推进移风易俗培育文明乡风的态度

单位：人，%

项目	清楚并支持	不太了解	完全不清楚
人数	300	195	14
占比	58.9	38.3	2.8

2. 农民群众感觉政策落实效果不明显，监督机制不完善

在调查过程中发现，甘肃各地在农村移风易俗政策落实过程中，很少采取奖惩措施，通常普遍的做法就是在宣传精神，真正落实的人少，也没有人来监督，因此政策往往不能持续发挥作用。对于农村婚丧嫁娶等事，往往是宣传的多了就稍有改善，风声小了大家就随波逐流了。而农村红白理事会也往往考虑到都是街坊邻里，发现问题就现场说说，没有实际的奖惩措施，这在一定程度上降低了村民参与的积极性（见表 12）。

表 12　实行移风易俗政策以来红白事大操大办是否有奖惩情况

单位：人，%

项目	有，能发挥作用	不知道	没有
人数	18	355	136
占比	3.5	69.7	26.7

3. 农民群众感觉移风易俗政策宣传不够，宣传方式单一

调研过程中发现，甘肃各地农村在移风易俗方面的政策宣传不够，不少村干部都是在大喇叭里读一读政策，墙上写几句标语，利用文化下乡等传统机会进行宣传。近年来，随着农村精神文明建设的深入实施，每年村里都会评选“道德模范”“好媳妇”“好婆婆”等，但对于这些模范典型，基层政府没有能够进行深度挖掘，以至于模范典型对广大村民的影响力不够持久，影响范围不大（见表 13）。由此可见，移风易俗的落实情况和现实效果还是不能做到人尽皆知。

表 13　农民群众是否了解推进移风易俗培育文明乡风

单位：人，%

项目	非常了解	知道,但不了解	完全不知道
人数	31	428	50
占比	6.1	84.1	9.8

4. 农民群众感觉所在地区文化基础设施仍然落后

城乡发展不平衡在我国当前社会发展过程中较为普遍。近年来，甘肃省各级政府逐步将资源向农村倾斜，农村道路得到了改善，水电网络电视村村通，文化广场成为农民群众的重要活动场所。但在实地调研中发现，一些村党员活动室、农家书屋、文化活动室、妇女之家等功能性场所缺失，受经费等方面的影响，有些村仍是一室多用，缺少相应的活动设施。一些村有农家书屋，但存书较陈旧，不能跟上时代发展的脚步，对农民群众的教育引导作用也大打折扣。通过调查我们发现，受访村民受教育程度普遍偏低，初中文化程度的占 32.22%，小学文化程度的占 12.57%，不识字的占 0.39%；而受访群众中仅有 30.84% 的受访者是高中毕业，13.56% 的受访者是大专毕业，仅有 10.41% 的受访者拥有大学本科学历。这说明甘肃省农村地区农民受教育程度较低，基层干部忽视了对村民进行深入有效的思想政治教育，使一些地区农民的思想政治水平无法紧跟时代发展的需要。同时，针对农民开展的短期职业技能培训多集中于养殖业与畜牧业等实用技术，思想政治教育和精神文明宣传的分量不足，效果大打折扣，由此可见基层文化基础设施建设亟待加强。

（二）存在的问题

1. 宣传力度不够，影响农民群众的认同感

近年来，甘肃省委省政府大力推进乡风文明建设，从相关调研数据中可以看到，绝大多数农民群众对乡风文明建设认知度高，这表明当前甘肃省面向广大农村进行的乡风文明建设取得了一定成效。但从数据统计中也可以看

出，仍有将近10%的农民群众不了解文明乡风的推进工作。有部分民众对乡风文明内容的认知程度不高，对文明乡风没有概念，说明在乡风文明建设过程中还存在宣传不到位、讲解不透彻、落实不彻底的问题。

乡风文明建设具有重要性、长期性和艰巨性的特点，有一些地方对此项工作认识不足，认为乡风文明建设属于精神文明建设的软任务，实施起来难度大、见效慢。村镇一级无专人负责乡风文明建设工作，基层精神文明建设的组织力量薄弱。部分党员干部对红白事移风易俗工作重要性认识不足，认为红白事作为重要的传统习俗，涉及每一个人的生活，操办红白事更是人之常情。问题出现的原因主要是：农村由于受经济条件制约，用于乡风文明建设的资金不多，经费投入明显不足，导致农村精神文明建设缺少载体，创建工作缺乏吸引力，使群众性活动难以长期有效开展。广大村镇党委、政府是广大群众的榜样，党员干部应起到模范带头作用。“中央八项规定”出台之后，党员干部基本上能做到以身作则、示范带头、勤俭节约，工作时要求群众文明办红白事，但近年来，个别地方党员干部重视程度不够，违反“中央八项规定”“四风”案件偶有发生，且表现得更加隐蔽，给监管带来了很大难度，造成了负面影响。

2. 重物质、轻精神降低了农民群众的获得感

思想上的重视程度决定了工作中的推进力度。一些党员干部把自己等同于一般群众，对自己大操大办红白事怀有侥幸心理。同时，对群众操办红白事出现的“天价彩礼”“大操大办”“婚闹”等陋习，报以“睁一只眼闭一只眼”的态度，认为规模小一点就没事，但这样会给整个移风易俗工作带来极其恶劣影响，极易形成不安定因素，引发矛盾冲突。问题出现的原因主要是：一些少数民族经济落后地区，农村的工作重心放在发展经济和基础设施建设上，补发展欠账，对宣传思想文化工作在和谐干群关系、团结人心、聚力发展中的积极作用认识不到位，使农村宣传思想文化工作相对滞后。从宣传内容来看，对政治方面、社会文化等方面的宣传力度有些单薄，这不仅影响了党在农村的宣传工作的深化，反过来也会影响经济建设本身，给整个经济社会发展带来一定的负面影响。

3. 机制不健全使民众缺乏落实制度的安全感

乡风文明建设是我国在实行乡村振兴战略过程中的创新型决策，在现实生活中，乡风文明建设推进因缺乏行之有效的统一制度和机制，其实施成效和进展缺乏强有力的组织保障。目前，甘肃省尚未形成良好的运行机制，基层单位从事宣传的人员素质参差不齐，专职宣传人员缺乏，工作能力不强，力量比较薄弱。少数县区虽然对工作进行了安排部署，也制定了相关规范标准，但具体到落实情况时不太到位，效果不太理想，部分群众传统观念转变缓慢，对移风易俗工作一时难以接受，给乡风文明建设增加了实现难度。随着乡村振兴战略的实施，基层党员干部对乡风文明建设予以一定程度的重视。但也有部分基层干部在建设过程中搞形式主义，口号喊得多，政策落地少。有的基层干部自身文化水平不高，没有能力制定适宜的管理办法，制度不健全使文明乡风的塑造工作的约束力和执行力大打折扣。在开展宣传工作时，存在形式主义、教条主义思想，导致宣传工作缺乏实效性。

4. 宣传教育效果不佳降低了民众的融入感

甘肃省乡风文明建设工作起步较迟，宣传形式单调、手段单一，一定程度上影响了村镇一级乡风文明建设的成效，仅仅依靠墙上写标语的陈旧方式，无法从思想上真正加深农民对乡风文明的认知程度。调查问卷结果显示，仍有一些受访者不确定或不知道所在村镇在进行乡风文明建设，或从没有听说过相关的宣传教育。在农村红白事移风易俗方面，对基层政府缺乏科学的考核机制，针对文明创建、文化建设、宗教管理等，内容设定上没有明确提出对红白事移风易俗工作的相关考核内容，并且意识形态考核分值占比偏低，工作奖励机制无法发挥作用。

课题组也通过实地走访等形式，深入调查村民对乡风文明建设的了解程度，结果发现有些基层政府只是通过组织一两次会议来宣传乡风文明建设，或者在村民活动室挂几张宣传海报，并没有针对具体内容为村民展开讲解和教育。在与基层干部进行的实地访谈中发现，很多村镇在进行乡风文明建设中工作人员自身文化水平较低，接受能力差，工作模式较为单一，以至于此项工作的成效并不明显。在调查走访过程中发现，有一些地方的村民对于目前推进农村移风易俗工作的态度模棱两可，有少部分群众不明白移风易俗是什么，怎样改，怎么做，甚至不明白乡风文明建设与自己有什么关系。这是由于目前农村外出务工人员增多，很多农村出现“空心村”，年轻农民转变成农民工外出就业，留下的仅有老人、儿童。这些人文化水平较低，又忙于农业生产，对移风易俗缺乏关注。因此，有一些农民对移风易俗工作的参与积极性不高，对他们来说“房子大”“车子好”“票子多”才是实实在在的，宣传手段的缺乏使这种思想比较广泛，不利于农村移风易俗工作的有效开展。一些地方的领导常常把开会、报告、座谈当作宣传的唯一手段，以贴标语、拉横幅、发传单等方式搞宣传，尤其是在相关政策、法规等积极内容的宣传上更是不讲实效，宣传方式单调僵化。基层宣传人员没有将宣传工作与农民群众关切的问题紧密结合，脱离农民群众的切身利益，使宣传工作成了空洞的说教和灌输，既浪费了政府资源，又影响了农民群众的情绪，进而影响政策宣传的实效。

5. 基础设施和教育水平影响了民众的幸福感

当前，农村宣传经费主要依靠政府财政投入，各村镇在宣传方面的投入极为有限，致使农村宣传经费紧张，宣传设施建设不完善，宣传设施过少，实用性不大，缺少时代感。在信息全球化时代，主流媒体与新兴媒体建设割离，尚未形成一定规模和格局，宣传设施与资源未能得到有效整合。这一问题制约了农村宣传工作的有效开展，直接导致宣传活动的规模过小，村民没有足够的场所参与到宣传活动中。新时代，网络使用越发普及，但一些农民对新事物、新思想的认识过程比较缓慢，对乡村振兴提出的政策建议无法完全理解掌握，其关注点主要集中在如何获取和享受自身的利益，忽略了义务与权利的对等关系，这种消极的态度制约了乡风文明建设的效率。

四　对策建议

（一）加强党的领导，广大党员干部必须以身作则

基层组织是全面推进乡村振兴的执行者，基层党员干部在农村乡风文明

建设中起着示范引领作用，也是乡风文明建设最主要的领路人。乡风文明建设中的各项工作任务繁杂，要想扎实落地，关键在于基层党组织的主导。要充分发挥农村基层领导班子的示范引领作用，要以组织开展学习交流会等方式多方位地培养基层党员干部对乡风文明建设工作的认识，通过开展主题教育学习，了解乡风文明建设的重要性，牢固树立为人民服务的工作意识。要加强农村基层党风廉政建设，促使党员干部在移风易俗、文化传播等方面以身作则，牢固树立一切为了人民的坚强战斗堡垒。基层党员干部要广泛深入农村充分了解农民的基本生活情况和需求，善于发现乡风文明建设过程中存在的困难和问题，提升帮助农民解决矛盾纠纷、维护农民合法权益的能力，从而提升广大农民对基层工作队伍的认同感。要深入研究移风易俗等问题形成的原因，建立长效工作机制，以党风政风引领农村新风。

（二）以精神文明建设推动农村生态文明发展

要牢牢抓住全面推进乡村振兴的有利时机，坚持教育引导、宣传示范，将宣传思想文化工作和精神文明建设与农村实际紧密结合，通过出台一些切实有用的举措，进一步树立和弘扬乡村的新风正气，着力改善人居环境，不断提升农村群众的生活满意度。要通过深入推进精神文明建设，全面提升农民的生态文明意识，树立正确的生态发展观，继承和发展传统文化，大力支持民俗文化，以生态文化为重要载体，开展以生态文明观为主题内容的农村生态文化建设。

（三）以有效的管理增强乡风文明建设的制度保障

推进移风易俗、建设文明乡风，必须加强制度保障，实施有效管理。各级党委和政府要将指导规范村规民约工作作为加强农村基层社会治理的重要内容，要防止盲目地立规，防止一些地方以约代法，用村规民约代替法律，有关部门要通过制定规范的村规民约范本，主动引导和规范，完善审查备案的程序。要建立开放性的文化人才选拔机制，打造一支由专业人员负责的基层文化工作队伍，形成县、镇、村三级联动的基层文化工作框架，完善乡镇政府的政绩考核监督机制，切实解决因陈旧风俗引发的各类家庭矛盾纠纷和社会问题。进一步强化督导检查。可将督导检查纳入各地和相关部门脱贫攻坚考核体系，进一步强化责任落实，保证工作成效。将乡风文明建设具体规划纳入重要议事日程，纳入政府目标管理责任范围，落实制定含经济、政治、文化、生态等全方位的量化政绩指标。

（四）持续加大宣传力度，创新治理方式

要把树立文明乡风作为农村宣传思想文化工作和精神文明建设的重点，大力开展移风易俗和“讲文明、树新风”、“文明家庭”、道德模范评选等活动，充分发挥党员干部、先进人物、道德模范等群体的引领示范作用，帮助农民告别陈规陋习，弘扬文明新风。要进一步总结和推广一些地方开展的“乡村道德银行”“文明积分”等奖励模式，让有德者有得。各级宣传部门要广泛组织新闻媒体深入持续报道当前农村在婚事新办、丧事简办、孝亲敬老等方面的先进典型和有效做法，进一步引导基层群众树立正确的婚丧观，传播中华孝道。基层各地要充分利用县乡电视广播系统、乡镇政务场所、农村集市、村务公开栏、乡村大喇叭、乡村文化墙等阵地，直接开展面向农村群众的宣传，用身边的事教育身边的人。

（五）进一步改善基础服务条件，加强教育引导

改善农村社会的基础服务条件，营造良好的环境和氛围。要探索建立正面激励机制，对于在推进乡风文明建设特别是移风易俗工作方面做出表率的家庭、先进个人给予相应奖励。要深入教育宣传和发动群众，以社会主义核心价值观为引领，广泛开展内容丰富、形式多样的宣传教育，新时代思想政治工作不能空转。要加大政府的资金扶持，建立乡风文明建设的资金投入机制。在农村文化活动中心、农村书屋等基础设施上给予资金保障，完善乡村的基础设施建设，增强乡风文明建设工作的有效性。加强文化引领、强化价值认同，注重实践养成，建立激励机制，发挥典型的示范引领作用，注重寓教于乐、寓教于行、寓教于事，把中华传统美德和现代文明观念转化为农民群众的行为习惯和准则。

B.10
民众对短视频平台舆情影响力的感受与评价

宋晓琴 *

摘　要： 以抖音、快手为代表的短视频平台在国内迅猛发展，其开放、包容的特点，吸引了众多不同阶层人员的深度参与，对人们的生活方式、信息消费方式、思维方式等产生了深远和持久的影响，深刻改变着网络环境和舆论生态。本报告以甘肃民众为调查对象，通过问卷调查获取民众对于短视频平台舆情影响力的感受与评价，旨在发现短视频平台对网络舆情的影响情况，并提出规范短视频平台舆情传播的应对策略，主要包括：建立舆论监测和监管机制，强化主流媒体舆论引领作用，发挥网络名人舆论影响力，提升用户的媒介素养，营造和谐舆论生态。

关键词： 甘肃民众　短视频平台　舆情　影响力

短视频平台是互联网技术发展的产物，2016 年起以抖音、快手为代表的短视频平台在国内迅猛发展，其所具有的开放性和包容性特征，吸纳了众多不同阶层人员的深度参与，对人们的生活方式、思维方式、信息消费方式等产生了深远和持久影响，并深刻改变着网络环境和舆论生态。在一系列网络热点事件中，民众借助短视频对社会问题进行关注、举报和揭露的情况越

* 宋晓琴，甘肃省社会科学院决策咨询研究所助理研究员，主要研究方向为情报、信息技术。

来越多，舆论监督的表现形态趋向多元化。[①] 从普通民众视角了解短视频平台对舆情的影响作用，对于舆情应对部门具有重要参照价值，本研究从舆情认知力、舆情影响力、舆情引导力等三个方面对短视频平台影响舆情传播的状况进行了调查，力求得到较为科学、全面的认识和发现，并对甘肃网络舆论生态治理提出建议。

一 问卷调查基本情况

（一）被访者基本情况

课题组选择了兰州市、天水市、庆阳市、白银市、张掖市、临夏州等6个市州作为样本调查区域，以网络调查（问卷星）和现场纸质问卷调查相结合的形式展开调查，共发放问卷500份（其中纸质问卷180份，网络问卷320份），回收问卷489份，回收率为97.80%，其中有效问卷475份，有效率为97.14%。475份有效问卷中，兰州市99份（20.84%）、天水市96份（20.21%），庆阳市83份（17.47%），白银市61份（12.84%），张掖市88份（18.53%），临夏州48份（10.11%）。在居住地选项中，被访者中207人（43.58%）居住在市区，122人（25.68%）居住在县城，92人（19.37%）居住在乡镇，54人（11.37%）居住在农村。有效问卷对应的调查对象基本信息见表1。

表1 有效调查问卷对应的被访者基本信息汇总

单位：人，%

基本信息		人数	比例
居住地	市区	207	43.58
	县城	122	25.68
	乡镇	92	19.37
	农村	54	11.37

① 李佳津：《短视频社交媒介的舆情危机防控策略》，《西部广播电视》2019年第16期。

续表

基本信息		人数	比例
性别	男	248	52.21
	女	227	47.79
年龄	18 岁以下	24	5.05
	18 ~30 岁	191	40.21
	31 ~45 岁	148	31.16
	46 ~60 岁	83	17.47
	大于 60 岁	29	6.11
文化程度	小学及以下	37	7.79
	初中	49	10.32
	高中或中专	64	13.47
	大专	54	11.37
	本科	183	38.53
	研究生及以上	88	18.53
职业身份	机关行政单位工作人员	62	13.05
	事业单位工作人员	102	21.47
	国有企业单位工作人员	54	11.37
	集体企业单位工作人员	35	7.37
	私营企业单位工作人员	40	8.42
	外资企业单位工作人员	15	3.16
	商业工作者	25	5.26
	农民	86	18.11
	自由职业者	44	9.26
	学生	12	2.53

（二）调研问题

本调研旨在了解甘肃民众对短视频平台舆情影响力的感受和评价，探索和思考短视频平台舆情监管和舆论引导，以期对甘肃网络舆论生态治理提供合理化的建议。基本调查问题集中在三个方面：一是民众对短视频平台舆情影响的认知调查；二是关于短视频平台舆情影响力的调查；三是对短视频平台引导舆情的作用调查。具体的问卷题项见表 2。

表 2　短视频平台舆情影响力调查问卷题项描述

维度	题项信息
舆情认知力	您使用过哪种短视频平台 App?
	您关注舆情热点事件吗?
	您通过哪种方式关注舆情热点事件?
舆情影响力	对于短视频平台传播的舆情事件您的态度是?
	在您在短视频平台所关注的舆情热点事件中,大约有多少后来被"反转"?
	您在抖音、快手或其他短视频平台上传或者直播一些热点事件吗?
	您会将短视频平台上的舆情热点事件进一步转发和传播吗?
	对于舆情热点事件,您会采取哪种方式参与互动?
舆情引导力	您认为短视频平台对舆情的传播有哪些积极影响?
	您认为短视频平台对舆情的传播有哪些消极影响?
	如果让您总体评价"视频 + 直播平台"的舆论引导效果,您选择?
	您认为通过下面哪些途径可以提升短视频平台舆论引导力?

二　民众对短视频平台舆情影响力的感受与评价

（一）短视频平台受众面越来越大

就问题"您使用过哪种短视频平台 App?"，475 份有效问卷中，被访者选择"快手"为 345 人次，选择"抖音"为 307 人次，选择"其他短视频平台"的为 106 人次，选择"从未使用过"的只有 57 人次（见图 1）。

调查结果显示，475 名被访者中从没有使用过短视频平台的只有 57 人次，占比只有一成多一点，使用快手和抖音的被访者人次都超过 300 人次，抖音和快手已成为目前国内最火爆的两个短视频平台。此外统计发现，被访者中年龄在 18 岁以下的 24 名被访者全部选择了"抖音"、"快手"和"其他短视频平台"；从被访者的居住地信息看，居住在乡镇和农村的 146 名被访者也全部选择了"抖音"、"快手"和"其他短视频平台"，这说明短视频平台主流用户群体向青少年和农村倾斜，要加强对这两类群体使用短视频的关注。

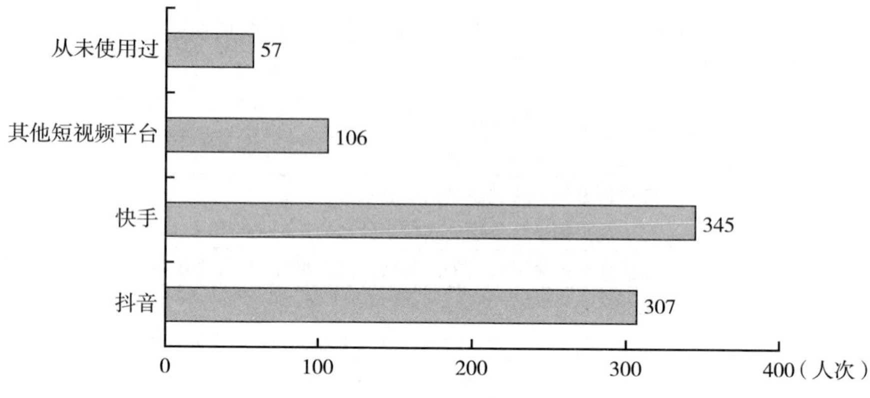

图 1　被访者使用短视频平台 App 情况

就问题“您关注舆情热点事件吗?”，475 位被访者中，回答“非常关注”“关注”“比较关注”分别有 137 人、89 人、162 人，占比合计为 81.69%。选“不太关注”和“不关注”的人数为 60 人和 27 人，占比合计为 18.31%（见图 2）。

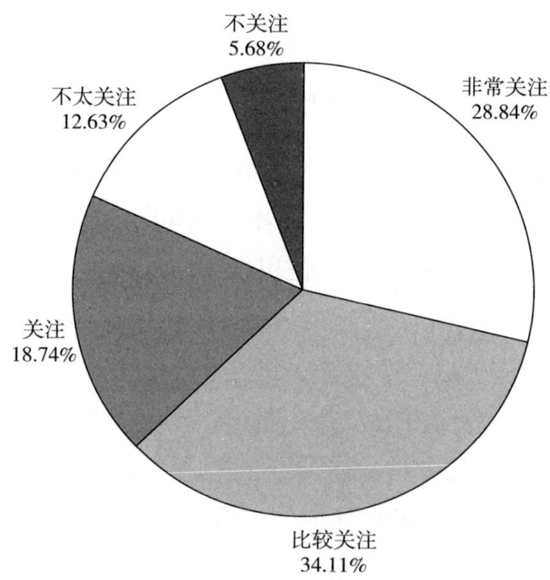

图 2　被访者关注舆情热点事件情况

81.69%的被访者“非常关注”“关注”“比较关注”网络舆情热点事件，这说明了互联网的开放、共享，人人都可以由网络事件的关注者变成网络舆情的参与者和推动者。因此，要注重舆情的监测和引导，营造风清气正的网络氛围，形成文明上网、理性讨论、依法传播的网络新风尚。

就问题“您通过哪种方式关注舆情热点事件?”，475名被访者中排在前三位的分别是“抖音、快手等短视频App”、“微信”和“网站”，分别为338人次、336人次、312人次，选择“电视”的为131人次，选择“广播”和“报纸”的相对较少，分别为65人次和54人次（见图3）。

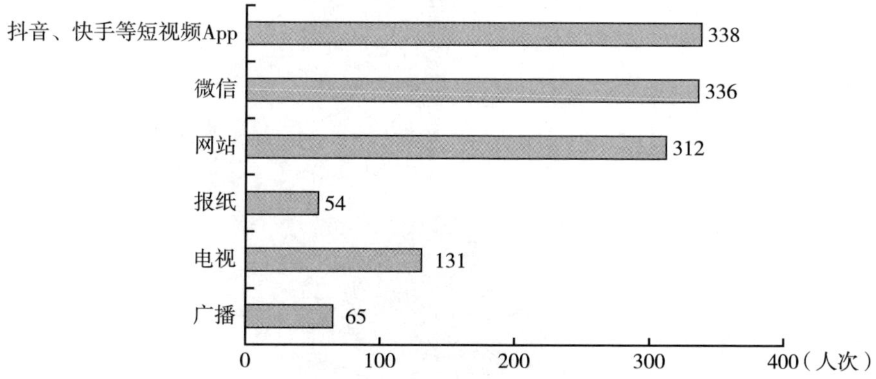

图3　被访者关注舆情热点事件方式的调查情况

调查结果显示，通过短视频平台关注舆情事件的被访者达到338人次，说明短视频平台已经成为当前信息传播的主要载体，同时也是网络舆情的风口，越来越多的民众开始参与到短视频的生产和传播过程。2021年8月27日，中国互联网络信息中心（CNNIC）发布的《第48次中国互联网络发展状况统计报告》显示，截至2021年6月，我国短视频平台用户规模为8.88亿，占网民整体的87.8%。[①] 短视频平台已成为普通民众社交娱乐、民意表达、热点播报的主阵地。

① 《第48次中国互联网络发展状况统计报告》，https：//topics.gmw.cn/node_140986.htm。

（二）大多数民众对短视频平台的舆情影响力持正面态度

就问题“对于短视频平台传播的舆情事件您的态度是?”，475 名被访者中，有 187 人选择“相信”，占比为 39. 37%，有 104 人选择“比较相信”，占比为 21. 89%，有 174 人选择“不太相信”，占比为 36. 63%，有 10 人选择“不相信”，占比仅为 2. 11%（见图 4）。

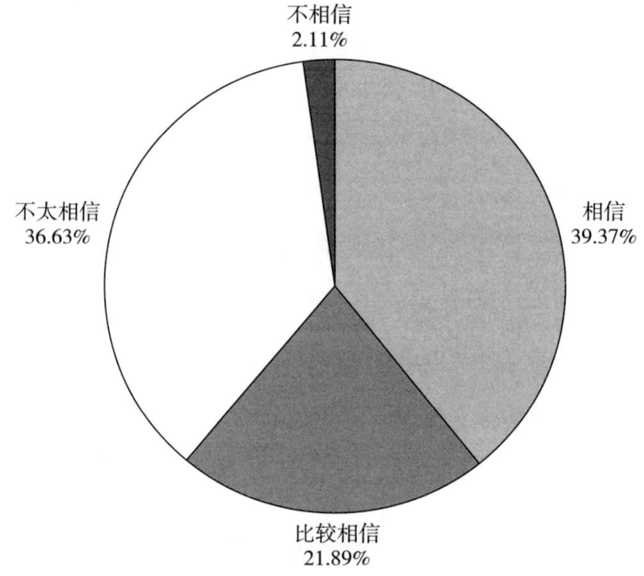

图 4　被访者对短视频平台传播的舆情事件的态度情况

调查结果显示，61. 26% 被访者表示相信短视频平台传播的舆情事件，说明短视频平台已是大部分民众获取信息、形成观点、塑造价值观的重要渠道和载体。对比不同类型被访者，短视频平台传播舆情事件的相信度有比较明显的人口学特点。18 岁以下和 60 岁以上选择“相信”的较多，受教育程度在大专及以上的受访者选择“不太相信”或“不相信”的居多，职业身份为机关行政单位工作人员选择“不太相信”的居多。这一结论说明，年龄结构处于中间层次的被访者，文化程度较高，社会阅历丰富，具有较强的价值判断能力，对信息有较强的分析、甄别和推理能力。相反，年轻被访者相对来讲社会阅历不足，年长的被访者受教育程度则相对较低，再由于受到粉丝文化、饭圈文化等亚文化的影响，无法从多角度、多维度辨别信息，容易相信网络上传播的各类片面信息、敏感信息，一旦出现突发、影响力大的事件，该部分民众极易变成潜在的信息扩散口，导致短视频平台上的信息出现井喷式增长。针对此类情况，舆情监管部门需要利用大数据技术分析不同人群接收信息的特点，针对性开展舆论引导。

就问题“在您在短视频平台所关注的舆情热点事件中，大约有多少后来被‘反转’?”，475 名被访者中，选择“少数是”的最多，有 218 人，占比为 45.89%，选择“几乎没有”的最少，不到 10 人，占比为 1.89%（见图 5）。

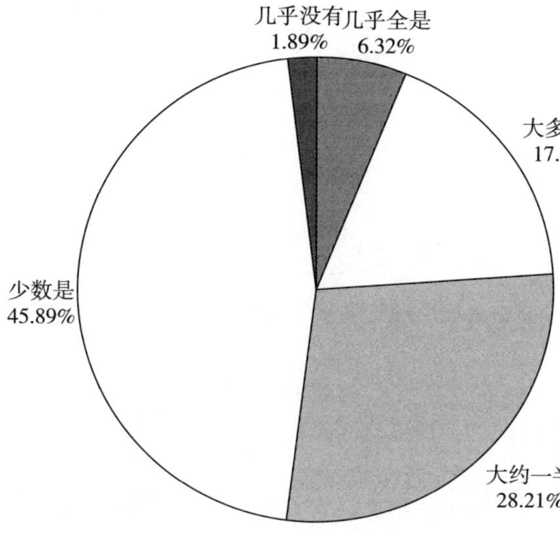

图 5　被访者对短视频平台传播是否反转的态度情况

从调查结果可以看出，被访者认为所关注的舆情热点事件当中，一半以上情况会“反转”，占到 52.21%。这说明短视频平台一方面提高了民众对热点信息的获取速度，另一方面舆情热点事件的真相需要一段时间的演化才能浮出水面。对于一些社会热点和民众关切，短视频平台需要组织专业性和权威性的学者专家、产业领域内的行家能手开展深度评论分析，帮助民众了解事实背后的真相、细节和道理。

就问题“您在抖音、快手或其他短视频平台上传或者直播一些热点事件吗?”，475 名被访者中，只有 45 人选择“经常”，占比为 9.47%，有 89 人选择“偶尔”，占比为 18.74%，大部人对此问题的回答相对谨慎，有 341 人选择“从来不”，占比为 71.79%（见图 6）。

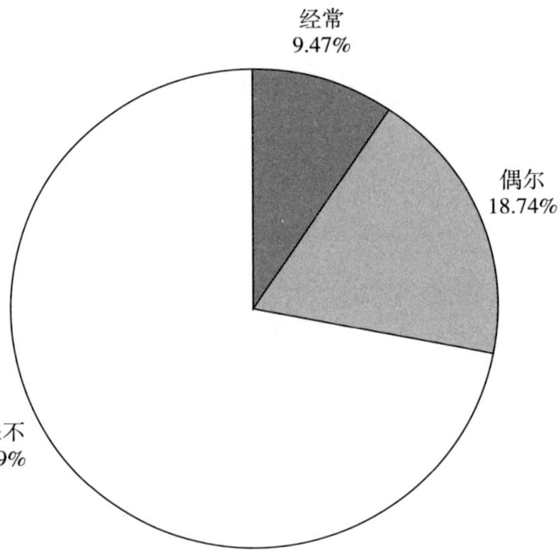

图 6　被访者使用短视频平台上传舆情热点的认知情况

调查结果显示，只有 28.21% 的被访者会在抖音、快手或其他短视频平台上传或者直播一些热点事件，而选择“从来不”的被访者占到七成以上，大部分民众对舆情热点事件保持较为谨慎、理性和客观的态度。对比不同教育程度受访者发现，随着受教育程度的增加，民众对待舆情热点事件的直播和传播愈加谨慎。具体来说，475 份有效问卷中选择“经常”和“偶尔”有 134 人，其中学历在本科及以上的被访者仅有 15 人，占比为 11.19%；从职业身份来看，被访者中机关行政单位工作人员、事业单位工作人员、国有企业单位工作人员这三种类型的民众对待舆情热点事件的态度和行为更加理性和克制。475 份有效问卷中，有 134 人选择“经常”和“偶尔”，其中这三种类型的被访者仅有 21 人，占比为 15.67%。不同年龄、性别、居住地的民众在此项问题上没有表现出明显差异。

就问题“您会将短视频平台上的舆情热点事件进一步转发和传播吗?”,选择“一定会”“经常会”“偶尔会”的占比分别为2.11%、3.16%和46.94%,占比合计为52.21%;有227人选择“从来不会”,占比为47.79%(见图7)。

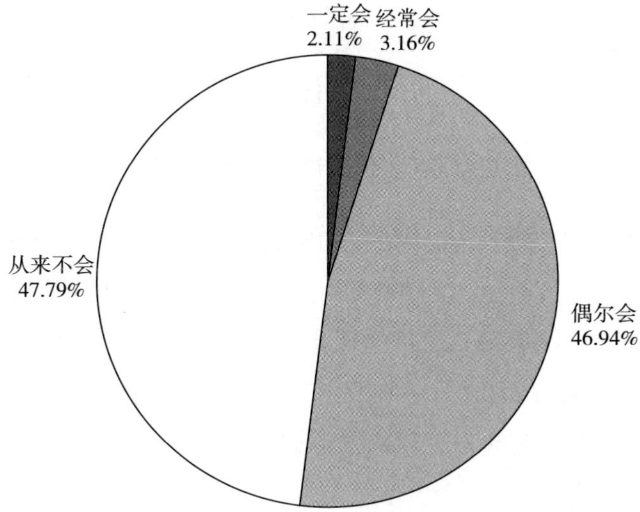

图7　被访者对短视频平台转发舆情热点的态度情况

就问题“对于舆情热点事件,您会采取哪种方式参与互动?”,选择“转发”、“评论”和“点赞”的分别为84人次、134人次和193人次,选择“不参与互动”的为257人次(见图8)。

以上调查结果显示,对于短视频平台传播的舆情事件,超过五成的民众认为多数情况会反转,超过五成的被访者参与舆情事件的转发与传播,超过411人次的被访者会参与到舆情事件的互动中。随着移动互联网和智能手机的普及,短视频平台已成为网民的新宠,其传递的信息连续而有“动感”,充分而又立体,民众的视觉、听觉都会受到高强度刺激,极易被舆情事件所吸引,情绪短时间激化,产生“共情”效应。事件一旦形成热点,平台之间又会形成交互传播、广泛传播,进而又强化了舆情事件的发酵和传播。如

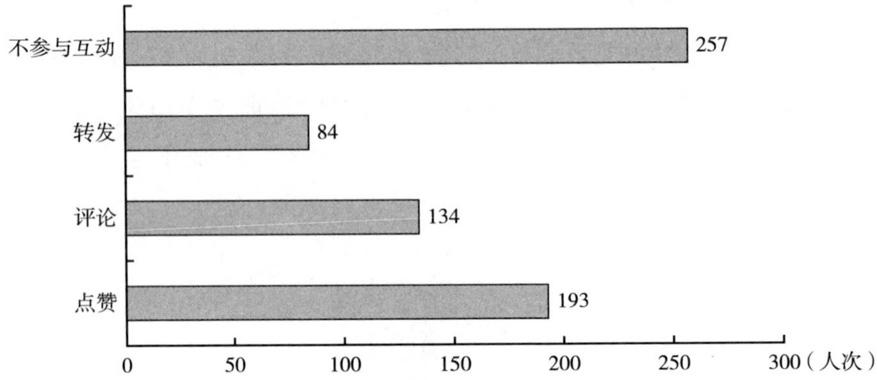

图 8　被访者对短视频平台转发舆情热点的互动情况

“白银山地马拉松”事件在多个短视频和直播平台上出现，其中快手平台上的一段短视频播放量甚至达到 5673.7 万次，在抖音、梨视频、微信视频号等平台上关于该事件的相关视频也有上千条之多，在整个网络短视频平台上形成了“传播盛况”。同时，一些不当言论和报道在快速传播，吸引越来越多的民众参与、互动和转发，很快就形成舆情巨浪，增强了舆情的冲击力和影响力。

（三）民众对短视频平台舆论引导力持积极态度

对于开放问题“您认为短视频平台对舆情的传播有哪些积极影响?”的统计显示，475 位被访者中，351 人次提到“传播速度快，可以第一时间了解情况”，277 人次提到“信息获取非常方便”，262 人次提到“内容直观，容易理解”，178 人次提到“方便识字不多的人群获取信息”，163 人次提到“传播效果好，可以全方位了解事件进展”（见图 9）。

就问题“如果让您总体评价‘视频 + 直播平台’的舆论引导效果，您选择?”，被访者中选择“非常好”“好”和“较好”的人数分别为 25 人、143 人和 252 人，占比合计为 88.42%，选择“一般”“不太好”的人数分别为 40 人和 15 人，占比合计为 11.58%（见图 10）。

被访者关于提升短视频平台舆论引导力的建议主要集中在“主流媒体

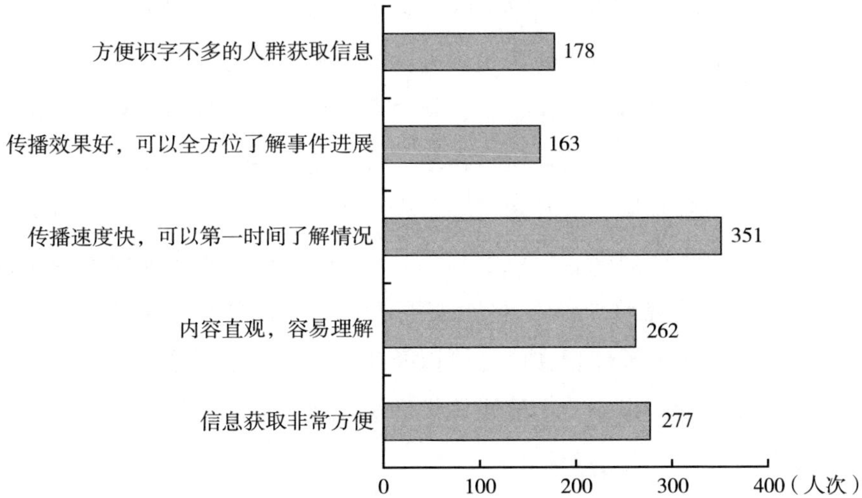

图 9　被访者对短视频舆情传播积极性的认知情况

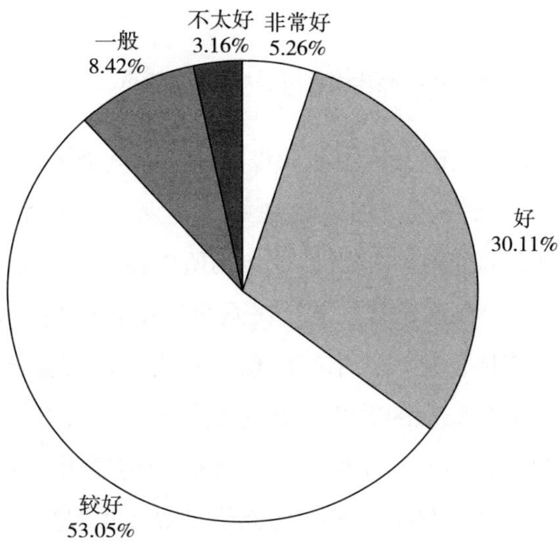

图 10　被访者对短视频平台舆情引导力情况

进驻此类平台，占领舆论主战场”“严把平台内容审核关，形成健康舆论生态”“做好舆情监测，不缺席热点议题引导”“重视民生议题，不对敏感议题失语”“压实平台责任，加强对主流用户群体的宣介引导”等方面。这些建议涉及价值观宣传、舆论引导方式、典型宣传、舆论引导时机、舆情监测等多个方面，对提升主流媒体舆论引导能力具有重要参考价值。

以上调查结果显示，被访者中，超过八成的人对短视频平台的舆论引导效果持肯定态度，给出正面评价。在多元媒体创新融合背景下，诸多主流媒体纷纷进军短视频领域，进驻短视频平台，由此拉开了主流媒体短视频新闻传播的大幕。央视客户端、《光明日报》、《人民日报》等主流媒体开始大力研发属于自己的短视频平台，地方政府主流媒体也积极开通抖音号、视频号、头条号等，主流媒体现在已经可以及时对一些热点话题、舆情事件进行专业、正面和深度的报道，主流媒体借助短视频平台引导舆论走向的能力得到显著提升。

三　调查结果的舆情特征分析

（一）短视频平台是社情民意抒发的新阵地

如前所述，475 名被访者当中，从没有使用过短视频平台的被访者只有 57 人，占比只有一成多一点。随着短视频与民众生活联系的不断加深，原有的社会公共空间出现解构和重组，社交场所虚拟与真实结合，重构了一个“拟真”的社交情景。在这一背景下，民众可以随拍随传，短视频平台成为社情民意抒发的主阵地。短视频生产信息的方式犹如民众身临其境，更容易吸引民众的眼球，引起民众的关注，引发民众的情感共鸣和情绪爆发，更多的人参与信息的制作、转发和评论，人人都成为传播者，人人都是信息源。尤其对于突发事件、社会热点、名人名流信息等在短视频平台上更会急剧膨胀，网络舆情风险进一步增加。

（二）短视频平台是舆情传播的新动力

前述调查显示，52.21%的受访者会转发和传播过舆情热点事件。事实上，随着抖音、快手等短视频 App 的“随手拍”“行走拍”“群组”“群聊”

"群转发"等功能的不断更新与完善，短视频终端的高效与便捷大幅提高了舆情传播蔓延的速度。如抖音短视频就将其私信功能进行升级，推出了独立的社交软件"多闪"，使突发事件舆情集群效应逐渐凸显。[①] 与此同时，直播功能使事件传播与短视频 App 用户更加"零距离"，参与者对网络舆情事件的高热度关注与讨论，使短视频平台成为舆情传播的新动力，显著增加了舆情处理部门管控舆情发展态势的难度。

（三）短视频平台是舆情扩散的助推器

前面的调查结果显示，475 位被访者当中，通过短视频平台关注舆情事件的被访者达到 338 人次，说明短视频平台已经成为当前信息传播的主要载体，同时也是网络舆情的风口，越来越多的民众开始参与到短视频的生产和传播过程，短视频平台成为舆情扩散的助推器。短视频平台对舆情扩散的助推作用主要体现为以下两方面。一是跨平台联动式传播，事件的传播方式从点到面跨平台、多平台传播，既有自媒体、传统媒体在短视频平台上的剪辑加工，也有社交媒体与短视频平台的直播、联动传播，其结果就是一个热点事件同时成为多个平台上的热门话题，舆情也愈加复杂、充满变数。[②] 二是舆情由短视频平台发酵，在其他媒体平台扩散后升级。典型的如 2020 年 5 月黑龙江初中生钟美美在抖音上模仿其数学老师走红网络后，又爆出其被约谈、视频被下架的消息，此事件迅速成为被媒体平台助推成的舆情热点事件。舆情监测数据显示，2020 年 5 月 29 日 0 时至 2020 年 6 月 5 日 14 时，钟美美的相关信息覆盖了诸多境内外互联网新闻、博客、论坛、微博和视频等站点，网上共计发布相关信息 43994 篇，其中新闻类信息 3024 篇、微博类信息 28543 篇、微信内容 11043 篇，其他平台信息 1384 篇。"钟美美"不仅刺激了模仿视频的进一步传播，也将"钟美美"系列话题推上微博热搜，引发整个舆论热议如何对待孩子使用短视频的社会热点话题。

---

① 余秀才、王映荷：《突发事件舆论传播中的短视频转向与治理》，《中国出版》2020 年第 22 期。

② 邸娟：《社交媒体短视频应用及传播分析》，《新闻研究导刊》2020 年第 5 期。

四　思考及建议

短视频平台已成为大多数民众生活的一部分，不但改变了人们的社交空间，而且也深刻影响着网络舆论格局。但是，短视频平台内容的参差不齐，容易激发民众的情绪，引发舆情爆发。因此，参考问卷调查结果，根据舆情传播的规律，提出以下应对策略。

（一）建立短视频平台舆论监测和监管机制

短视频平台已经成为社情民意抒发的新阵地，但与之伴随的是谣言的大量传播。在视觉多元化的短视频媒体时代，即使有现场感的新闻素材，由于受拍摄视角、后期剪辑、元素添加等多重因素，加之普通大众的直接参与或现场直播，信息源头更加多样化，强化了受众的信任，削弱了对事件真实的鉴别和事件本身的质疑，从而造成谣言的产生，所以信息发布平台的把关非常重要。因此，要从短视频的源头建立网络舆论监测和监管机制。[①] 一是需要对短视频平台用户加强监管，通过实名认证、用户信息备案等提高平台准入门槛；利用大数据、人工智能、视频分析等技术甄别、选择、屏蔽、删除充斥在短视频生态当中的虚假、低俗视频，加强对短视频平台信息内容的审核和监管，从源头上遏制不良信息，净化社交网络，防止负面舆论传播。二是严厉打击恶意、非法传播短视频行为，加强对破坏社会正能量行为的处罚力度，对平台中违背社会主流价值观的言论及时把控和引导，以减少短视频内容对受众的误导。三是利用网络用户行为监控技术，对民众观看热点事件短视频的过程进行预警监测，在观看和参与短视频社交网络舆论过程中适时进行干预和提醒，减少负面网络舆论的传播和对民众的不良影响。

① 陈炯钊：《短视频 APP 的传播模式及特征——以抖音 APP 为例》，《新闻研究导刊》2020 年第 5 期。

（二）强化主流媒体在短视频平台的舆论引领作用

虽然调查结果显示，超过八成的被访者对短视频平台的舆论引导效果持肯定态度，但主流媒体在短视频平台的舆论引领作用仍丝毫不容马虎。网络舆情阵地，如果主流媒体不去占领，则其他媒体会占领，主流媒体需要发挥引领作用，占领网络舆情阵地的制高点。一方面，主流媒体需要在各个短视频平台以弘扬中国特色社会主义、社会主义核心价值观、中华民族伟大复兴等主流价值观为依托引导网络舆论走向，针对社会热点问题敢发声、敢亮剑，第一时间击碎谣言，遏制负能量传播，保证网络舆论的风清气正。另一方面，为了巩固主流媒体的网络话语地位，及时掌握民众的思想动态和关注点，主流媒体应加快自身短视频 App 账号建设，以民众喜闻乐见的方式、实事求是的内容和主题、身边事身边人等接近民众，正面传播社会热点事件，站稳网络舆情引导的主阵地。①

（三）发挥网络名人在短视频平台的舆论影响作用

短视频平台作为舆情扩散的助推器，网络名人在其中扮演着重要角色。网络名人也称作网络“大 V”或者“意见领袖”。他们长期活跃在网络上，有庞大的粉丝群体。他们借助自身的影响力来引导和传播各种社会热点事件，跟踪各种事件的发展进程，为网民提供了一个可以实时了解社会动态的入口，对信息传播和舆论塑造起着巨大作用。要充分利用好网络名人资源，让他们成为短视频平台舆论引导工作的促进者和协作者。一是短视频平台要引导网络名人找准自身定位，坚持正确舆论导向，发挥好自身独特的资源优势，在互联网时代实现弯道超车，后发先至。二是多挖掘好人好事典型，加强旅游、文化等方面的创新性表达和宣传，积极推介展示甘肃对外形象，从不同角度为甘肃的发展赋能。三是要进一步加强与政府部门的沟通协调，积极与主流媒体“交换空间，开放赋能”，最终为构建健康良好的舆论环境贡献力量。

① 张颐武：《小城市公众能量今非昔比》，《中关村》2020 年第 8 期。

（四）提升短视频用户群体的媒介素养

本研究的调查表明，年龄结构处于中间层次的被访者，文化程度较高，社会阅历丰富，对庞杂的信息具有较强的分析、甄别和推理能力；相反，年轻被访者相对来讲社会阅历不足，年长的被访者受教育程度则相对较低，无法从多角度、多维度辨别信息，容易相信网络上传播的各类片面信息、敏感信息，所以提升短视频用户群体的媒介素养十分重要。据第 48 次《中国互联网络发展状况统计报告》（2021 年 8 月 27 日发布），截至 2021 年 6 月，我国网民规模为 10.11 亿，农村网民为 2.97 亿，占网民总数 29.38%；29 岁以下网民 3.34 亿，占网民总数 33.0%。短视频平台用户规模为 8.88 亿，占网民整体的 87.8%。短视频平台正在席卷农村地区，农村居民和青少年已成为短视频平台的主流用户群体。面对纷繁复杂的短视频社交网络世界，可以围绕以下三点提高短视频用户群体的媒介素养：① 一是利用平台推出一些正能量法制宣传片，抢抓意识形态主阵地建设，加强主流用户群体的普法教育，树立知法懂法守法意识，依法依规规范自身的网络言行；二是通过“反转”短视频社交网络舆论案例，让短视频用户明白舆情事件的前因后果，学会批判性思考，保持正确的舆论态度和独立思考习惯，提高自身的信息辨别能力；② 三是倡导文明用语，不做网络键盘侠，不信谣、不传谣、不造谣，为自己的一言一行负责，理性表达正面言行，传递正能量。

（五）营造健康的舆论生态

需要强化对短视频平台作为社情民意抒发的新阵地、舆情传播的新动力、舆情扩散的助推器等定位的认识，营造健康的舆论生态，让短视频平台真正成为汇聚正能量的磁场、体察民情畅通民意的窗口。一是发挥网络正能量磁场效应。③ 创作一批彰显主流价值观的网络作品，让社会主义核心价值

① 王宏伟：《舆情信息工作策略与方法》，中国人事出版社，2012。

② 史安斌：《“视频转向”背景下提升新闻舆论“四力”》，《电视研究》2018 年第 4 期。

③ 郭霄、何鑫：《短视频舆论事件传播的特点及模式》，《青年记者》2019 年第 35 期。

观和主流意识形态占据舆论高地，构筑坚固的网络屏障阵地。二是把短视频平台作为反映民意的窗口。各级领导干部基于短视频平台的窗口作用“问政于民、问需于民、问计于民”，密切联系群众，实实在在“听民意、解难题、办实事”，通过短视频平台走群众路线，贴近群众需求，回应和解决诸如养老、医疗、教育、扶贫、住房等重大民生问题，使短视频平台成为政府与民众交流沟通的新平台、为民众排忧解难的新途径、接受民众监督的新方式。[①] 三是修复和优化网络“生态链”。短视频平台必须在法治的轨道上运行，不能蜕化为蓄意造谣、违法犯罪的温床，守牢底线意识，杜绝网上过激行为跨越法律界限，对于一些网民发布的负面、消极甚至反动煽动性言论，必须运用法律手段依法查处，净化网络生态，营造风清气正的网络空间。

参考文献

李佳津：《短视频社交媒介的舆情危机防控策略》，《西部广播电视》2019 年第 16 期。

《第 48 次〈中国互联网络发展状况统计报告〉》，https：//topics. gmw. cn/node_140986. htm。

余秀才、王映荷：《突发事件舆论传播中的短视频转向与治理》，《中国出版》2020 年第 22 期。

邸娟：《社交媒体短视频应用及传播分析》，《新闻研究导刊》2020 年第 5 期。

陈炯钊：《短视频 APP 的传播模式及特征——以抖音 APP 为例》，《新闻研究导刊》2020 年第 5 期。

张颐武：《小城市公众能量今非昔比》，《中关村》2020 年第 8 期。

王宏伟：《舆情信息工作策略与方法》，中国人事出版社，2012。

史安斌：《“视频转向”背景下提升新闻舆论“四力”》，《电视研究》2018 年第 4 期。

郭霄、何鑫：《短视频舆论事件传播的特点及模式》，《青年记者》2019 年第 35 期。

金明勇、孙愈中：《用短视频占领舆论阵地制高点》，《视听纵横》2020 年第 4 期。

① 金明勇、孙愈中：《用短视频占领舆论阵地制高点》，《视听纵横》2020 年第 4 期。

B.11
民众对政务新媒体舆论引导力的感受与评价

杨 波*

摘 要： 网络意见的表达方式已经多样化，而且伴随互联网技术的发展趋向会更加多样化。政务新媒体应持怎样的理念和方法来引导网络舆论，让网络言论自由遵循公序良俗，有规范、有底线，既充分尊重和维护网民的言论自由，同时又要保障国家的政治安全以及公民的权益？毕竟网络不是虚拟场域，而是现实社会的延伸。为此，网络舆情需要正向引导和监管，需要及时拨乱反正，而政务新媒体作为网络秩序的制定者、执行者和维护者，负有不可替代的作用。本报告以甘肃民众为调查对象，通过问卷调查形式获取民众对政务新媒体舆论引导力的感受与评价，通过分析，提出相应对策建议，以供参考。

关键词： 甘肃 政务新媒体 舆论引导力 民众

作为国家政策制定和监督执行机关，政府借助新媒体运营，加强政策宣传和民众舆论的正向引导，将有利于民众准确理解和支持政策的落实，将有利于占据舆论主战场，把控舆论导向和适度引导非官方媒体的宣传方向，将有利于减少不良舆论媒体传播、压缩不良舆论的生存空间，将有利于弘扬主旋律、传播正能量，培育社会主义核心价值观，净化舆论环境、维护公序良俗、促进社会和谐。

---

* 杨波，甘肃省社会科学院决策咨询研究所副研究员，主要研究方向为产业经济、区域经济。

一 调查对象的基本情况

（一）被访者基本情况

本次课题抽样充分考虑了甘肃省内社会学特征，选择了全省 14 个市州及兰州新区作为样本调查区域，以网络调查（问卷星）方式展开调查，共发放网络问卷 762 份，回收问卷 762 份，回收率为 100%，其中有效问卷 762 份，有效率为 100%。在 762 份有效问卷答案来源中微信来源 624 份（81.89%），手机提交 135 份（17.72%），链接来源 3 份（0.39%）。762 份有效问卷中兰州市区 356 份（46.72%）、张掖市 94 份（12.34%），天水市 38 份（4.99%），嘉峪关市 31 份（4.07%），酒泉市 40 份（5.25%），白银市 26 份（3.41%），定西市 17 份（2.23%）、武威市 46 份（6.04%），庆阳市 28 份（3.67%），平凉市 23 份（3.02%），金昌市 19 份（2.49%），陇南市 14 份（1.84%），临夏州 9 份（1.18%），甘南州 5 份（0.66%），兰州新区 16 份（2.10%）。

从居住地看，被访者中有 588 人（77.17%）居住在城区，有 12 人（1.57%）居住在城郊，有 45 人（5.91%）居住在县城，有 24 人（3.15%）居住在乡镇，有 93 人（12.20%）居住在农村。从性别结构看，48.43% 为男性，51.57% 为女性。从民族分布看，汉族有 747 人（98.03%），回族有 5 人（0.66%），藏族有 1 人（0.13%），蒙古族有 2 人（0.26%），满族有 1 人（0.13%），其他民族有 6 人（0.79%），分别为哈萨克族 3 人、土族 1 人、苗族 1 人、土家族 1 人。从年龄分布看，18 ~25 岁的有 228 人（29.92%），26 ~35 岁的有 123 人（16.14%），36 ~45 岁的有 156 人（20.47%），46 ~60 岁的有 237 人（31.10%），60 岁以上的有 18 人（2.36%）。从文化程度看，高中（职中）以下有 75 人（9.84%），大学专科有 108 人（14.17%），大学本科有 477 人（62.60%），硕士及以上有 102 人（13.39%）。从职业身份看，划分了 10 个阶层，事业单位/公务员/政府工作人员156人（20.47%），专业技术人员135人（17.72%），商业、服务业人员45人（5.91%），农、林、牧、渔、水利业生产人员13人（1.71%），公司职员156人（20.47%），工人29人（3.81%），自由职业者54人（7.09%），军人4人（0.52%），学生165人（21.65%），其他5人（0.66%），主要是离退休人员。有效问卷对应的调查对象基本信息见表1。

表1　有效调查问卷对应的被访者基本信息汇总

单位：人，%

基本信息		人数	占比
居住地	城区	588	77.17
	城郊	12	1.57
	县城	45	5.91
	乡镇	24	3.15
	农村	93	12.20
性别	男	369	48.43
	女	393	51.57
民族	汉	747	98.03
	回	5	0.66
	藏	1	0.13
	蒙	2	0.26
	满	1	0.13
	其他	6	0.79
年龄	18~25岁	228	29.92
	26~35岁	123	16.14
	36~45岁	156	20.47
	46~60岁	237	31.10
	60岁以上	18	2.36
文化程度	高中（职中）以下	75	9.84
	大学专科	108	14.17
	大学本科	477	62.60
	硕士及以上	102	13.39

续表

基本信息		人数	占比
职业身份	事业单位/公务员/政府工作人员	156	20.47
	专业技术人员	135	17.72
	商业、服务业人员	45	5.91
	农、林、牧、渔、水利业生产人员	13	1.71
	公司职员	156	20.47
	工人	29	3.81
	自由职业者	54	7.09
	军人	4	0.52
	学生	165	21.65
	其他	5	0.66

（二）问卷设计思路

本调研旨在了解甘肃民众对政务新媒体舆论引导力的感受和评价，探索和思考甘肃政务新媒体对舆论引导的成效，以期通过深度分析，提供合理化的对策建议，促使甘肃政务新媒体在舆论阵地战中能够科学高效地抢夺制高点，控制话语权，全面提升政务新媒体的传播力、引导力、影响力和公信力，紧守党和国家的宣传阵地，树立社会主义核心价值观，唱响主旋律、弘扬正能量。基本的调查问题集中在四个方面：一是民众对政务新媒体和舆论的感知力调查；二是民众对政务新媒体舆论引导力的感受调查；三是民众对政务新媒体舆论引导力的评价调查；四是民众对政务新媒体舆论引导工作的建议调查。具体的问卷题项见表2。

表2　政务新媒体舆论引导力调查问卷题项描述

维度	题项信息
民众对政务新媒体和舆论的感知力	您是否了解政务新媒体的相关政策法规？
	如果在网络上看到热点问题，您会花时间去进行深入了解吗？
	您最关注哪类热点问题？
	您对热点问题的态度表现是什么？
	您会受网络上普遍的观点而影响自己的判断吗？

续表

维度	题项信息
民众对政务新媒体舆论引导力的感受	您觉得政务新媒体舆论引导中哪种力量更重要?
	您认为政务新媒体的舆论回应与引导途径有?
民众对政务新媒体舆论引导力的评价	您觉得政务新媒体对舆论引导是否起到影响作用?
	您认为本地区政务新媒体的舆论回应与引导是否及时、公开、透明?
	您认为本地区政务新媒体的舆论引导工作的效果?
	您认为政务新媒体建设中存在的主要问题有?
	您认为政务新媒体舆论引导中存在的主要问题有?
民众对政务新媒体舆论引导工作的建议	您认为政务新媒体建设中亟须做好哪些工作?
	您认为今后政务新媒体舆论引导应该加强哪些方面的工作?
	您对今后政务新媒体舆论引导工作有何建议?

二　民众对政务新媒体舆论引导力的感受及感知分析

（一）超八成的被访者对甘肃政务新媒体的相关政策法规有所了解

问及“您是否了解政务新媒体的相关政策法规?”时，6.72%的被访者选择了“非常了解”，76.68%的被访者选择了“了解一些”，两者相加到达83.4%；而选择“一点也不了解”的被访者只有16.6%（见图1）。

政策法规的宣传是统一人们思想认识的一个有效手段，是惠民的重要保障，只有做到精准传达，才能让政策法规得到有效执行，让公民在知法、懂法、用法的基础上，在符合政策条件和法规要求下切实感受政策的红利和法律的保障，规范网络行为，净化网络环境。

从阶层来分析，事业单位/公务员/政府工作人员和专业技术人员对政务新媒体的政策法规的掌握程度更高，理解得更为透彻，“了解一些”和“非常了解”的总人数占比分别达到90.39%（其中，“非常了解”的占比为17.31%）和91.11%（其中，“非常了解”的占比为11.11%），位居十大阶层前两位；

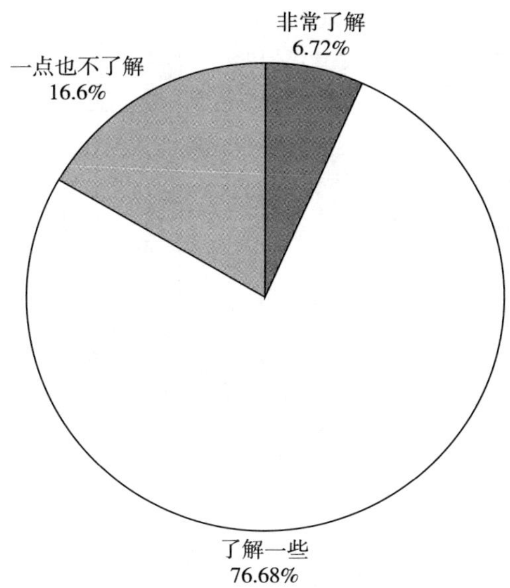

图 1　被访者对政务新媒体相关政策法规的了解情况

军人、工人、自由职业者、学生和公司职员处于中间层次，“了解一些”的程度占比更大，分别达到 100%、89.66%、83.33%、78.18% 和 75.00%；对政策法规了解程度最低的是商业、服务业人员以及农、林、牧、渔、水利业生产人员，由于职业限制，缺乏政策法规了解的渠道和时间。为此，如何推动政策法规宣传和普及到基层成为宣传者亟待解决的问题（见图 2）。

（二）大多数被访者对热点事件的判断持谨慎的态度

问及“如果在网络上看到热点问题，您会花时间去进行深入了解吗?”时，更多的被访者愿意了解热点事件的本身，有三成的被访者甚至更愿意追本溯源，只有极少数的被访者持有漠不关心的态度。调查显示 32.68% 的被访者愿意深度了解，63.39% 的被访者选择了“偶尔会”，只有 3.94% 的少数人从不关心热点问题（见图 3）。

问及“您最关注哪类热点问题?”时，社会问题成为大多数被访者不二的选择，92.52% 的被访者选择了社会问题；其次，43.31% 的被访者对财经

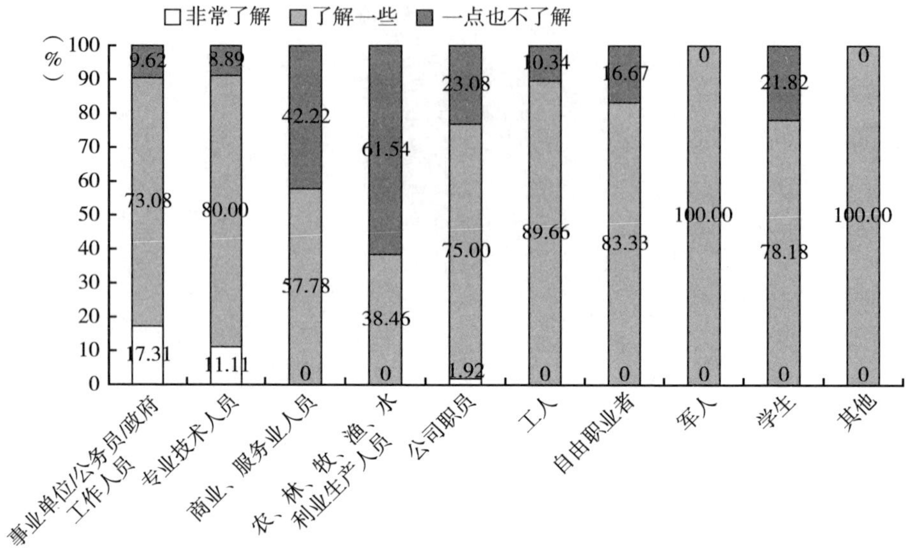

图 2　按职业身份划分对政策法规的了解程度

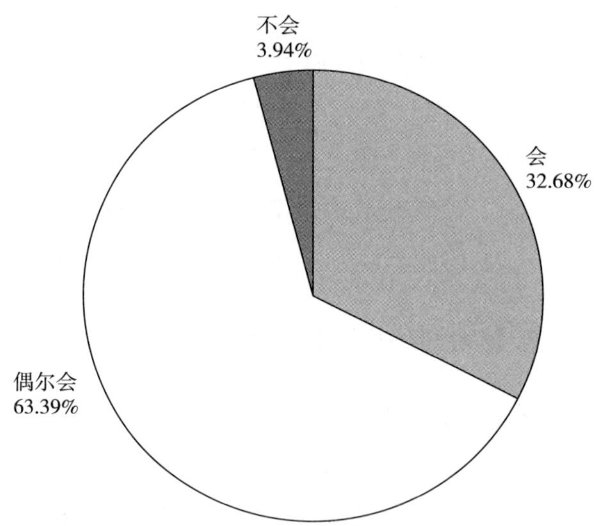

图 3　被访者对热点问题的关心程度的选择比例

资讯比较关注，33.46%的被访者对娱乐信息比较关注，22.83%的被访者对体育新闻比较关注，还有8.27%的被访者对文旅、科技、教育、军事、历史、党建、时事政治、行业信息较为关注，网络舆论的焦点逐步转向了社会公平正义、经济建设、科技发展、安全环境等方面，焦点从物质需要转向精神诉求，这是社会文明进步的重要体现（见图4）。

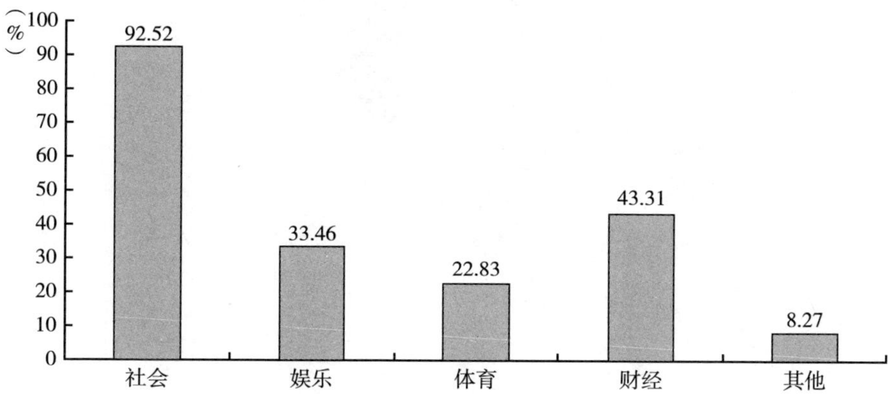

图4　被访者关注热点问题的类型选择比例

问及“您对热点问题的态度表现是什么?”时，半数的被访者保持谨慎的态度，选择“只看不说”；37.8%的被访者愿意和朋友探讨；有10.63%的被访者愿意走到网络舆论的前台，发表评论并参与讨论；只有1.18%的被访者对此毫不感兴趣（见图5）。

问及“您会受网络上普遍的观点而影响自己的判断吗?”时，理性表达和坚持自我占了近九成的比例，45.67%的被访者选择“视情况而定”；42.91%的被访者选择坚持自己的看法；11.42%的被访者会接受网络普遍观点（见图6）。

（三）更多民众认为政务新媒体引导力中的决定性因素是公信力

问及“您觉得政务新媒体舆论引导中哪种力量更重要?”时，57.48%的被访者认为政务新媒体对舆论引导中公信力更为重要，因为政府的公信力是政府治理经济社会的基本要求，是经济社会秩序的基础，是现代市场经济的基石和灵魂，是社会信用体系的关键；56.3%的被访者认为政务新媒体对

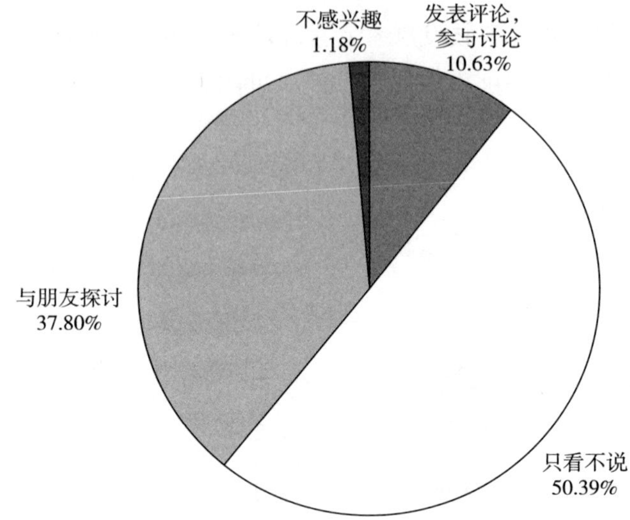

图5　被访者对热点问题的态度选择比例

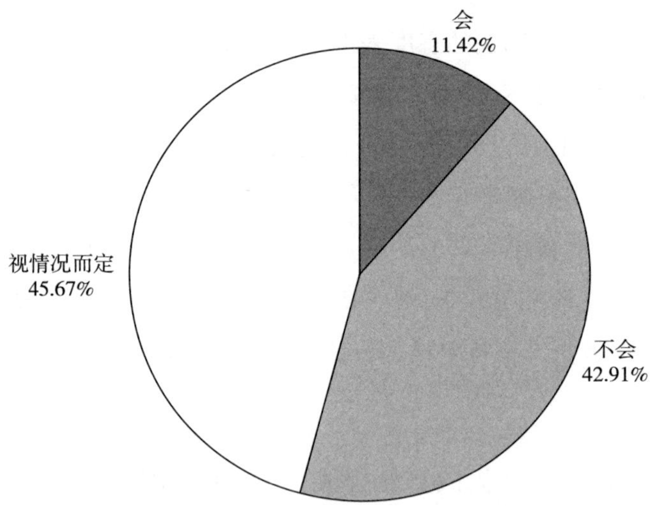

图6　被访者受网络上普遍的观点影响自己判断的选择比例

舆论引导中四种力量都重要，政务新媒体的矩阵“四力”是一种合力，它是衡量舆论效果的标准，也是制度完善的“塔标”；52.36%的被访者认为政务新媒体对舆论引导中引导力更为重要；50.79%的被访者认为政务新媒体对舆论引导中传播力更为重要；47.24%的被访者认为政务新媒体对舆论引导中影响力更为重要（见图7）。

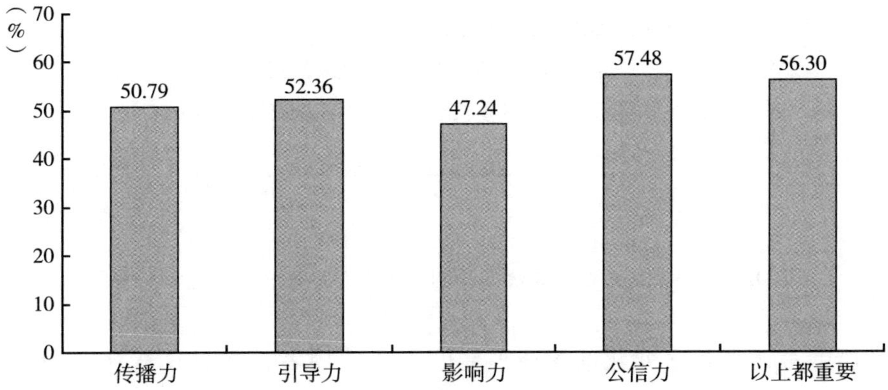

图7 被访者对政务新媒体舆论引导的力量选择比例

问及"您认为政务新媒体的舆论回应与引导途径有?"时，多元化的平台工具丰富了民众的选择，它不仅仅带来了资讯获取的便利，也成为信息反馈的主要通道。其中，"两微一端"依旧成为绝大多数被访者最佳的选择，传统纸媒则越来越不受青睐。84.25%的被访者选择微信公众号、微信视频号；80.31%的被访者选择官方微博；70.08%的被访者选择政府官网；59.45%的被访者选择官方App（移动端）；57.87%的被访者选择抖音、快手等短视频平台；51.18%的被访者选择客户端；30.31%的被访者选择哔哩哔哩、西瓜视频；2.36%的被访者选择百度、QQ等可以看到新闻消息的软件和传统纸质媒介（见图8）。

从年龄分层来看，18~25岁年龄段的被访者更喜欢选择多元化的方式来关注政务新媒体的舆论回应和引导，尤其是通过短视频平台、微博、微信来获取信息资源，46~60岁年龄段的被访者则更倾向于通过官方App、政府官网、纸质媒介和微信公众号、微信视频号来获取信息资源；60岁以上的被访者对新媒体平台的应用相对陌生和不足。从文化程度来看，大学本

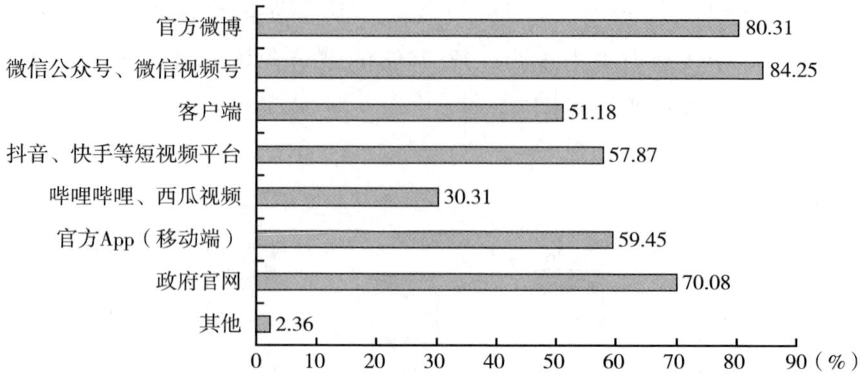

图8　被访者对政务新媒体舆论回应与引导途径选择的比例分布

科学历的被访者是多元化新媒体平台的主要使用者，而且在途径选择上几乎是无差别选择，使用率基本上在60%以上；使用率最低的是高中（职中）以下学历的被访者，各平台使用率基本上在10%以下，只有纸媒的使用率超过10%（见表3）。

表3　分年龄、分文化程度政务新媒体舆论回应与引导途径选择分布

单位：%

项目		官方微博	微信公众号、微信视频号	客户端	抖音、快手等短视频平台	哔哩哔哩、西瓜视频	官方App（移动端）	政府官网	其他
年龄	18～25岁	33.33	29.91	28.46	35.37	41.56	26.49	26.97	33.33
	26～35岁	17.65	17.29	17.69	15.65	16.88	16.56	16.29	16.67
	36～45岁	19.61	20.09	23.85	22.45	24.68	21.85	21.91	16.67
	46～60岁	26.96	30.37	29.23	25.85	16.88	31.79	32.02	33.33
	60岁以上	2.45	2.34	0.77	0.68	0.00	3.31	2.81	0.00
文化程度	高中（职中）以下	6.37	7.94	6.15	7.48	3.90	6.62	8.43	16.67
	大学专科	15.20	14.02	13.85	15.65	9.09	15.23	14.04	16.67
	大学本科	65.20	63.55	62.31	62.59	68.83	60.93	61.24	50
	硕士及以上	13.24	14.49	17.69	14.29	18.18	17.22	16.29	16.67

三　民众对政务新媒体舆论引导力的评价与分析

（一）大多数被访者肯定政务新媒体舆论引导的正向效应

1. 近九成的被访者肯定政务新媒体舆论引导的积极作用

问及“您觉得政务新媒体对舆论引导是否起到影响作用?”时，多数被访者认可政府作为和政务新媒体对舆论的引导，35.04%的被访者认为政务新媒体对舆论引导起到非常重要的影响；52.36%的被访者认为政务新媒体对舆论引导起到比较重要的影响；11.02%的被访者认为政务新媒体对舆论引导影响作用一般；1.57%的被访者认为政务新媒体对舆论引导毫无影响（见图9）。

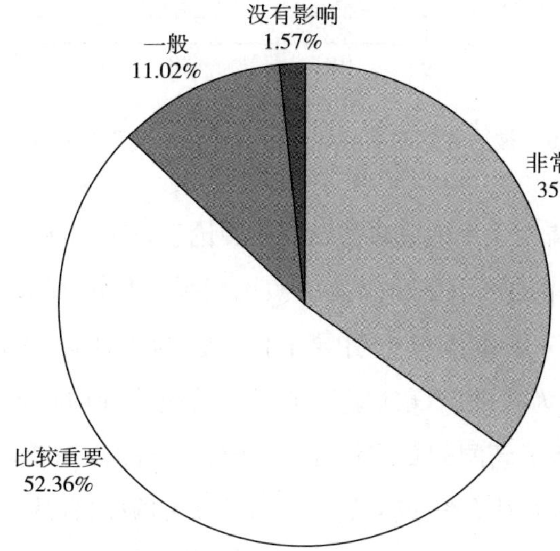

图9　被访者对政务新媒体舆论引导的影响作用的看法的选择

2. 半数以上的被访者认为本地区政务新媒体的舆论回应与引导及时、公开、透明

问及“您认为本地区政务新媒体的舆论回应与引导是否及时、公开、

透明?”时，多数被访者更愿意正向评价政务新媒体舆论引导工作，51.18%的被访者认为政务新媒体对舆论回应与引导及时、公开和透明；42.78%的被访者认为政务新媒体对舆论回应与引导的及时性、公开度和透明度一般；5.38%的被访者认为政务新媒体对舆论回应与引导不及时、不公开和不透明；还有0.66%的被访者以前对此问题没有关注过，不太了解（见图10）。

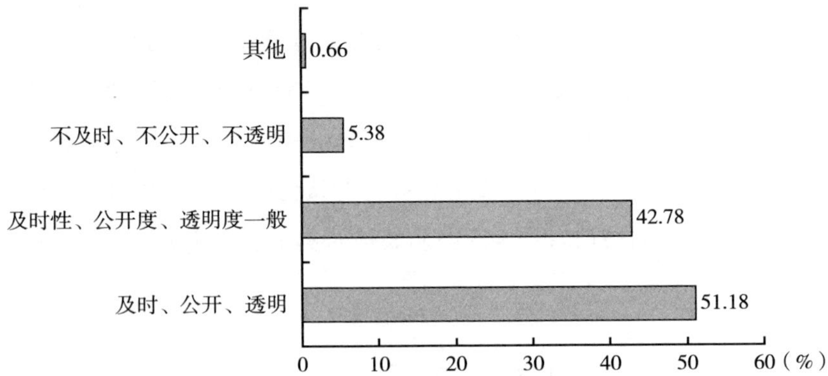

图10　被访者对政务新媒体的舆论回应与引导评价

3. 七成被访者肯定了本地区政务新媒体舆论引导工作成绩

问及“您认为本地区政务新媒体的舆论引导工作的效果?”时，七成的被访者正面看待政务新媒体舆论引导工作，认为工作取得了积极的效果，70.47%的被访者认为政务新媒体坚持了正确的舆论导向；69.69%的被访者认为政务新媒体坚持了新闻的真实性原则；61.42%的被访者认为政务新媒体及时回应并解决了舆情中的焦点问题。二成左右的被访者认为政务新媒体的舆论引导工作还存在一些不足，21.26%的被访者认为政务新媒体回应不及时，解决舆情中的焦点问题不完全；17.32%的被访者认为政务新媒体舆论导向不明晰；12.99%的被访者认为政务新媒体新闻真实性存疑；2.36%的被访者表示对此问题不太关注，不了解政务新媒体的具体工作（见图11）。

从年龄分层来看，50%的60岁以上的被访者在对政务新媒体舆论引导工作表示认可的同时，有66.67%的被访者认为存在回应不及时，解决舆情中的

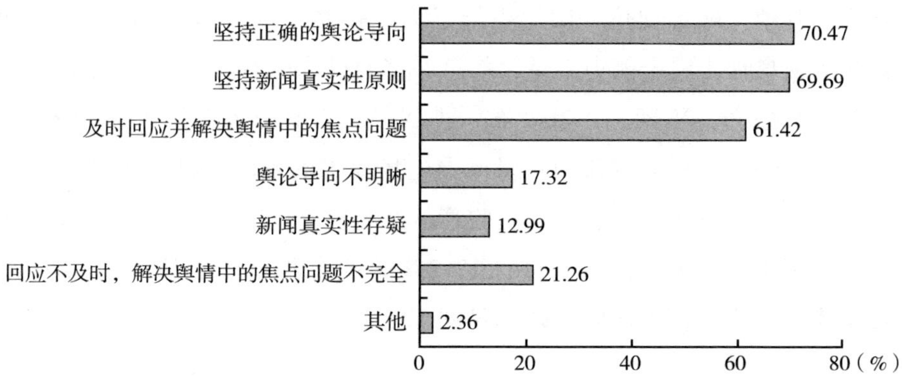

图 11　被访者对本地区政务新媒体舆论引导工作的效果评价

焦点问题不完全等现象；有 16.67% 的被访者认为存在舆论导向不明晰的问题，群体满意度相对较低。其他年龄段的被访者对政务新媒体舆论引导工作认可度达到60%左右，20%左右的被访者认为存在一定的不足（见表4）。

表 4　被访者对本地区政务新媒体舆论引导工作的效果评价的年龄分布

单位：%

年龄	坚持正确的舆论导向	坚持新闻真实性原则	及时回应并解决舆情中的焦点问题	舆论导向不明晰	新闻真实性存疑	回应不及时，解决舆情中的焦点问题不完全	其他
18～25 岁	71.05	68.42	67.11	22.37	15.79	21.05	2.63
26～35 岁	73.17	75.61	75.61	12.20	12.20	9.76	0.00
36～45 岁	78.85	73.08	51.92	15.38	11.54	25	3.85
46～60 岁	64.56	67.09	58.23	16.46	12.66	21.52	2.53
60 岁以上	50	50	16.67	16.67	0.00	66.67	0.00

（二）多数被访者认为政务新媒体建设和舆论引导工作仍存在不足

1. 半数以上被访者认为政务新媒体建设机制不顺，定位不清

问及“您认为政务新媒体建设中存在的主要问题有?”时，54.33% 的被访者认为缺乏整体规划、专业化的运营机制和效果评估；47.24% 的被访者认为相关单位、部门之间没有实现整体联动，单打独斗；44.09% 的被访

者认为内容缺乏精准定位，舆论引导乏力，存在“僵尸号”；41.73%的被访者认为信息加工整合能力不足，信息内容的权威性不足；31.1%的被访者认为存在只发布，不回复；乱发布，神回复，忽略政务新媒体的沟通、便民、施政目的，无法适应移动互联网舆论场要求的现象；21.65%的被访者认为存在运营人员职业素养不高、监管不力的现象；1.18%的被访者认为对真实情况不了解，无法回答；只有12.2%的被访者充分肯定了政务新媒体建设工作，认为不存在任何问题（见图12）。

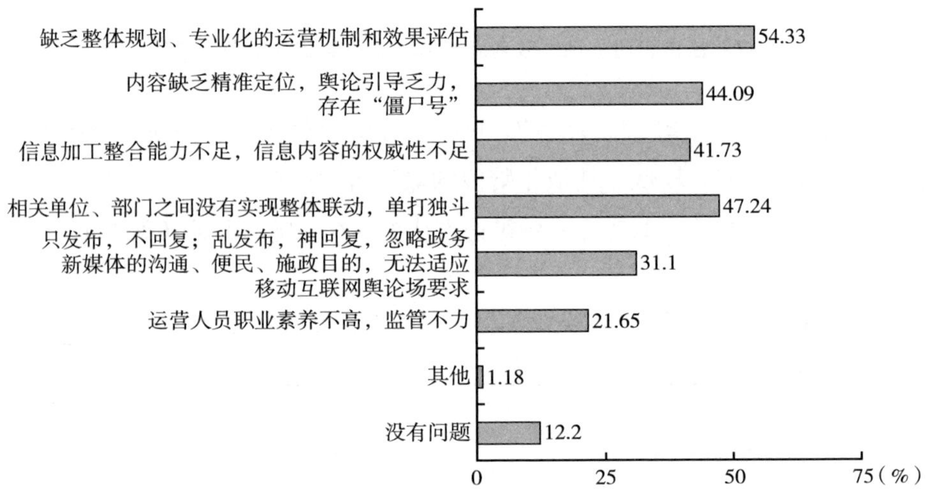

图12 被访者对政务新媒体建设工作中存在的问题梳理结果

从年龄分层来看，30%左右的18~25岁和46~60岁年龄段的被访者对政务新媒体建设工作不满意程度相对较高，同时，认为不存在问题的比例也很高；60岁以上的被访者对政务新媒体建设工作较为满意，满意度在96%以上（见表5）。

表5 被访者对政务新媒体建设工作中存在各类问题的年龄分布

单位：%

项目	18~25岁	26~35岁	36~45岁	46~60岁	60岁以上
缺乏整体规划、专业化的运营机制和效果评估	31.88	14.49	23.91	27.54	2.17

续表

项目	18～25岁	26～35岁	36～45岁	46～60岁	60岁以上
内容缺乏精准定位，舆论引导乏力，存在“僵尸号”	34.82	17.86	19.64	24.11	3.57
信息加工整合能力不足，信息内容的权威性不足	25.47	14.15	27.36	30.19	2.83
相关单位、部门之间没有实现整体联动，单打独斗	25.83	13.33	28.33	30.83	1.67
只发布，不回复；乱发布，神回复，忽略政务新媒体的沟通、便民、施政目的，无法适应移动互联网舆论场要求	37.97	13.92	17.72	27.85	2.53
运营人员职业素养不高、监管不力	29.09	12.73	18.18	36.36	3.64
其他	0.00	33.33	0.00	66.67	0.00
没有问题	25.81	16.13	19.35	35.48	3.23

2. 近六成的被访者认为政务新媒体发声、回应的频率不够

问及“您认为本地区政务新媒体舆论引导中存在的主要问题有?”时，58.27%的被访者认为政务新媒体的发声、回应密度不足，时效性和实效性不强；48.43%的被访者认为缺乏专业知识、媒介素养的舆论引导专职人员；37.40%的被访者认为存在舆情回应后续发展跟进不及时、信息公开“烂尾”的现象；36.22%的被访者认为存在信息发布不及时、不准确的现象；25.59%的被访者认为存在重大问题缺位、不发声的现象；20.08%的被访者认为存在舆情回应草率、结论不准确的现象；1.57%的被访者认为存在只发布不回复的现象；只有14.96%的被访者充分肯定了本地区政务新媒体舆论引导工作，认为不存在任何问题（见图13）。

从年龄分层来看，30%左右的18～25岁和46～60岁年龄段的被访者对政务新媒体舆论引导工作不满意程度和满意程度在本年龄段中的占比都相对较高；60岁以上的被访者对政务新媒体舆论引导工作较为满意，满意度在95%以上（见表6）。

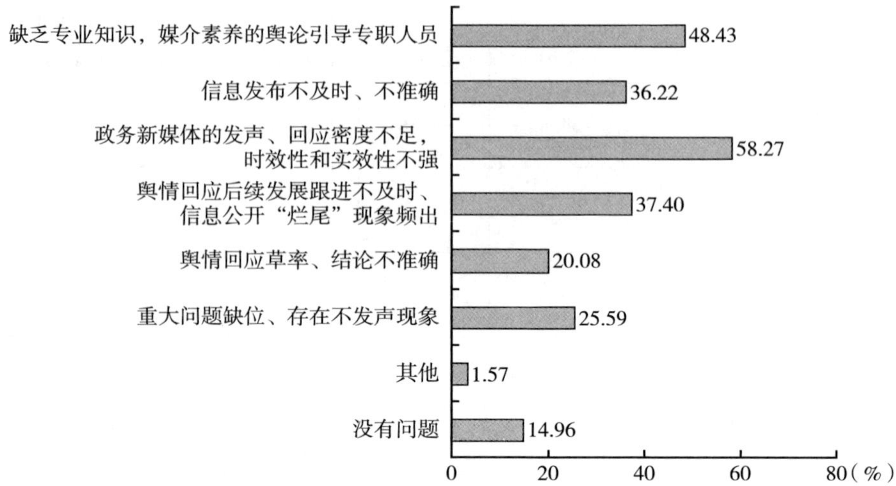

图 13　被访者对本地区政务新媒体舆论引导工作存在问题梳理结果

表 6　被访者对本地区政务新媒体舆论引导工作存在各类问题的年龄分布

单位：%

项目	18～25 岁	26～35 岁	36～45 岁	46～60 岁	60 岁以上
缺乏专业知识、媒介素养的舆论引导专职人员	28.46	17.07	27.64	23.58	3.25
信息发布不及时、不准确	34.78	15.22	20.65	27.17	2.17
政务新媒体的发声、回应密度不足，时效性和实效性不强	29.73	10.14	24.32	33.78	2.03
舆情回应后续发展跟进不及时、信息公开“烂尾”现象频出	33.68	12.63	21.05	31.58	1.05
舆情回应草率、结论不准确	33.33	13.73	21.57	29.41	1.96
重大问题缺位、存在不发声现象	30.77	13.85	20	30.77	4.62
其他	0.00	0.00	50	50	0.00
没有问题	26.32	18.42	18.42	34.21	2.63

（三）被访者对政务新媒体舆论引导工作的建议与期望

1. 大多数被访者认为政务新媒体建设应更具有权威性和系统性

问及“您认为政务新媒体建设中亟须做好哪些工作?”时，84.25% 的被访者认为应该全面提升政务新媒体传播力、引导力、影响力、公信力；76.77%的被访者认为应该建设更加权威的信息发布和解读回应平台、更加便捷的政民互动和办事服务平台；73.23%的被访者认为迫切需要建成以政府网政务新媒体为龙头，整体协同、响应迅速的政务新媒体矩阵体系；64.96%的被访者认为应该加强内容建设，精准定位；59.06%的被访者认为有必要打造一批优质精品账号；0.79%的被访者不关心此问题（见图14）。

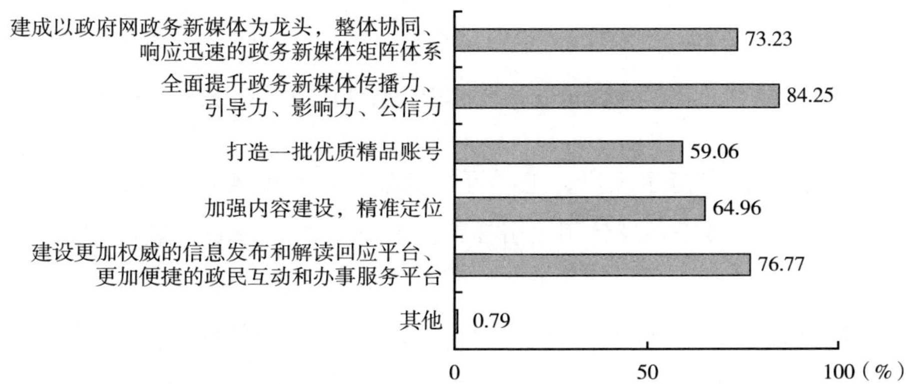

图14　被访者对本地区政务新媒体建设工作的建议梳理

2. 大多数被访者认为政务新媒体舆论引导工作应更具有全面性和规范性

问及“您认为今后政务新媒体舆论引导应该加强哪些方面的工作?”时，73.62%的被访者认为应该加强内容建设，提高内容品质，丰富内容形式；72.83%的被访者认为需要明确角色定位，强化服务理念，重视融合互补；70.47%的被访者认为拓宽传播渠道，加大传播力度，增强传播覆盖度有助于舆论引导；64.96%的被访者认为应该强化公众参与，精心设置议程，规范回应行为；57.48%的被访者认为亟须推进队伍建设，细化职能职责，加强系统培训；49.21%的被访者主张跨界联合，破圈传播，提高传播效果；1.57%的被访者认为要加大各方面工作的推进力度（见图15）。

3. 被访者对今后政务新媒体舆论引导工作的期望

调查问卷的最后设置了一道发散性的问题，问及“您对今后政务新媒

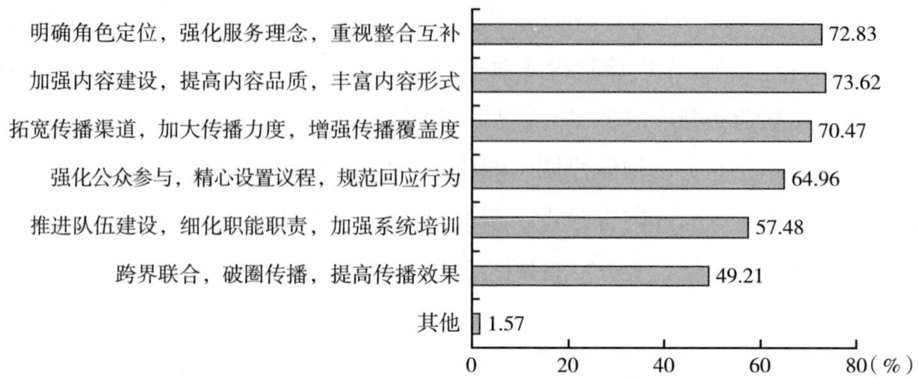

图 15　被访者对本地区政务新媒体舆论引导工作的建议梳理

体舆论引导工作有何建议?”，想尽可能通过被访者的各抒己见，聆听民众的声音，以期为政务新媒体舆论引导工作更加科学、高效提供破题思路。总结如下。

（1）提高效率，尤其是特殊时期，比如疫情期间的新闻发布更需要注重时效性。加大重点新闻挖掘力度，重大事件及时发布、同步追踪。多多聆听民众的声音，了解民众需求，给予有效回应。要敢于发声，尤其是面对稍微涉及敏感话题的舆论，各个平台多采取直接封禁的措施，对于比较突出的矛盾，选择视而不见、听而不闻。应当有效疏通交流渠道，正确引导舆论导向。

（2）要做到全面、准确、公开、透明、真实。实事求是，正确引导，在一些争议性很强的话题上，不应该为了争取速度而发布未确认的消息，应当明晰前因后果，调查清楚后发布。不随意发布因果不明的新闻视频，防止引起网民网络暴力。同时要突出问题解决，对于民众的建议和诉求应适当回复，可以晚，但不可以假。

（3）舆论引导应该具有政治敏锐性和预见性，主动作为，对不良舆论导向要强化干预手段。重视及时性、精准性、权威性和导向性，避免民众被谣言所惑。

（4）加强学习，提升工作人员政治素养和专业素质，强化服务理念，深层次解读各项政策法规，加强内容建设，规范回应行为和方式，强化公众参与。

（5）丰富咨询内容，及时更新，体察民情，顺应民心，多办实事，形式让道。贴近百姓生活，加强对社会热点和与人民生活息息相关的动向的引导，强化互动，贴近中小企业主，拉动本地经济增长。及时回应和解决老百姓关心的问题和投诉，尤其是民生问题。

（6）加强舆论监督，提高舆论信息的监管力度，强化公信力建设，发挥舆情主阵地作用。严格审核发表的内容，打造良好的网络环境，提高公信力。拓宽传播渠道，多渠道专业化进行舆论引导，全网平台全线开通，学习互联网思维，注重交互应用。以公众喜闻乐见的形式进行舆论引导，突出创新和真实有效性。加大非法网络舆论的打击力度，关键是在监控、监督上要下功夫，尝试推进网络用户实名制改革。

（7）加强地方政府的新媒体（官媒）宣传和推广，增强大众对官方账号认可的共识。弘扬主旋律，宣传正能量偶像。加大引导，增加覆盖面。加深广大群众对政务新媒体的了解，提高群众的关注度，多为人们关注的热点问题发声。

四　对策建议

（一）确保政务新媒体舆论引导信息的高效传播

1. 内容建设

越来越多的民众开始依赖新媒体来满足精神需求，内容服务成了民众精神消费的主要供应源头。民众对内容建设的最基本的要求就是真实性与权威性，这是政府公信力维护的根本。为此，要求政策解读要精准，观点论述要客观公正，内容要准确和正确，信息数据要口径一致。

2. 平台建设

政务新媒体舆论引导是一项严肃和权威的工作，在平台选择上要尽可能扩大宣传面，畅通宣传渠道。为此，宣传平台的选择尽可能是合作受众面广、受众人数多、针对性较强、群体相对稳定的新媒体宣传和推广的平台。

3. 时间管控

政务新媒体舆论引导时效性非常重要，尤其是面临一些突发事件，机会稍纵即逝。如果不能及时发布、及时追踪、及时发声，以正视听，就会很容易被不实消息、不良动机所误导。

4. 形式创新

传播形式的多样化、传播平台的多元化、传播途径的多维度，为不同受众群体提供个性化、多元化的选择。借助文字、图片、短视频、视频直播等多种形式创新引导方式，抓住受众兴趣点，满足不同群体的不同需求。

5. 品牌打造

政务新媒体要打造自己的互联网品牌，走品牌化的道路。地方新闻网站要积极打造自己的“演讲台”，要有自己的“发声筒”。设计本地区政务新媒体专属徽标，建立主持人制度，让政务新媒体品牌与主持人品牌对受众形成双重吸引力，稳定受众基础，扩大受众覆盖面。助力“互联网 + 社会治理”，借力优质媒体扩大品牌影响力，与社会团体联手打造更加精准的专业化队伍。引进专业人才，实现传播与服务的纵深发展，让政务新媒体更好地引导舆论宣传。

（二）积极推动政务新媒体矩阵化、专业化、垂直化

甘肃政务新媒体经历了规模增长阶段，正朝矩阵化、专业化、垂直化的方向发展。矩阵聚力的目的就是扩大综合效能，让新媒体迸发出更大的动能，促使地方政务发挥更大的功效；专业化的目的在于解决问题，在于帮助企业或个人解决具有专业性的问题，从而让政务新媒体服务落到实处；垂直化的目的在于组织的健全和完善，在于促进政务新媒体服务的下探、上触，在于纵深化发展，实现受众的上下游兼顾。为此，要加快推进“互联网 +”发展，扩大政务新媒体规模，提升新媒体服务水平，融入政务新媒体矩阵集群，坚持双微并行、多端多轨，营造宣传大格局，将最大化放大新媒体对地方政务的支撑作用。

（三）政务新媒体舆论引导要坚持热点“降温”、焦点“散焦”的原则

微博、微信、移动客户端等政务新媒体是移动互联网时代党和政府联系群众、服务群众、凝聚群众的重要渠道，政务新媒体作为官方对外发声平台，是党和政府的宣传阵地，必须注重所涵盖的政治立场和思想导向，坚持做到党性和群众性相统一、服务性和权威性相统一、娱乐性和实用性相统一。要时刻与党中央保持高度一致，用群众的语言，传递党的声音。一方面，要严格内容发布审核制度，坚持分级分类审核、先审后发，明确审核主体、审核流程，严把政治关、法律关、政策关、保密关、文字关。规范转载发布工作，原则上只转载党委和政府网站以及有关主管部门确定的稿源单位发布的信息，不得擅自发布代表个人观点、意见及情绪的言论，不得刊登商业广告或链接商业广告页面。另一方面，突发事件发生后，如果政府的权威信息释放不及时，会让谣言肆虐，不仅有损政府公信力，还会为政府日后的舆情应对增加风险。因此，政务新媒体必须尽可能地快速发声，实事求是地给予公众一个确定的信息，让主流舆论先行到达舆论场。发布信息时，政务新媒体应坚持正面导向，公众的积极支持对问题的解决很重要，媒体应该起到释放压力、缓解焦虑的作用。要客观、公正、理性面对舆论形成，在不失语的同时保证不偏颇、不激进、不乱语，坚持给热点“降温”、给焦点“散焦”，时刻绷紧“公信力”这根弦，树立社会主义核心价值观，唱响主旋律、弘扬正能量。营造积极舆论氛围，为高质量发展提供强有力的舆论支持。

（四）政务新媒体舆论引导要顺应民意、真诚回应、良性互动

政务新媒体必须用更包容的态度直面批评和质疑，并找到背后的情绪生成逻辑，对于合理的关切要给予反馈和满足，形成一种良性互动。比如，2021 年 10 月中下旬，甘肃发生新一轮新冠肺炎疫情，伴随疫情的加重，出现了部分负面情绪占主导的话题，如咒骂患者、地域攻击、疫情封闭期间困难求助等话题；但同时，也出现了展现正面情绪的话题，如积极互动、加油

打气、感恩医护人员和各方援助力量等方面的话题。不难看出消极因素的话题多数往往和自身利益相关，一旦处置不当，极易造成谣言丛生，导致政府信任丧失。为此，面对突发公共卫生事件，甘肃官媒疫情通报方面，坚持疫情通报及时、公开，正面导向；同时，根据公众的诉求和疫情变化不断调整疫情发布的内容深度、呈现形式、话语修辞，使内容更加全面、丰富，信息来源真实、可靠。

（五）政务新媒体舆论引导要主动作为，发掘典型事件

作为新闻机构，政务新媒体应该发动自己的新闻队伍，在事件中找到闪光点，在民意交汇处找到最好的表达，主动发声，让主旋律更加响亮。政务新媒体应充分发挥自身的信息生产优势，利用新媒体策划活动，吸引更多人主动参与。比如，有网友扒出11年前张钧甯的论文，封面赫然写着“我国演艺人员经济管理之法治问题”。论文中，张钧甯把我国的一个省，称呼为“我国”，引发了网友热议，被质疑是立场问题，认为她必然是“台独”，受到了全网抨击。事件发酵后，虽然她的工作室紧急发表声明，并在微博再次重申予以澄清，但网友并不买账。对于张钧甯的“过失”，官方的态度并没有去批评，而是发声力挺。北京市人民政府台湾事务办公室的官媒发表文章，赫然写着“张钧甯被台独”。发声客观公正，没有包庇也没有武断。回顾了这件事情的始末，如何被爆出、如何发酵，有哪些理由，再到张钧甯方面澄清谣言，表明态度，整篇文章写得很翔实，也很仔细。并回顾了张钧甯过往的爱国举动。同时发现，她的ins账户在2021年7月5日发布的动态中，已经出现了大量台网友对她的辱骂，每隔一小时，评论区就会涌入大量不堪入目的留言，这些留言账号和点赞账号，都是小号空号。由此质疑，张钧甯事件的背后不是单纯的娱乐事件。绝不能伤害真正支持祖国统一和发展建设的港台艺人的心。《人民政协报》也发表评论谈“张钧甯事件”：处理台湾艺人立场问题不要上了“台独”的当。

再如，网络炒得沸沸扬扬的“错换人生28年”事件，2021年4月21日，开封市公安局鼓楼分局、河南大学分别发布“错换人生28年”事件通

报与情况说明，对事件调查核实相关情况进行说明，并决定不予立案。随即半月谈发表“错换人生 28 年”事件：调查不应止步于“不予立案”的评论员文章，直指通报说明中并未作明确答复，以“管理混乱”“年代久远核查困难”含糊其词恐怕不能服众，“不予立案”的结论更令人担忧，事实从此被尘封掩埋，当事人受到的伤害永无弥补之日。究竟是“错换人生”还是“偷换人生”？谁是相关违规操作背后的手？如何弥补当事人受到的伤害？这些疑问仍待回答，真相的彻查不应止步，唯有把调查进行到底，还原事实真相，才能还当事人一份公道，给公众一个交代。作为中宣部的官媒能够及时发声，对事件的直面态度和正向引导，平复了大多数网民愤怒的情绪，聆听了民众的呼声，为弘扬主旋律、传播正能量起到了积极的引导作用。

（六）面对公共事件和热点问题，政务新媒体舆论引导要选择合适的发声平台

政务新媒体应服务本地，舆论引导要体现政府温度、展现政府速度、彰显政府态度。要优先关注那些对新媒体依赖高、媒介素养较高的本地民众，尤其是县级媒体应该充分发挥自己的地域优势，通过地方报纸、电视台等进行基础推广，借助本地发生的热点事件吸引关注。掌握了这些群体，就掌握了互联网舆情应对的主动权。要统筹安排部署，确保面对重大公共事件和热点问题时要统一发声、集中发声。比如，2021 年 5 月 22 日，甘肃白银马拉松越野赛遇极端天气，共造成 21 名参赛人员遇难的重大公共安全责任事件。事故发生后，甘肃省委省政府第一时间启动应急预案，成立失联救援指挥部，迅速组织专业人员开展全面救援处置。5 月 23 日，中央纪委国家监委网站发文《生命的警示》，指出“事件具体原因和相关责任必须彻查，给遇难者和公众一个交代”。5 月 23 日晚，国家体育总局紧急召开“全国体育系统加强赛事安全管理工作会议”，要抓好重大赛事安全管理工作，各部门各单位要切实负起安全生产工作主体责任。甘肃省委、省政府迅速成立联合调查组。同时，邀请了国家体育总局、中国气象局的马拉松赛事专家和气象专家参与调查，对事件原因进行进一步深入调查。综观事件始末，甘肃省官方

微博在 5 月 21 日下午就做了重要天气提示：可能需要防范强降雨及大风、沙尘等恶劣天气影响。但由于微博上发布的信息是针对公众的常规意义上的服务提醒，忽略了重点服务对象（如赛事主办方），未能有效发挥预警作用，对赛事服务给予信息提醒，在一定情况下影响了赛事主办方的判断。同时，事件一发生，引发了公众对于公共安全的广泛关注和讨论。事件在舆论场发酵的过程中，各家新闻媒体、救援力量、专业人士、普通网民，参与公共讨论，给社会层面留下了有意义的价值思考。同时，官方网站也给予积极的引导，新华社、人民日报客户端、央视网等各大主流媒体纷纷介入，微博、微信、抖音、头条、快手等多平台对此关注和讨论。从信息来源分布平台来看，微博的比重最大，共有 20 万篇，占比 69.61%，超过抖音、今日头条、微信等平台，是本次“甘肃景泰越野赛 21 人遇难”信息的最主要传播渠道，多方的观点交融从而有利于我们更完整地分析事件各方面。虽然此事的讨论量很大，但在发声的及时性和主动性以及观点的多元性上，还是有待改进。以抖音为例，一方面，相关内容多为整合信息，对事件的讲述，以二手信息居多；另一方面，抖音上解读分析的声音较弱，关注的角度也相对单一，缺乏官方发言和专业人士的发声。相对而言微博的重要性愈发凸显，更容易受到官方青睐，不仅成为热点事件的重要发声平台，在这次事件中，俨然是“第二救援现场”。微博的观点更加专业化、多元化，建设性观点更多，注重回应社会关切，注重解决现实问题、提高防范风险的能力，出现极端言论后平台有自我纠正、净化的机制，这是微博多年承担社会舆论场角色的历练结果。

2021 年 5 月 23 日上午，甘肃白银就越野马拉松赛赛事事故举行新闻发布会，解答了公众的疑问，安抚了公众的情绪。全省相关媒体通过及时、全面、深入的追踪报道，还原了事件的原貌。6 月 11 日，甘肃省召开发布会，公布白银市景泰县“5·22”公共安全责任事件追责问责情况，充分发挥了政务新媒体在舆论引导中的“定海神针”作用，让社交媒体成为第二救援现场。

参考文献

王姝：《政务新媒体“出圈”要具备五大要素》，http：//www. jinbw. com. cn/a/20200828/n_ 1598576554173037. html。

《官媒力挺张钧甯，引张哲瀚粉丝不满，草率封杀内地艺人太心寒》，https：//www. 163. com/dy/article/GJG2O3UN0537RODU. html。

郭艳慧：《“错换人生 28 年”调查不应止步于“不予立案”》，http：//www. banyuetan. org/jrt/detail/20210422/1000200033134991618989389204271984_ 1. html。

《甘肃马拉松事件再思考：社交媒体成为第二救援现场》，https：//xw. qq. com/cmsid/20210613A0066800。

B.12
甘肃民众对加强网络文明建设的感受与评价

金 蓉*

摘 要： 网络已经成为亿万网民生活不可或缺的组成部分，加强网络文明建设，既是社会文明程度提高的具体体现，也是满足人民对美好生活向往的必然要求。目前，在虚拟的网络空间，还存在道德失范、生态不佳、行为不规范、文化低俗等突出问题。为了解社会公众对网络文明建设相关问题的认知，本文以问卷形式，就网络失范行为和网络文明建设实效等热点问题展开调查，根据调查结果，建议通过培育正能量网络空间文化、规范网络空间行为、推动网络文明创建、加强网络专业人才队伍建设和积极发挥社会公众的参与作用等途径进一步提升网络文明建设实效。

关键词： 网络文明　网络失范行为　甘肃

网络文明具有开放性、虚拟性、合作性、交互性和共意性等特点，是人的交往关系的拓展和深化，是人的精神世界的丰富和完善[①]。加强网络文明建设的核心要义之一，就是构建个体与网络服务、网络服务商之间平衡而健康的权利义务关系，防止网络虚拟性和技术脱离道德、价值约束后对人的奴

* 金蓉，甘肃省社会科学院副研究员，主要研究方向为区域文化与旅游产业规划。

① 张瑜、闫聚群：《“网络文明”的概念辨析》，《青海社会科学》2014 年第 6 期。

役和异化，防止互联网快速发展损害人的基本权利和尊严，同时，也需要防止互联网的快速发展给人类社会正常管理带来的意想不到的冲击和挑战[①]。习近平总书记在“4·19”讲话中指出，网络空间是亿万民众共同的精神家园。网络空间天朗气清、生态良好，符合人民利益；网络空间乌烟瘴气、生态恶化，不符合人民利益[②]。随着移动互联网技术的更新换代和数字中国建设步伐的加快，网络已经成为社会公众生活不可或缺的组成部分。在此背景下，网民数量和互联网普及率逐年上升（见图1、图2），截至2020年12月，我国网民规模达9.89亿，互联网普及率达70.4%[③]，网络已成为影响中国经济社会发展的重要力量。

与此同时，在虚拟性与复杂性并存的网络空间，网络信息资源参差不齐，网络服务平台鱼龙混杂，网络违法活动屡禁不止。为此，2019年12月，国家互联网办公室发布了《网络信息内容生态治理规定》，这是我国网络信息内容生态治理法治领域的一项里程碑事件，而且以“网络信息内容生态”作为网络空间治理立法的目标，这在全球也属首创[④]。《中共中央关于制定国民经济和社会发展第十四个五年规划和二〇三五年远景目标的建议》也首次明确提出“加强网络文明建设”。为积极营造清朗网络空间，防范化解网络风险，2021年9月，中共中央办公厅、国务院办公厅和国家互联网信息办公室分别印发了《关于加强网络文明建设的意见》和《关于进一步压实网站平台信息内容管理主体责任的意见》。在此背景下，甘肃省以习近平《论党的宣传思想工作》和《习近平关于网络强国论述摘编》为指针，系统总结网络文明建设“十三五”经验，深挖甘肃优质元素，打造甘肃网络文明品牌，聚焦社会主流价值引领，以提升网络综合治理能力为手段，引导网民文明上网、理性表达、有序参与，全力营造清朗网络空间。

---

① 王四新：《“十四五”期间网络文明与生态治理瞻望》，《网络传播》2021年第2期。

② 习近平：《在网络安全和信息化工作座谈会上的讲话》，《人民日报》2016年4月26日。

③ 《中国互联网络发展状况统计报告》，中国互联网络信息中心，http：//cnnic. cn/gywm/xwzx/rdxw/20172017_ 7084/202102/t20210203_ 71364. htm。

④ 中华人民共和国国家互联网信息办公室：《深度解读〈网络信息内容生态治理规定〉》，http：//www. cac. gov. cn/2020 -03/02/c_ 1584692437514622. htm。

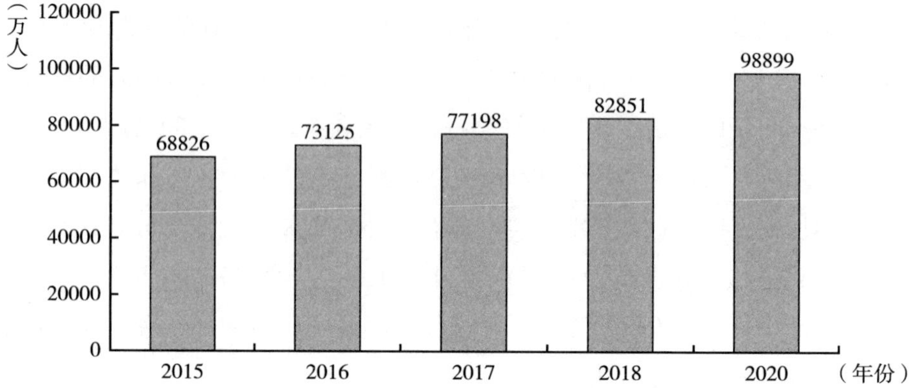

图 1　2015 ~ 2020 年中国网民规模

资料来源：国家互联网信息办公室，《数字中国发展报告（2020 年）》，2019 年为 3 月数据，此处剔除。

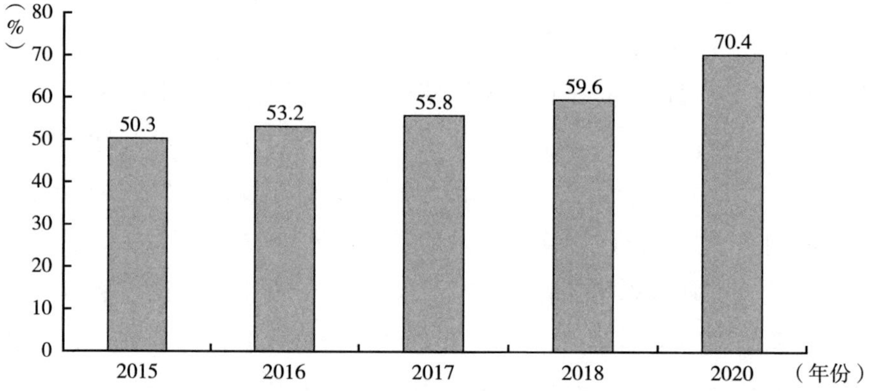

图 2　2015 ~ 2020 年中国互联网普及率

资料来源：国家互联网信息办公室，《数字中国发展报告（2020 年）》，2019 年为 3 月数据，此处剔除。

一 调查样本基本情况

（一）问卷设计思路

网络文明建设与社会民众息息相关，既是学术界研究的热点，也是社会公众关注的焦点。不同社会阶层、不同年龄、不同性别、不同职业社会公众对网络文明建设采取的措施、取得的成效、未来发展期盼等问题的认识不同。各级政府在采取行之有效的网络文明建设行动时，也需及时回应社会公众的关切，密切关注社会公众在网络文明建设中的获得感和满意度。为了解社会公众对网络文明建设相关问题的认知，2021 年 9 月，课题组通过线上和线下相结合的方式发放网络文明调查问卷，共发放 330 份问卷（其中纸质问卷 100 份，网络问卷 230 份），回收问卷 330 份，有效问卷 322 份，问卷有效率 97% 以上。

（二）被访者基本情况

从被访者性别结构看，男性 184 人，占比 57.14%，女性 138 人，占比 42.86%。在年龄分布上，18～22 岁的有 65 人，占比 20.19%；23～40 岁的有 80 人，占比 24.84%；41～50 岁的有 105 人，占比 32.61%；51～60 岁的有 43 人，占比 13.35%；60 岁以上的有 29 人，占比 9.01%。从被访者的年龄结构看，此次被访者的主流群体在 23～50 岁，网络对这部分群体而言既与工作密不可分，也与生活娱乐密切相关，他们对网络文明建设的认知更加理性。从受教育程度看，高中及以下的有 69 人，占比 21.43%；大学 146 人，占比 45.34%；硕士及以上 107 人，占比 33.23%。从职业看，国家与社会管理者 35 人，占比 10.87%；经理人员 18 人，占比 5.59%；私营企业主 32 人，占比 9.94%；专业技术人员 56 人，占比 17.39%；办事人员 37 人，占比 11.49%；个体工商户 30 人，占比 9.32%；商业服务业员工 42 人，占比 13.04%；产业工人 19 人，占比 5.90%；农业劳动者 31 人，占比 9.63%；失业人员 22 人，占比 6.83%（见表 1）。

表1 被访者基本信息

单位：人，%

基本情况		人数	占比
性别	男	184	57.14
	女	138	42.86
年龄段	18～22岁	65	20.19
	23～40岁	80	24.84
	41～50岁	105	32.61
	51～60岁	43	13.35
	60岁以上	29	9.01
文化程度	高中及以下	69	21.43
	大学(专科、本科)	146	45.34
	硕士及以上	107	33.23
职业	国家与社会管理者	35	10.87
	经理人员	18	5.59
	私营企业主	32	9.94
	专业技术人员	56	17.39
	办事人员	37	11.49
	个体工商户	30	9.32
	商业服务业员工	42	13.04
	产业工人	19	5.90
	农业劳动者	31	9.63
	失业人员	22	6.83

二　甘肃民众对加强网络文明建设的感受与评价

（一）七成被访者遇到过网络空间的不文明行为，并对网络空间不文明行为表示反感

网络是把双刃剑，在给大众带来生活便利的同时，这个虚拟空间也充斥着诸多不文明行为，2021年9月印发实施的《关于加强网络文明建设的意见》就明确提出要加强网络空间行为规范。社会公众是网络文明建设的参

与者和建设者，对是否遇到过网络不文明行为，70.12%的被访者表示“遇到过”，13.06%的被访者表示“没遇到过”，16.82%的被访者表示“没关注过”（见图3）。调查数据充分说明，尽管相关部门采取了严格的识别、监督和筛查机制，网络不文明现象依然存在，近七成被访者遇到过，在16.82%表示“没关注过”的被访者中有一部分是因为不知道什么是网络不文明行为而选择此项，若考虑这一因素，遇到过网络不文明行为的被访者比例应该更大，加强网络文明建设必要而迫切。

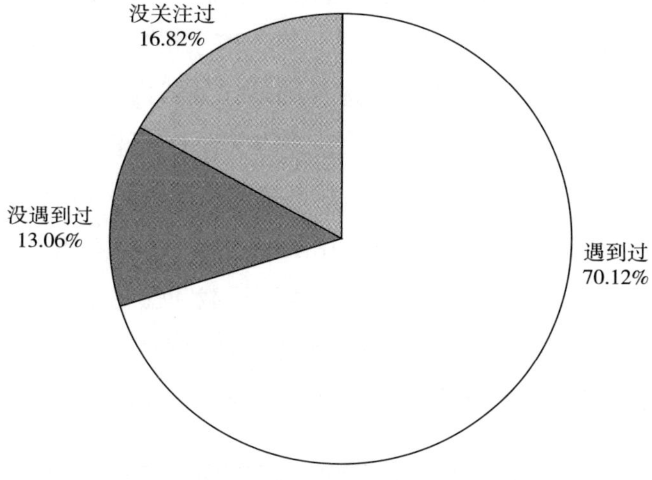

图3　被访者对“遇到过网络不文明行为”的认知情况

（二）强制广告、强制下载、强制注册等网络强制行为排名网络空间不文明行为的首位

一直以来，网络道德问题备受关注，2005年9月，中央文明办秘书组、未成年人工作组、中宣部宣教局与中国精神文明网联合开展了“网络十大不文明行为征集与评选活动”[①]，2013年，河北网络文化协会组织评选了

① 《网络10大不文明行为评选开始10万多人次投票》，https://tech.sina.com.cn/i/2005-09-19/1343723575.shtml。

“网络十大不文明行为”[①]，旨在通过活动，营造一种全社会都关注网络空间道德行为的氛围，从而引导构建和谐网络空间。在遇到过网络不文明行为的被访者中，被问及“您遇到过下列哪些网络不文明行为?”时，52.54%的被访者选择“传播谣言、散布虚假信息”，28.49%的被访者选择“制作、传播网络病毒”，35.71%的被访者选择“‘黑客’恶意攻击、骚扰”，50.18%的被访者选择“传播垃圾邮件”，68.51%的被访者选择“论坛聊天室谩骂”，55.32%的被访者选择“网络欺诈行为”，60.19%的被访者选择“网络色情聊天”，49.78%的被访者选择“窥探传播他人隐私”，35.82%的被访者选择“盗号、假冒他人名义”，70.68%的被访者选择“强制广告、下载、注册等”，66.42%的被访者选择“炒作低俗内容”（见图4）。网络广告因其成本低廉、受众面广而成为新媒体广告的香饽饽，这种网络强制性广告忽视了广大网民的意愿，严重影响网民的使用体验。强制下载和强制注册都是网络强制行为，用户在选择使用某一功能时不得不接受其推送的其他功能，网民对此无可奈何。强制广告、强制下载和强制注册的背后往往都是互联网企业或平台以经济效益为核心而忽视社会责任和网络诚信的一种表现，行业自律对其制约性不大，需要通过法律途径加以制约。

（三）七成以上被访者认为网络实名制可以有效抑制网络空间的不文明行为，绝大多数被访者对网络空间不文明行为的危害有清晰的认识

1. 网民对网络实名制的态度和看法

网络实名制推行以来，引发了一系列的争论，对网络实名制的调查显示，11.78%的被访者表示“非常支持”，33.41%的被访者表示“支持”，34.56%的被访者表示“不确定”，16.52%的被访者表示“不支持”，3.73%的被访者表示“非常不支持”（见图5）。关于网络实名制的积极影响，65.26%的被访者认为网络实名制可以“保障上网安全”，63.79%的被

① 《“网络十大不文明行为”评选结果公示》，http://roll.sohu.com/20130930/n387514691.shtml。

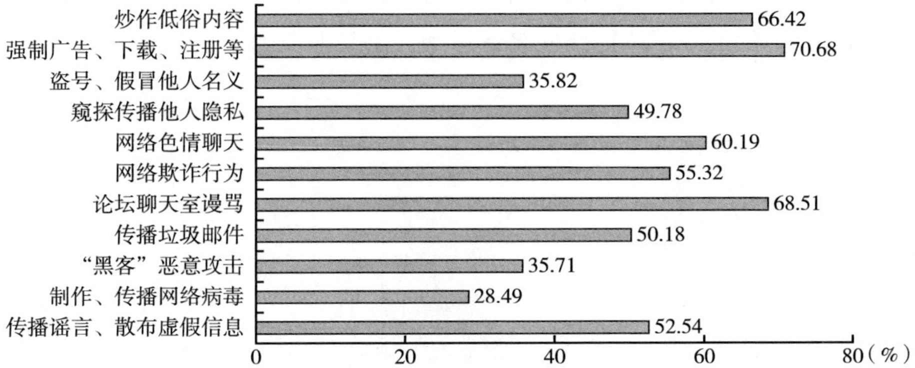

图 4　被访者遇到的网络不文明现象选择

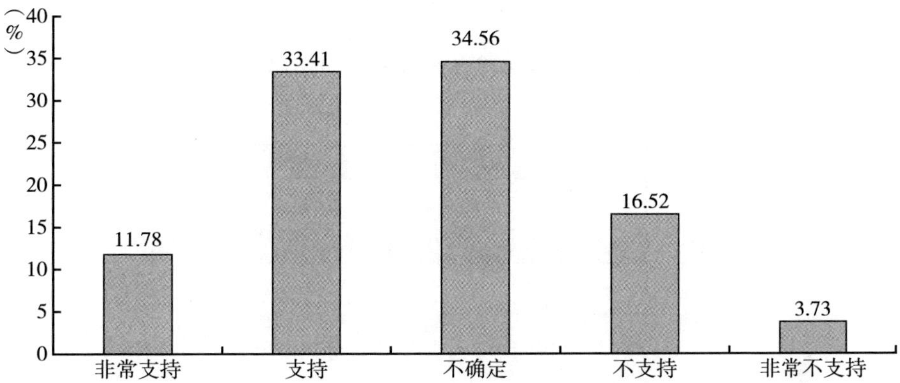

图 5　被访者对网络实名制的支持情况

访者认为网络实名制可以“净化网络社交环境”，59.87% 的被访者认为网络实名制可以“有效抑制网络犯罪”（见图 6）。而关于网络实名制的消极影响，71.56% 的被访者担心“个人隐私泄露”，60.58% 的被访者担心“个人信息被不法分子利用”，65.89% 的被访者担心“言语内容受约束”，58.73% 的被访者担心“被限制网络自由”（见图 7）。

2017 年实施的《中华人民共和国网络安全法》对许多网络空间行为实施实名认证，也就是“网络身份证制度”，其出发点是为了治理频频出现的网络乱象，规范网民的网络空间行为，营造安全清朗的网络空间。网络实名制的兴起有效地规范了网民的网络空间行为，但也需要有关部门进一步织牢个人信息保护网，以消除网络实名制后个人隐私泄露的风险。

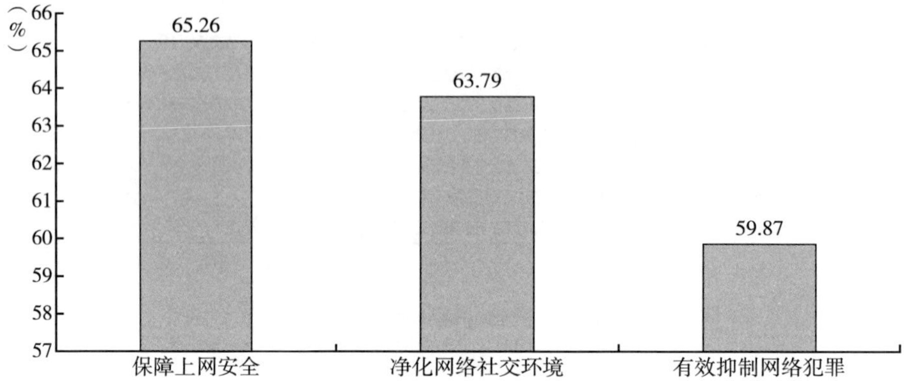

图6　被访者对网络实名制积极影响的认知情况

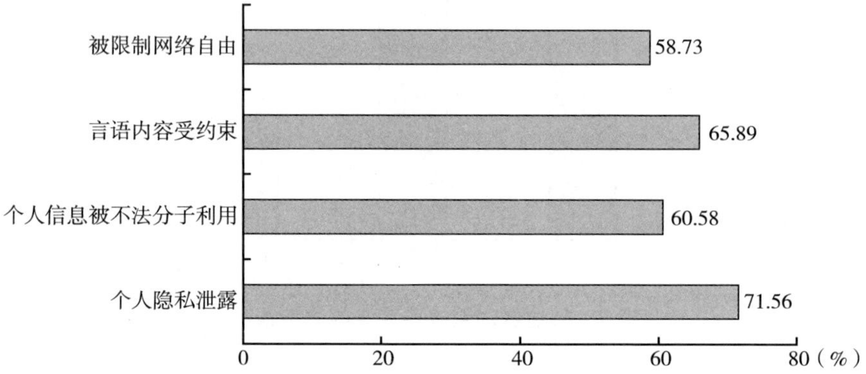

图7　被访者对网络实名制消极影响的认知情况

2. 八成以上被访者对网络不文明行为说“不”

近年来，网络监管机构和网络平台重拳出击打击网络失范行为，通过排除敏感言论、强制删除错误激进言论等有效措施，充斥网络空间的网络不文明行为略有好转，但清朗网络空间需要政府、平台和网络三方的共同努力，亿万网民是发现网络不文明行为的主力军，网民们的主动投诉和举报是网络空间治理有效手段。遇到网络不文明现象时，79.63%的被访者表示会

“投诉和举报”，6.99%的被访者表示“不予理会”，9.08%的被访者表示“想投诉，但不清楚举报方式”，4.30%的被访者表示会“以牙还牙，以暴制暴”（见图8）。调查发现，网民的维权意识较强，八成以上网民会对网络不文明行为说“不”。

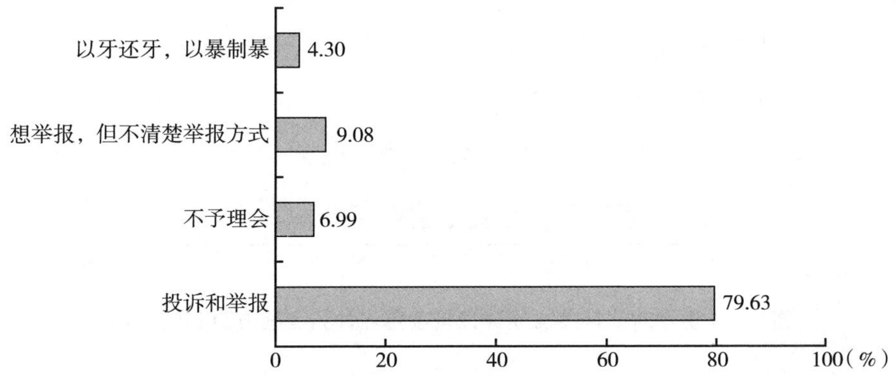

图8　被访者对网络不文明行为的态度

（四）六成被访者认为要尽快补齐网络空间行为规范和网络空间生态治理两项“短板”

《关于加强网络文明建设的意见》对加强网络空间思想引领等六个方面提出了具体的指引，笔者认为这六个方面的建设主体不同，侧重点也应该有所区别，所以设计以“您认为网络文明建设需要重点加强以下哪些方面”为题目，以网络空间思想引领、文化培育、道德建设、行为规范、生态治理和文明创建六个选项的问题，通过对被访者的调查来反映其对加强网络空间建设侧重点的看法。81.74%的被访者选择“网络思想引领”，80.47%的被访者选择“网络文化培育”，75.77%的被访者选择“网络道德建设”，86.73%的被访者选择“网络行为规范”，84.22%的被访者选择“网络生态治理”，74.38%的被访者选择“网络文明创建”（见图9）。网络文明建设是网络安全保障的基础，是提升社会文明程度的现实需求，是净化网络环境的主要抓手，网络文明建设涉及生态治理、行为规范、道德建设、文化培育等方方面面，需要社会、企业、家庭和网民一起努力，形成网络文明治理的合力，共同打造清朗的网络空间。

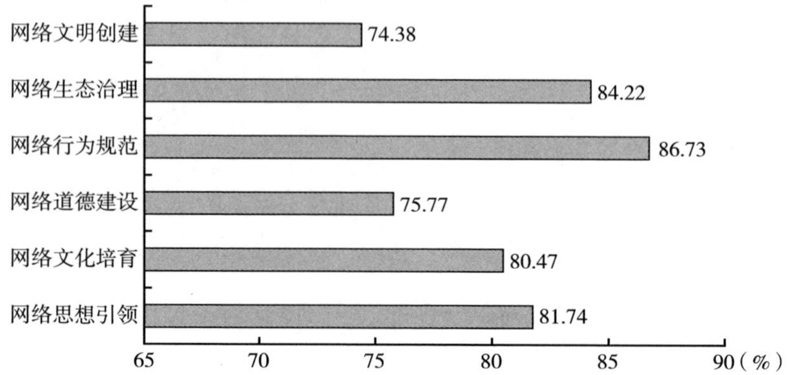

图9　被访者对“网络文明建设需要重点加强哪些方面”的认知

（五）被访者对甘肃网络文明建设满意度高且充满信心

关于甘肃网络文明建设的实效，50.37%的被访者表示“非常满意”，30.23%的被访者表示“满意”，8.91%的被访者表示“一般满意”，7.26%的被访者表示“不满意”，3.23%的被访者表示“非常不满意”。“非常满意”和“满意”的被访者占80.60%（见图10）。近年来，甘肃省不断创新治理理念，陆续出台实施了《甘肃省公共安全视频信息系统管理办法》《关于规范党员干部网络行为的意见》《甘肃省网站红黑名单管理制度（试行）》《甘肃省网络文化协会网络文明自律公约》等办法、意见、制度和公约，通过制度建设压实网络意识形态工作责任。构建了网络综合治理联席会议制度和网络信息内容管理协调执法机制，出台了网站红黑名单管理制度，形成了一支数量庞大的网络志愿者人才队伍，打造了一支勇于担当、风清气正的网络铁军，形成了“法技人”三位一体的网络文明建设格局，构建起了政府、企业、社会和网民共同努力的网络文明建设氛围，网络文明建设取得明显成效，被访者对此表示认可。

网络文明建设涉及网民的切身利益，网民的支持对网络文明建设至关重

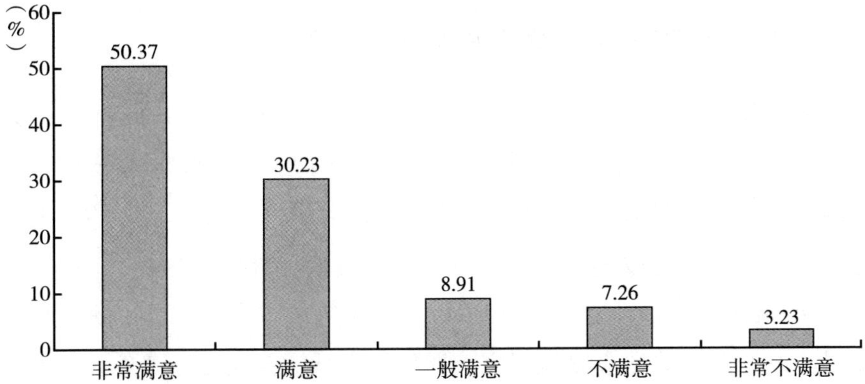

图 10　被访者对甘肃网络文明建设实效的认知

要。被问及“您认为网络文明建设的主要目的是什么?”时，72.55%的被访者选择“推进社会主义精神文明建设”，80.23%的被访者选择“提高社会文明程度”，60.38%的被访者选择“满足人民对美好生活的向往”，55.96%的被访者选择“为网络强国建设打好基础”（见图11）。可见，被访者认为网络文明建设是提高社会文明程度的抓手，是推进社会主义精神文明建设的重要一环，也是满足人民对美好生活向往的必要之举，可以为网络强国建设打好基础。

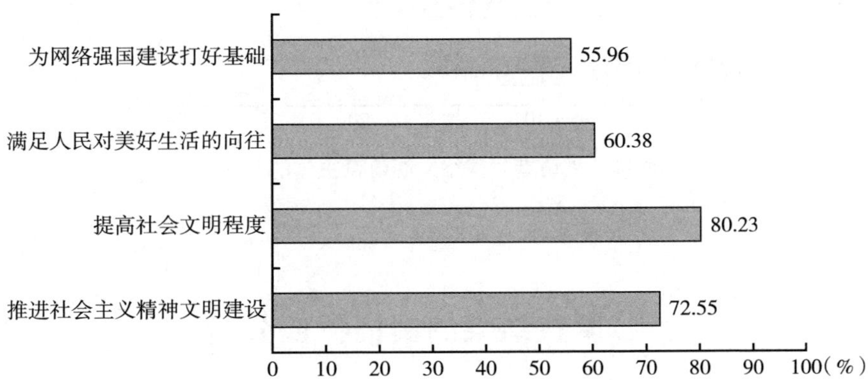

图 11　被访者对网络文明建设主要目的的认知

（六）被访者对加强网络文明建设主体的认知

网络文明建设需要政府、社会、企业、家庭和网民共同努力。针对“您认为网络文明建设的主体是什么?”这一问题，12.11%的被访者选择“网民自我约束”，16.97%的被访者选择“社会风尚引导”，20.59%的被访者选择“家庭正面教育”，19.21%的被访者选择“企业社会责任”，31.12%的被访者选择“国家立法约束”（见图12）。调查可知，民众认为网络文明建设的主体首先应该是国家，期待国家从法律层面立法约束；其次为家庭，认为家庭应该加强网络文明的正面教育；网民的自我约束功能有所弱化，仅有12.11%的被访者认为网民应该成为网络文明建设的主体。由于网络文明建设的综合性特征，其建设主体更加多元，需要法治德治结合、线上线下互动、社会家庭齐努力和企业履行社会责任来共同形成合力。

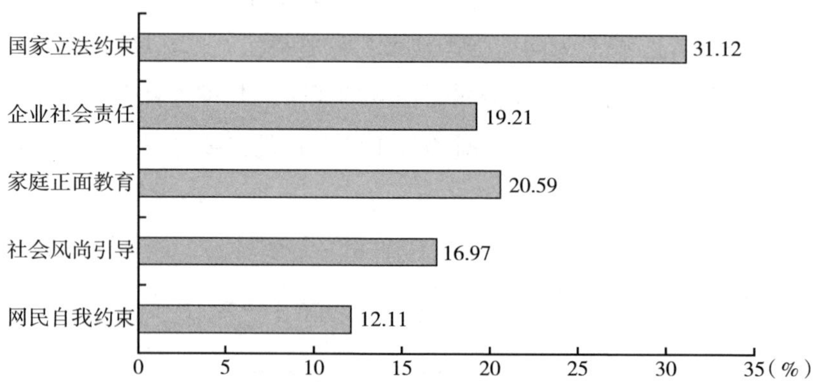

图12　被访者对网络文明建设主体的认知

三　调查结果的舆情特征分析

（一）网络空间道德失范行为较多，被访者期待规范网络行为

自网络诞生以来，虚拟的网络空间行为一直面临道德失范的挑战，网民

在网络空间中偏离社会道德要求的言行导致网络空间陷入混乱或失序状态，这种网络空间的混乱或失序会在一定程度上通过网民这一中介影响社会道德规范。被访者希望相关部门牢牢把握网络发展的新趋势，及时回应群众的期待，积极履行社会主体责任，对社会反映强烈的强制下载、强制广告、博眼球虚假信息、“标题党”、“三俗”等网络行为亮利剑、出重拳，在对网络运营商加强科学引导的同时，依法开展集中整治，坚决制止和打击网络空间道德失范行为。

（二）网络实名制虽颇受争议，但依然得到大多数网民的认可

以净化网络环境、抑制网络犯罪为根本目的的网络实名制是构建和谐网络社会的有效实践，自实施以来，网民的上网安全得到更加有效的保障，网络社会环境得到有效净化，网络犯罪得到一定程度的抑制，同时，网民的自律意识和责任意识也有明显提升。但网民对网络实名制背景下的个人隐私泄露、个人信息被不法分子利用、言语内容受约束等消极影响也表现出极大的关注，期待相关部门积极总结经验，一方面从法律层面尽快建立和完善个人数据保护制度，另一方面尽快完善网吧实名登记、网络运营身份登记等网络身份管理制度，让网络实名制真正成为打击网络违法犯罪、规范网络空间秩序的利器。

（三）法治成为治理网络失范行为的首选，期待形成网络文明建设合力

调查显示，超过三成网民希望通过法律的威慑力治理网络失范行为，在立法约束的基础上，通过强有力的行政执行力规范平台的网络传播行为，但我们要看到网络文明治理的终极目标不是惩处，而是保护其健康发展，构建他律和自律有机结合的网络生态治理模式显得迫切而必要。未来，针对网络失范行为，甘肃省网络文明建设相关部门需积极发挥自身职能优势，创新方式方法，通过制度约束、行政管制、风尚引导、正面宣传和提升网民素质等各种途径，做好网络硬件软件建设保障，推进线上线下双向同步发力，优化

自律他律两条治理途径，积极构建网络空间德法协同治理新格局，形成网络文明建设合力。

（四）被访者对甘肃网络文明建设满意度高，对未来网络文明建设充满信心

调查显示，八成以上被访者对甘肃网络文明建设实效表示“非常满意”和“满意”。未来，随着国家网络文明建设治理力度的加大，网络文明建设必将由局部、分散和应急治理向全面、系统和日常治理转变，跨平台联动、线上线下同步、国家平台社会齐参与的综合治理模式将逐渐形成，网络文明监管的事前研判力、事中发现力、事后处理力进一步增强，随着网络文明建设工作机制的长效化和完善化，民众网络文明建设的满意度必将进一步提高，人民的幸福感和获得感将更加突出。

四　甘肃省加强网络文明建设的路径选择

网络文明建设是社会、政府、学校和家庭共同关注的热点话题，同时也是一项综合性极强的系统工程，传统的网络文明建设途径在面对日新月异的网络文化发展时已显得力不从心，新时代的网络文明建设需要紧跟网络文化发展方向，紧盯网络文明建设的重点，从思想引领、文化培育、队伍建设、制度建设等多方面共同发力。

（一）加强网络空间思想引领，培育正能量网络空间文化

通过多种形式加强习近平新时代中国特色社会主义思想、中国梦、社会主义核心价值观等重大思想的网上宣传，大力弘扬中华优秀传统文化和社会主义先进文化。紧盯重大活动、重要政策和群众关心的热点问题，积极开展各类网上主题宣传、政策宣传、形势宣传、成就宣传。加强每日甘肃、甘肃经济信息网等重点理论网站的思想引领建设，维护好甘肃省网信办、甘肃省文明网等公众账号和客户端，精心做好重大主题网络宣传，打造具有甘肃特

征的“现象级”传播产品，做好网络直播、电子商务、高校论坛、社会网站等的监管，加大与央视等中央新闻单位和驻甘重点新闻网站等主流媒体网络移动端的合作与推广。

强化甘肃优质文化符号和文化元素，深挖甘肃精神内涵，以有温度、有道德的甘肃文化为基础，丰富网络产品供给，积极培育和打造“陇”字号网络文化品牌。广泛凝聚政府、新闻网站、网络平台的传播合力，创新网络表现形式，组织开展形式多样、网民参与度高、吸引力强的网络文明专题活动，以网络文明为窗口，讲述好甘肃故事，传播好甘肃声音，塑造好甘肃形象，建好、管好、维护好网络精神家园。主动提升网络信息发展动能，做好网络发展政策引导，在做好信息化数字化发展相关前瞻性研究的基础上，通过积极对接国家网信系统相关规划、甘肃省“十四五”规划、“数字经济”发展规划等规划，科学谋划未来发展重点，对于网络发展可能导致的各种改变，做好思想准备和政策引导。

（二）加强网络空间道德建设，规范网络空间行为

积极改善网络文化生态，结合甘肃网络作品的创作特点，鼓励以甘肃本土文化为背景创作短视频、网络小说、陇剧等形式鲜活、内容接地气的网络文化作品，丰富甘肃文化元素的网络表达。根据网络作品的传播规律，引导甘肃本土网络作品积极在报纸、网络、App、微信公众号等平台广泛传播，以正能量的作品充实网络空间，丰富网民的网络生活。做好网络热点和突发舆情事件的网络引导，坚持实事求是、正面引导、权威发布原则，及时回应社会关切，以正能量的道德价值取向引导网络舆论走向，牢牢把握网络话语权。加强对强制下载、垃圾邮件、虚假信息、低俗媚俗等网络不文明现象的监督和查处力度，定期推出网络不文明行为“黑榜”，以“黑榜”警示网络失范行为。

结合《新时代公民道德建设实施纲要》相关规定，以公益广告、漫画、演讲比赛等网民喜闻乐见的形式加大网络是非观的宣传，营造在虚拟网络空间也要尊重他人隐私的氛围，推动网民养成正确的网络道德规范。教育和引导广大网民理性表达、合理发声。强化制作平台、网络从业人员和传播平台

的道德主体责任，压实相关从业人员的社会责任，加大对制作和传播低俗、媚俗、庸俗文化行为以及不良网站和网络信息的查处和打击力度。构建政府、平台、网民和社会共同参与的网络道德建设合力，规范网络空间行为。

（三）加强网络文明队伍建设，提升网络文明治理能力

统筹谋划网络空间思想引领、文化培育、道德建设、行为规范、生态治理、文明创建六个重点领域的建设工作，专岗配专人，专人负专责，通过专业岗位培训、业务能力提升培训、重点专题培训等形式，增强工作队伍的信息技术应用能力和网络舆情应对管理能力。由省委宣传部牵头，建立一支政治可靠、理论扎实、技术过硬的网络评论员队伍，开展网络舆论引导。引导全省高等院校、科研院所组建一支网络文明建设理论研究队伍，开展网络文明相关理论研究。进一步扩大网络文明志愿者队伍，大力弘扬社会主义核心价值观，传递正能量，传播正声音，营造良好的网络舆论氛围。通过各种途径举办“网络安全知识竞赛”“网络文明演讲”等活动，推进全社会形成网络文明建设氛围。

在全省 14 个市州各行业系统积极征集网络文明传播志愿者，构建覆盖省、市、县、乡、村的五级网络文明志愿者队伍；依托全省的时评专家、网络热点人物、网络作家、甘肃好人、道德模范和网络文明建设工作人员队伍，针对网络舆情和热点问题及时发声，正面引导。通过完善工作机制、考核机制和培训机制，管好网络人才队伍，提升网络文明传播效果和业务能力。通过形式多样的网络文明建设活动壮大社会主义核心价值观、诚信社会建设等主流声音，围绕文明城市、文明单位、文明校园等创建，激发群众参与网络文明建设热情，用好网络人才队伍，引导舆论热点。既要重视网络监管员技术水平考察，也要重视政治理论觉悟和政治理论水平考察，打造出一支技术水平过关、理论觉悟和理论水平过硬的网络监管队伍。

（四）健全网络文明协调机制，积极发挥民众的参与作用

2018 年 4 月，习近平总书记在全国网络安全和信息化工作会议上发表

讲话时曾明确强调，“要提高网络综合治理能力，形成党委领导、政府管理、企业履责、社会监督、网民自律等多主体参与，经济、法律、技术等多种手段相结合的综合治网格局”①。网络文明建设是一项涉及政治安全、经济安全、文化安全和信息安全的系统工程，需要构建政府有关部门和互联网企业的协调机制，加强部门协作。纵向上要形成中央、省、市、县四级联动处置机制，横向上要构建网信、公安、学校、市场监督等协调工作机制，管理上要综合运用行政手段、法律手段、技术手段和教育手段进行治理，畅通网络违法举报受理渠道，用好广大网民的监督和举报权，坚决打击网络违法行为。强化企业责任，引导互联网企业和平台重视互联网文化建设，树立正确的价值观，加强行业自律。

2019 年发布的《网络信息内容生态治理规定》明确了网民具有与政府、企业和社会力量相同的主体地位，而且提出了网民参与网络文明建设的基本渠道，即“鼓励网络信息内容服务使用者积极参与网络信息内容生态治理，通过投诉、举报等方式对网上违法和不良信息进行监督，共同维护良好网络生态”②。因此，在用好如甘肃省互联网协会等行业协会的基础上，要积极发挥网民在网络文明建设中的参与作用，通过多种形式鼓励和引导网民提升社会责任意识和法律意识，自觉远离不良网站，积极举报网络不文明行为，构建文明上网、理性上网、依法上网意识，自觉成为网络文化的传播者和网络文明的建设者。

① 《习近平谈治国理政》（第 3 卷），外文出版社，2020。

② 《网络信息内容生态治理规定》，http：//203. 95. 6. 45：7081/s/com/pkulaw/www/G. https/chl/dc8a694ae08ed787bdfb. html。

B.13
甘肃省基层社区医疗服务满意度调查及对策研究

魏 静*

摘 要： 本研究通过设计问卷，充分了解群众对基层社区医疗卫生服务的满意度情况，调查发现受访者对社区医疗卫生机构提供健康咨询、开展健康教育、签约“家庭医生”服务等方面满意度较高，对医生专业技术水平、医疗设备配置、设施配套、诊疗环境、自付医疗费用、“双向转诊”等方面满意度较低。调查发现导致受访者满意度低的原因是多方面的，如政府对基层社区医疗卫生机构投入经费不足、社区医疗机构人才队伍建设滞后、信息化服务水平低、“双向转诊”实现难度较大等，因此本文试图从经费投入、人才建设、信息化建设、完善“家庭医生”服务、健全“双向转诊”制度等方面提出相应的对策建议。

关键词： 基层社区 医疗 满意度 甘肃

社区医疗卫生机构是为辖区内居民提供基本公共医疗卫生服务的基层机构，是集疾病预防、医疗保健、康复训练、计划生育、健康教育等多功能于一体的综合性基层卫生服务机构。发展基层社区卫生医疗服务，为群众提供预防、宣传、保健、医疗等一体化的综合服务，实现“大病进医院、小病去社区”的目标，是当前卫生医疗工作的重要内容。

---

* 魏静，甘肃省社会科学院丝绸之路研究所副研究员，主要从事社会史研究。

据统计，2021 年上半年，甘肃省卫生机构总数 26250 个（含村卫生室）。其中：医院 705 个，基层医疗卫生机构 24636 个，专业公共卫生机构 840 个，其他机构 69 个。基层医疗卫生机构中：社区卫生服务中心（站）671 个，卫生院 1368 个，村卫生室 16421 个，门诊部 85 个，诊所等 6091 个。2021 年上半年，基层医疗卫生机构诊疗人次为 1131.76 万人次，占全省总诊疗人次的 25.67%，其中：社区卫生服务中心（站）诊疗人次为 278.85 万人次，卫生院诊疗人次为 537.62 万人次。①

2021 年 6 月底，全省居民健康档案累计建档人数为 2521.15 万人。其中：规范化电子建档人数为 2250.69 万人，月末高血压规范管理人数为 195.78 万人，月末糖尿病规范管理人数为 41.74 万人，月末 65 岁老人健康管理人数为 238.65 万人。②

为了更好地了解当前甘肃省基层社区医疗卫生服务的发展情况，课题组以问卷形式，对基层社区医疗卫生服务满意度进行调查，分析探讨当前基层社区医疗卫生服务存在的问题，提出完善基层社区医疗卫生服务的对策建议。本课题以兰州市安宁区、七里河区为调查区域，随机发放问卷 100 份，收到有效问卷 92 份，问卷有效率为 92%。此外，课题组还对甘肃省卫健委相关部门以及 5 家基层社区医疗卫生机构进行了调研，获取了相关信息和资料。

一　受访者基本信息

课题以问卷调查的形式，随机向 100 位受访者发放调查问卷，收到有效问卷 92 份。受访者基本信息：男性 43 位（46.7%），女性 49 位（53.3%）；年龄在 20～35 岁者 11 位（12%），36～55 岁者 30 位（32.6%）；56～75 岁者 40

① 甘肃省卫生健康统计信息中心：《2021 年上半年甘肃省医疗卫生服务情况统计报告》，2021。

② 甘肃省卫生健康统计信息中心：《2021 年上半年甘肃省医疗卫生服务情况统计报告》，2021。

位（43.5%）；76 岁及以上者 11 位（12%）；学历为高中及以下者 19 位（20.7%），职高、大专学历者 25 位（27.2%），本科学历者 34 位（37%），硕士及以上者 14 位（15.2%）；职业为政府机关的 17 位（18.5%），企、事业单位的 10 位（11%），自由职业者的 20 位（21.7%），无业者的 9 位（10%），离、退休者的 36 位（39.1%）。月收入 2500 元以下者 17 位（18.5%），2500 ~ 4000 元者 24 位（26.1%），4000 ~ 6000 元者 33 位（35.9%），6000 ~ 8000 元者 11 位（12.0%），8000 元以上者 7 位（7.6%）。医疗支付方式为城镇居民医疗保险者 28 位（30.4%），城镇职工医疗保险者 46 位（50%），新农合者 12 位（13%），商业医疗保险者 6 位（6.5%）。

二　基层社区医疗卫生服务满意度调查

（一）基层社区医疗服务满意度调查及原因分析

基层社区医疗卫生服务中心主要以全科医师为骨干，开展以社区为范围、家庭为单位的基本公共卫生服务工作。甘肃省是首批全国社区卫生服务中心医院试点建设省份，在各项政策举措的驱动下，社区医疗卫生服务中心以辖区内群众的健康需求为工作重心，在提升临床诊疗、完善科室设置、配备医疗设备、合理设置住院床位等方面得到了一定的发展。“防治结合”“健康宣传和教育”是社区医疗卫生服务中心的主要功能，通过与辖区内居民建立相对稳定的健康服务关系，提供疾病预防和一般常见病、多发病、慢性病的基本医疗服务。

社区医疗卫生服务水平满意度问卷调查有利于发现和提出社区医疗卫生存在的问题，对进一步完善和促进基层社区医疗卫生事业发展起到一定的参考作用。表 1 是受访者对基层社区医疗卫生服务水平满意度的调查数据。

表 1　医疗卫生服务水平满意度调查

单位：%

调查内容	满意度				
	非常满意	比较满意	一般	不满意	很不满意
医护人员的专业技术水平	14.82	16.35	33.7	27.21	7.92
社区医疗设施设备	8.29	15.58	20.4	38.58	17.15
药品种类	14.04	12.67	30.77	25.4	17.12
常见病的治疗	19.80	41.57	21.83	10.4	6.4
提供健康指导服务、开展健康教育	23.7	36	25.85	11.03	3.42
开展预防接种工作	17.09	37.22	20.54	13.04	12.11
诊疗环境	6.64	15.53	53.72	20.21	3.9
信息化服务	0	13.58	15.18	47.75	23.49
“家庭医生”服务	27.07	35.83	18.06	13.66	5.38
自付医疗费用	7.39	15.89	18.68	39.54	18.5
双向转诊	0	6.31	19.61	53	21.08
就诊者基本医疗需求	0	27.3	46.07	17.65	8.98
对老年群体提供的保健服务	8.88	36.49	27.33	17.51	9.79
医务人员服务态度	23.01	39.02	21.51	16.46	0

表 1 数据反映出如下结论。

（1）医疗服务水平和医疗环境满意度偏低

一是受访者对医生专业水平满意度不高。选择“一般”“不满意”的居多，分别占 33.7% 和 27.21%；其次是选择“比较满意”和“非常满意”的比例较低，分别 16.35% 和 14.82%。数据说明社区医疗卫生机构人才建设滞后，受过正规医学院专业训练的医务人员较少，医疗服务水平较低。受访者持“一般”态度偏多，满意度不高。

二是“医疗设施设备”满意度低。受访者选择“不满意”的居多，占 38.58%；其次是选择“一般”和“很不满意”，分别为 20.4% 和 17.15%；选择“比较满意”和“非常满意”的比例较低，分别为 15.58% 和 8.29%，说明社区医疗卫生服务中心基本医疗设备配置滞后，设施配套程度低，受访者持“不满意”态度的居多。

三是“药品种类”满意度偏低。受访者选择“一般”的居多，为

30.77%；其次是选择“不满意”和“很不满意”的，依次是25.4%、17.12%，说明受访者对药品种类的满意度偏低。基层社区医疗卫生服务中心在药品种类方面存在不足，一方面是社区医疗卫生服务中心以辖区内居民常见病、慢性病防治、预防接种和卫生保健等为工作重点，药品种类也多以此为标准，导致种类少、不全。另一方面是社区医疗卫生服务中心在一些基本普通的药物价格上，采用零差价制度，因为价格低廉，影响了药厂公共采购投标的积极性，因此，一些基本药物种类反而不全。还有就是一些价格较高的进口药、合资药，社区医疗卫生服务中心不具备开药资格，导致疗效好的进口、合资药欠缺。

（2）开展预防接种、提供健康教育咨询方面满意度较高

一是受访者对社区医疗卫生服务中心开展的健康咨询、宣传工作满意度较高。选择“比较满意”的占多数为36%；其次是“一般”和“非常满意”，分别为25.85%和23.7%；选择“不满意”和“很不满意”的占少数，分别为11.03%和3.42%。社区医疗卫生机构一般都配备有各种免费发放的常见病、流行性疾病的防治宣传手册，在向患者提供疾病防治宣传和康养保健方面也发挥了积极的作用，受访者满意度较高。

二是对开展预防接种工作方面满意度较高。受访者选择“比较满意”的占多数，为37.22%；其次是“一般”和“非常满意”，分别为20.54%和17.09%；选择“不满意”和“很不满意”的占少数，分别为13.04%和12.11%。社区医疗卫生机构根据国家疫苗接种规定对辖区内适龄儿童进行常规接种，为儿童疫苗接种创造了便利。在突发重大卫生公共事件中，社区医疗卫生机构以开展预防接种宣传动员工作为重点，通过精准制定疫苗接种分布点，分期分批次组织预案、应急预案、医疗救治保障等措施，严把疫苗出入关，安全有序为辖区群众进行疫苗接种，受到群众较高的评价。

（3）社区医疗卫生机构信息化建设水平满意度低

选择“不满意”的占多数，为47.75%；选择“很不满意”的居其次，占23.49%；选择“比较满意”和“非常满意”的居少数，两者共占总数的13.58%，说明基层社区医疗卫生机构在信息化建设方面程度低，不能为

患者提供高效便捷的优质服务，受访者满意度低。

（4）家庭医生上门服务满意度较高

选择“比较满意”和“非常满意”的占多数，分别为35.83%和27.07%；选择“不满意”和“很不满意”的比例低，分别为13.66%和5.38%，说明受访者对“社区医疗卫生机构提供随访和上门服务”满意度较高。社区医疗卫生机构为落实国家基本公共医疗卫生服务项目，提高辖区老年群体健康水平和自我保健意识，定期为辖区65岁以上老年人开展免费健康体检，包括测血压、血糖、心电图等服务，获得了辖区群众较高的满意度。资料显示，甘肃省基层社区医疗卫生机构目前已经形成全方位的社区基本公共卫生服务，涵盖辖区居民健康档案管理，流行病预防接种，儿童健康保健，孕产妇、慢病患者及老年人健康管理等多项工作。社区医疗卫生机构通过创建“家庭医生”签约制度，对于辖区老年群体、妇女、儿童、行动不便的居民提供上门随访服务，积极宣传高血压、糖尿病等慢性病的防治知识，为社区居民提供优质医疗服务。

（5）“自付医疗费用”满意度较低

选择“不满意”者居多，为39.54%；选择“一般”的占18.68%；选择“很不满意”的占18.5%；选择“比较满意”和“十分满意”比例较低，分别为15.89%和7.39%，说明受访者对“医保报销水平”满意度较低。以城镇居民医保报销比例为例，2021年，甘肃省城镇居民在一级医院（含社区医疗卫生服务中心）就诊，基本药物报销比例为20%；未实施基本药物报销比例为40%。普通门诊统筹基金支付范围内的医疗费用按60%的比例报销，统筹基金年度个人最高支付限额为400元。总体看，城镇居民医保报销水平还处于较低水平，居民自付医疗费用较高，一定程度影响了医保报销水平的满意度。

（6）“双向转诊”满意度低

受访者选择“不满意”的居多，占53%；选择“很不满意”的排第二位，占21.08%；选择“一般”的为19.61%；选择“比较满意”和“非常满意”的比例低，两者占总数的6.31%。调查结果说明受访者对社区医疗卫生机构“双向转诊”制度满意度低。由于社区医疗卫生机构医疗水平滞后，患者不愿意从上级医院“向下”转入社区医疗卫生机构进行后期康复和保健，上级医院在各自经济利益的驱动下，也不鼓励患者转回社区医疗卫生机构。新医改后，社区医疗卫生机构医生待遇和职称、工作年限等因素挂钩，致使医生不能将主要精力放在医治患者和提高技能水平上，加之社区医疗卫生机构在群众中信任度低，因此，社区医生把能看、不能看的患者都尽量推向上级医院，服务积极性有所降低。双向转诊机制存在诸多问题，缺乏规范和标准，也没有相应的执行和监督机制。

（7）“医务人员服务态度”满意度较高

受访者选择“比较满意”的占多数，为39.02%；选择“非常满意”的占23.01%；选择“不满意”和“很不满意”的占少数，总共占总数的16.46%。数据表明受访者对社区医疗卫生机构医务人员服务态度满意度较高。

（二）受访者选择在社区医疗卫生机构就诊的原因调查

国家大力推动基层社区医疗卫生事业的发展，其目的就是为了缓解大医院资源紧张，群众“看病难、看病贵”以及“看病不方便”的问题。社区医疗卫生机构也着力于在慢性病防治、流行病预防接种、健康保健、宣传教育等方面为辖区居民提供优质公共服务。图1是受访者“选择去社区医疗卫生机构就诊原因”的调查结果，通过调查数据分析探讨，可以了解居民社区就诊的意愿程度，并及时发现影响居民社区就诊的原因，对今后提高居民社区就诊率起一定的参考作用。

图1显示，受访者选择去社区医疗卫生机构就诊的主要原因是“普通病防治，方便就近”（34.78%），而选择“医疗技术好，信任度高”“服务质量高”“设备完备”“价格合适”的比例较低，分别为19.05%、18.65%、16.6%、10.9%。通过访谈得知，居民在社区医院就诊的主要原因是“普通病防治，方便就近”，而“医疗技术好”“服务质量高”“设备完备”“价格合适”这些都不是促使居民到社区医院就诊的主要原因。由于社区医疗卫生

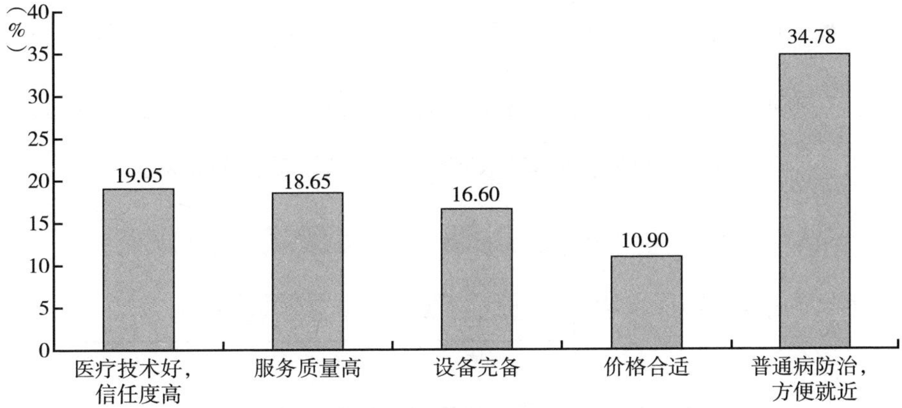

图 1　受访者选择去社区医疗卫生机构就诊的原因

机构服务水平整体偏低，影响了居民对社区医疗水平信任度，因此提高全科医生的诊疗水平，改善就诊环境是提升居民对社区医生信任度的关键。其次是要健全社区医疗卫生服务机构的医疗设施设备，目前，甘肃省多数社区医疗卫生机构没有配套做心电图、拍 X 光片、做 CT 和核磁共振、尿检血检等医疗设备，同时一些基本的配套设施也不足，降低了患者在社区医疗卫生机构的就诊率。另外，由于居民医保报销水平较低，患者社区医疗自付费用也较高。以上这些因素从整体上降低了受访者在社区医疗卫生机构的就诊意愿。

（三）受访者对提高社区医疗服务水平的建议

基层社区医疗卫生机构以为辖区居民提供优质高效的基本医疗卫生公共服务为工作目标，通过问卷调查，发现受访者对社区医疗服务水平还存在较多不满，一些常见病、慢性病患者宁可花钱去大医院治疗，也不愿去社区医院就诊。由于社区医疗设施差、医疗设备少，药品种类不全，大医院里一些常见病、慢性病以及后期康复治疗患者“下转”难度较大，制约了基层社区医疗卫生机构的健康发展。图 2 是受访者对如何提升社区医疗服务水平的建议调查结果。

图 2 显示，问卷给出的五条建议都得到了多数受访者的认可，其中，

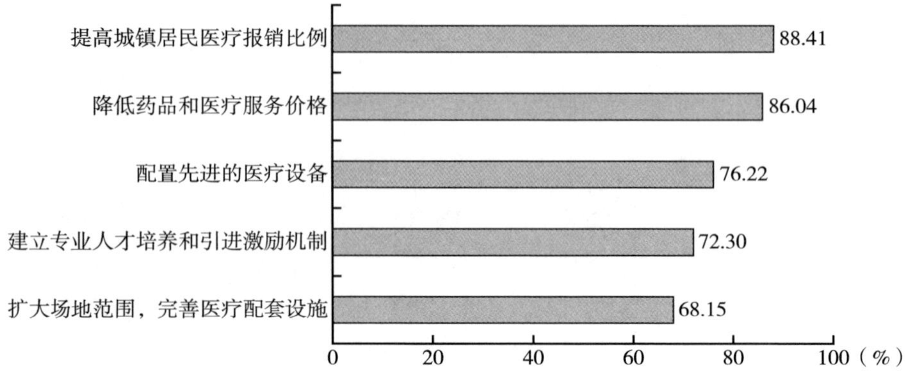

图2　受访者对提高社区医疗卫生服务水平的建议

“提高城镇居民医疗报销比例”选择率最高，为88.41%；排在第二位的是“降低药品和医疗服务价格”，选择比例为86.04%；选择“配置先进医疗设备”的占76.22%；“建立专业人才培养和引进激励机制”及“扩大场地范围，完善医疗配套设施”的分别为72.30%和68.15%。社区卫生服务的宗旨是为社区群众提供高效、基本的卫生医疗服务，为常见病、多发病、流行性疾病的防治以及康养保健等提供方便快捷的服务平台。由于社区卫生服务的发展处于起步阶段，体制机制还不完善，产生出许多亟待解决的问题，最主要是经费不足、人才匮乏、双向转诊难以实现、居民满意度低等问题，一定程度制约了社区医疗卫生服务“大病进医院，小病去社区”目标的实现。

三　调查结论及分析

（一）经费投入不足

2012～2018年，国家累计投入900多亿元用于基层医疗卫生机构基础设施建设，人均基本公共卫生服务经费2009年为15元，至2018年已提至55元，医疗卫生服务内容扩大到14类。2021年甘肃省人均基本公共卫生服务经费为79元。相比上年增加的5元用于基本公共卫生服务和基层医疗卫生机构疫情防控工作。虽然社区医疗卫生机构建设已纳入各地政府卫生部门财政预算中，但因投入有限，社区医疗卫生机构难以突破发展的瓶颈，未能真正发挥作用。社区医疗卫生机构的业务用房一般采取租赁的办法，租金的上涨导致其负担很重，资金的缺乏导致医疗设备、服务设施、技术力量等跟不上发展的需要，社区卫生服务建设无法开展。一些社区医疗卫生机构通过承包科室的方式收取一定的承包费和租金，但是承包方也会面临一定的经营风险，致使双方无法建立长久的合同关系。另外，社区医疗卫生机构通常由基层地方政府卫生行政部门直属的医疗机构来承办，排斥大医疗企业机构、大医院等社会资源进入，有的把社区医疗卫生机构当作离退休人员返聘和分流下岗人员的渠道，随意安排人员，导致社区医疗卫生机构缺乏真正的专业技术人才。

（二）医生专业资质较低

2020 年甘肃省医疗机构出院人数 452.88 万人，全省人均住院 0.18 次。其中：医院 361.67 万人（占 79.86%）；基层医疗卫生机构 72.65 万人次（占 16.04%）。基层医疗卫生机构住院人数少和专业医生数量少不无关系。[①] 由于大医院职业发展前景、收入待遇和社会地位等都高于社区医疗卫生机构，医学专业院校毕业的大学生大多流向各级大型医院，愿意去基层社区医院的人数较少。社区医院医务人员分两类，一类是编制内的，另一类是向社会招聘的，整体资质偏低。不少基层社区医疗卫生机构的医生没有接受过正规医学院校的专业知识和技能培训，优秀医生较少，患者对医生诊疗水平的满意度不高。

（三）社区医疗卫生机构诊疗环境较差

2020 年末，全省医疗机构床位 177929 张，每千人口床位 7.11 张。其中，医院床位 138610 张（占 77.90%），卫生院床位 28650 张（占 16.10%），社区

① 甘肃省卫生健康统计信息中心：《2021 年上半年甘肃省医疗卫生服务情况统计报告》，2021。

卫生服务中心（站）床位4267张（占2.40%）。[①] 以上数据说明社区卫生服务机构床位数不足，设施设备落后，诊疗环境较差。社区医疗卫生机构由于经费投入不足，缺乏必要的医疗设备和住院床位，增加了患者就诊的不便。多数情况下，患者在社区医疗卫生机构就诊时，还需提供其他医院的影像资料和化验数据。社区医疗卫生机构多数是租用的场地，科室设置单一，建筑空间较小，配套设施不足，如缺乏必要的电梯配备、等候区座椅、导医台、电子信息屏幕等。此外，多数社区医疗卫生机构没有建立数字化就医平台，网上预约服务滞后，影响了患者对社区医疗卫生机构的认可度。

（四）社区医疗卫生机构药品种类不全

据统计，三级医院药品配备数量平均在800种左右，二级医院药品配备数量平均在600种左右，社区医疗卫生机构一般在300种左右。社区医疗卫生机构一般不自主进行药物采购，通常是由上一级社区医疗卫生服务中心配发，上级社区医疗卫生服务中心药品由省一级卫生部门统一招标和定点采购。社区医疗卫生机构由于主要以辖区内居民常见病、慢性病防治、流行病预防接种和卫生保健等为工作重点，上级部门药品招标采购也多以此为标准，导致药物种类少、不全。对于一些基本药物，特别是甲类药物，社区医疗卫生机构采用的是零差价制度，因为价格低廉，影响了药厂公共采购投标的积极性，导致价格低廉的普通基本药物种类反而不全。另外，一些在大医院看病的患者在社区医疗卫生机构里经常买不到相同的药物，影响了患者在社区医院的就诊。对于疗效好、价格高的进口药、合资药，由于社区医疗卫生机构不具备开药资格，进口、合资药被排除在政府招投标及采购范围之外。

（五）药物报销比例低,医保社区利用效率低

城乡居民医保范围药物种类分为两类，甲类药是指由全国统一制定，广泛使用，价格相对低廉，可以全额报销的药物；乙类药指可供临床选择使

① 甘肃省卫生健康统计信息中心：《2021年上半年甘肃省医疗卫生服务情况统计报告》，2021。

用，疗效较好，价格相对较高，在医保范围内按一定比例报销的药物。甘肃省目前居民医保范围内甲类药全额纳入报销范围，按规定比例（60%）报销；乙类药按规定比例（10%）扣除自付部分外，余下的按甲类药相同比例报销。社区门诊不设起付线，报销比例为60%，个人统筹基金年度内门诊最高支付为400元。可以看出，城乡居民医保范围内的基本药物报销还存在较多的自付部分，如某甲类药物100元，按60%的门诊报销比例，患者自付部分则为40元；某乙类药物100元，患者垫付费用加报销后的自付费用，药物总共支出则为46元，在目前药物价格普遍偏高的情况下，患者药物自付部分还是较高的。从城乡居民住院报销比例来看，2021年，甘肃省一级医疗机构（含社区医疗卫生机构）住院起付线为100元，报销比例为90%。从数据看，居民社区住院报销比例水平还是比较高的，但是由于社区医疗卫生机构医疗服务水平较低，需要住院的重病患者通常不会选择社区医疗卫生机构，所以医保社区医院利用效率不高。

（六）“双向转诊”难以实现

2019年，甘肃省医疗卫生机构全面启用双向转诊信息系统，依托这一信息平台，推进跨机构、跨地区患者信息共享。但实际中，“双向转诊”实施起来有一定难度。新医改政策实施后，社区卫生服务中心医生收入主要和职称、工作年限等挂钩，和治疗病人数量、提高医务水平关系不大，收入和医改前相比有所下降。社区医疗卫生机构借“双向转诊”之机，将能在基层社区医院治好的患者向上转入大医院。县级以上大医院出于各自经济利益的考虑，也不鼓励患者“下转”到社区医疗卫生机构，因为患者后期的康复、保健等环节也能为医院产生利润，这一定程度上制约了社区医疗卫生机构对患者后期进行康复训练和复诊管护，也不利于缓解大医院医疗资源紧张的局面。目前“双向转诊”制度缺乏统一的量化分级标准，如何“上转”或“下转”没有统一的规定。另外，由于基层社区医疗卫生机构医疗水平和设施建设滞后，一些患者对基层医疗卫生机构持不信任态度，不愿意“下转”到社区进行康复治疗。这些都使“双向转诊”难以实现。

（七）社区医疗卫生机构信息化服务水平低

2019年，甘肃省基本建成了省级全民健康信息平台，推进实施全民人口数据库、电子病历、电子健康档案等的互联互通、实时共享，每日采集各类患者数据达4000万条，尽管如此，社区信息化服务程度还是不够完善。如通过物联网技术研发创建社区医疗卫生机构App运营平台，借助网络医疗服务平台，采集辖区居民各类健康数据并进行实时监测，及时发现异常，尽快就医，避免患者健康风险等方面还比较滞后，搭建社区医疗卫生机构移动客户端App运营平台，通过移动手机端或Web端实现挂号预约、在线健康咨询、防疫通线上支付、电话回访、健康保健和疾病防治知识的宣传普及等方面还不完善。目前，东部一些发达的社区医疗卫生机构在信息化应用和建设方面取得了一定的发展，但是欠发达地区，特别是甘肃，在信息化服务方面还较为落后。

四　完善基层社区医疗卫生服务对策建议

（一）多渠道拓展资金来源

首先是加大省级财政投入。目前，社区医疗卫生机构资金投入十分有限，主要原因有：一是政府对社区医疗卫生事业的定位与投入不成正比例关系。社区医疗卫生机构是以普通病、慢性病、流行病的防治为核心，集防疫接种、基本医疗、康复保健及宣传教育于一体的综合性基层医疗卫生机构，对缓解大医院医疗资源紧张和社区居民“看病难、看病贵”起积极的作用。但是，省级卫生部门对社区医疗卫生机构的资金投入与居民的期待值还有较大差距。2020年，甘肃省卫健委下发《关于做好2020年基本公共卫生服务项目工作的通知》，规定甘肃省人均基本公共卫生服务经费补助标准为74元，其中新增的5元经费统筹用于乡村和城市社区等基层医疗卫生机构疫情防控经费、公用经费等支出。2021年，甘肃省人均基本公共卫生服务经费补助标准升至79元，其中，新增的5元用于基本公共卫生服务和社区医疗卫生机构疫情防控。虽然省级人均基本卫生公共服务经费有所提高，但基数还是很低，只能维持社区医疗卫生机构日常公共卫生服务，离实现改善硬件设施、引进高水平技术人才及完善医疗技术设备等目标还有较大的差距。

其次是建立大型医疗企业、医院等社会资源的引入机制。因社区医疗卫生机构是由地方政府卫生行政部门直属的医疗机构承办的以公益性为主的基层单位，对外来社会资源有一定的排斥性，盈利空间较小。由于缺乏市场化的融资渠道，不仅导致自身经费缺乏，还会阻碍社会资源对基层社区医疗卫生服务的投入。

最后是社区医疗卫生机构应加大自身建设。社区医疗卫生机构通过承包医疗科室、租赁场地的方式也可以产生一定的盈利空间，但在利润分配上主要用于人员待遇，忽视对机构建设的投入。由于经费不足，多数社区医疗卫生机构就诊环境和居民的期待值还有较大差距，不利于专业人才的引进，同时也降低了居民对社区医疗卫生机构的信任感。

（二）完善社区公共卫生服务体系

创新和完善社区医疗卫生公共服务体系，一是建设信息化医疗服务平台，构建以基本医疗服务、防疫接种、康复保健、健康宣传等为重点的综合性基层医疗卫生信息化服务体系。二是通过“分级诊疗”“双向转诊”，优化整合医疗卫生资源，建立基层社区首诊、双向转诊、上下联动的医疗服务体系，缓解群众“看病难、看病贵”的困扰。三是通过社区家庭医生签约服务，有效提升群众对基本公共医疗卫生服务的知晓率，较好地满足群众日益增长的健康需求，拉近医生与签约居民的沟通与距离。

（三）优化整合医疗资源，搭建人才建构机制

一是通过“定向培养”的方式为基层社区医疗卫生机构培养医学专业本科定向生，解决基层社区医疗卫生机构专业人才不足的需求。二是建立基层医疗卫生机构人才对口支援制度，鼓励知名专家学者到基层医疗卫生机构

进行对口帮扶。县以上大医院医师职称评定，以“到基层医疗机构挂职帮扶”为硬化条件，推动基层医疗服务机构提高医生诊疗的能力和水平。三是鼓励医学毕业生作为“引进人才”到基层社区医疗卫生机构工作。四是建立基层社区医疗卫生人才培训机制，鼓励基层医务人员攻读学位、参加技能培训、提高专业技术水平。

（四）提高城乡居民医保报销水平，扩大药物种类

2021年，甘肃省城乡居民基本医疗保险缴费标准相比上年提高40元，每人每年320元，居民基本医疗参保率为95%。从报销水平看，普通门诊不设起付线，报销比例为60%，含挂号费、基本药物、常规检查等，其中乙类药物要先自付药品价格的10%，剩余价格按门诊比例报销一部分。社区医疗卫生机构住院的报销比例为90%，起付线100元。总体看，由于基本药物实行零差价制度，社区医疗卫生机构配发的药物种类中，价格较高的乙类药物占多数，患者购药时的自付比例较高，医疗负担相对较重。社区住院报销比例虽高，患者利用率却不高，只有不断提高社区医疗服务水平，才能吸引患者在社区医疗卫生机构的住院率。在降低居民医保自付部分方面，一是建议保持一个合理缓幅的居民参保缴费标准，如果缴费标准过高，容易产生更多的弃保现象，不利于城乡居民基本公共医疗卫生服务的全覆盖；二是继续提高门诊报销比例，提高个人统筹基金年度内门诊最高支付限额；三是扩大甲类药配发种类，降低乙类药自付比例，适当配备二、三级医院里的常用药，方便患者在社区能买到相应的药品。

（五）推进社区医疗卫生机构信息化建设

鼓励基层社区医疗卫生机构根据自身情况，积极推进云计算、大数据、人工智能等新兴技术应用，探索创新发展，更好地服务广大老百姓。一是利用互联网为辖区内常住居民提供基于互联网的医疗健康服务。具备挂号预约、缴费、诊疗建议、健康门户、预约查询、处方查询、报告查询等功能。

二是为辖区内常住居民提供建档、诊疗、随访、体检、预防接种等电子信息查询服务。三是创建移动客户端平台，通过多种方式向辖区内常住居民提供公共卫生服务、就诊服务、健康宣传等相关信息。四是利用信息化和现代通信工具，基于居民健康卡及医生电子证照，为患者完成远程病历分析、疾病诊断和治疗方案。

（六）加强和完善“家庭医生”“上门随访”服务

基层社区医疗卫生机构应以居民健康档案为基础，通过“家庭医生签约”服务，为辖区居民提供基本公共卫生服务。签约家庭可以随时解约，或更换其他家庭医生。辖区居民签约后，家庭医生的主要职责是为签约家庭成员建立动态健康档案，并对家庭成员进行常规检查和健康评估。另外，对老年人、慢性病人、儿童、孕产妇等提供家庭健康管理服务，签约家庭如遇疑难杂症，可第一时间咨询家庭医生，家庭医生还可协助联系大医院进行治疗。社区医疗卫生机构还应对辖区内慢性病患者、老年人、孕产妇、儿童等建立动态电子健康档案，实施定期随访工作制度，随访的方式包括电话随访、上门问诊、接受咨询等，随访内容包括常规检查、用药指导、治疗保健等。基层社区医疗卫生机构实行“家庭医生”“上门随访”服务等制度，一方面可以促进群众“大病进医院，小病去社区”愿望的实现；另一方面可以缓解医患关系，拉近患者与医务人员的距离，为患者提供优质便利的基本医疗服务。

（七）构建成熟有效的“双向转诊”制度

一是提高基层社区医疗卫生机构的信息化服务水平。提高社区医疗卫生机构的信息化建设水平，打造居民健康档案、电子病历等信息管理平台，实现各级医疗机构的信息共享，开发预约、诊疗、转诊、远程会诊等服务模块，通过信息共享实现医疗资源的优化整合，为“双向转诊”提供信息共享基础。二是提升基层医疗卫生机构医务人员专业技能，降低基层社区外转诊比例。三是巩固完善“基层首诊、双向转诊、急慢分治、上下联动”的工作机制。四是提高患者对基层社区医疗机构的信任和“下转”的意愿。如可通过提高报销比例等措施引导患者到社区医疗卫生机构进行复诊和后期康复治疗。

参考文献

许晓锐、李群伟:《精准发力扎实推进基本公共服务》,《人口与健康》2021 年第 9 期。

滕向丽:《如何织牢基层卫生防护网——以烟台市为例》,《现代交际》2021 年第 8 期。

刘友润、杨长虹、李羚:《四川省基层医疗卫生服务公共卫生信息化建设现状研究》,《中国全科医学》2021 年第 8 期。

皮 书

智库成果出版与传播平台

皮书定义

皮书是对中国与世界发展状况和热点问题进行年度监测，以专业的角度、专家的视野和实证研究方法，针对某一领域或区域现状与发展态势展开分析和预测，具备前沿性、原创性、实证性、连续性、时效性等特点的公开出版物，由一系列权威研究报告组成。

皮书作者

皮书系列报告作者以国内外一流研究机构、知名高校等重点智库的研究人员为主，多为相关领域一流专家学者，他们的观点代表了当下学界对中国与世界的现实和未来最高水平的解读与分析。截至 2021 年底，皮书研创机构逾千家，报告作者累计超过 10 万人。

皮书荣誉

皮书作为中国社会科学院基础理论研究与应用对策研究融合发展的代表性成果，不仅是哲学社会科学工作者服务中国特色社会主义现代化建设的重要成果，更是助力中国特色新型智库建设、构建中国特色哲学社会科学“三大体系”的重要平台。皮书系列先后被列入“十二五”“十三五”国家重点出版规划项目；2013~2022 年，重点皮书列入中国社会科学院国家哲学社会科学创新工程项目。

皮书网

（网址：www.pishu.cn）

发布皮书研创资讯，传播皮书精彩内容
引领皮书出版潮流，打造皮书服务平台

栏目设置

◆ 关于皮书

何谓皮书、皮书分类、皮书大事记、
皮书荣誉、皮书出版第一人、皮书编辑部

◆ 最新资讯

通知公告、新闻动态、媒体聚焦、
网站专题、视频直播、下载专区

◆ 皮书研创

皮书规范、皮书选题、皮书出版、
皮书研究、研创团队

◆ 皮书评奖评价

指标体系、皮书评价、皮书评奖

◆ 皮书研究院理事会

理事会章程、理事单位、个人理事、高级
研究员、理事会秘书处、入会指南

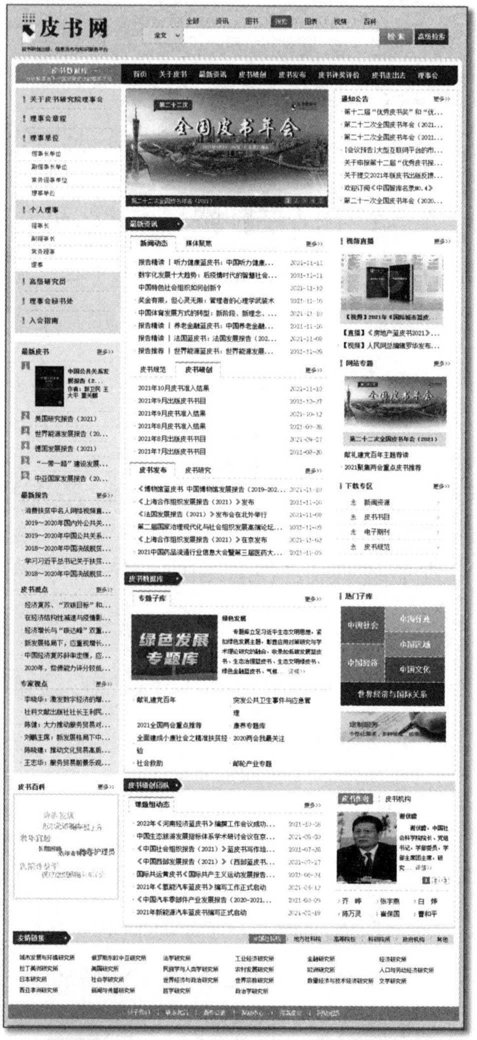

皮书网

“皮书说”
微信公众号

皮书微博

所获荣誉

◆ 2008 年、2011 年、2014 年，皮书网均在全国新闻出版业网站荣誉评选中获得“最具商业价值网站”称号；

◆ 2012 年，获得“出版业网站百强”称号。

网库合一

2014年，皮书网与皮书数据库端口合一，实现资源共享，搭建智库成果融合创新平台。

S 基本子库
UB DATABASE

中国社会发展数据库（下设 12 个专题子库）

紧扣人口、政治、外交、法律、教育、医疗卫生、资源环境等 12 个社会发展领域的前沿和热点，全面整合专业著作、智库报告、学术资讯、调研数据等类型资源，帮助用户追踪中国社会发展动态、研究社会发展战略与政策、了解社会热点问题、分析社会发展趋势。

中国经济发展数据库（下设 12 专题子库）

内容涵盖宏观经济、产业经济、工业经济、农业经济、财政金融、房地产经济、城市经济、商业贸易等12个重点经济领域，为把握经济运行态势、洞察经济发展规律、研判经济发展趋势、进行经济调控决策提供参考和依据。

中国行业发展数据库（下设 17 个专题子库）

以中国国民经济行业分类为依据，覆盖金融业、旅游业、交通运输业、能源矿产业、制造业等 100 多个行业，跟踪分析国民经济相关行业市场运行状况和政策导向，汇集行业发展前沿资讯，为投资、从业及各种经济决策提供理论支撑和实践指导。

中国区域发展数据库（下设 4 个专题子库）

对中国特定区域内的经济、社会、文化等领域现状与发展情况进行深度分析和预测，涉及省级行政区、城市群、城市、农村等不同维度，研究层级至县及县以下行政区，为学者研究地方经济社会宏观态势、经验模式、发展案例提供支撑，为地方政府决策提供参考。

中国文化传媒数据库（下设 18 个专题子库）

内容覆盖文化产业、新闻传播、电影娱乐、文学艺术、群众文化、图书情报等 18 个重点研究领域，聚焦文化传媒领域发展前沿、热点话题、行业实践，服务用户的教学科研、文化投资、企业规划等需要。

世界经济与国际关系数据库（下设 6 个专题子库）

整合世界经济、国际政治、世界文化与科技、全球性问题、国际组织与国际法、区域研究 6 大领域研究成果，对世界经济形势、国际形势进行连续性深度分析，对年度热点问题进行专题解读，为研判全球发展趋势提供事实和数据支持。